Gardy Hemmerde

"Was heißt denn hier hochbegabt?"

Gardy Hemmerde

"Was heißt denn hier hochbegabt?"

Das systemische Coaching von hochbegabten
Kindern und Jugendlichen - Ein Praxishandbuch

Trainerverlag

Impressum / Imprint

Bibliografische Information der Deutschen Nationalbibliothek: Die Deutsche Nationalbibliothek verzeichnet diese Publikation in der Deutschen Nationalbibliografie; detaillierte bibliografische Daten sind im Internet über http://dnb.d-nb.de abrufbar.

Alle in diesem Buch genannten Marken und Produktnamen unterliegen warenzeichen-, marken- oder patentrechtlichem Schutz bzw. sind Warenzeichen oder eingetragene Warenzeichen der jeweiligen Inhaber. Die Wiedergabe von Marken, Produktnamen, Gebrauchsnamen, Handelsnamen, Warenbezeichnungen u.s.w. in diesem Werk berechtigt auch ohne besondere Kennzeichnung nicht zu der Annahme, dass solche Namen im Sinne der Warenzeichen- und Markenschutzgesetzgebung als frei zu betrachten wären und daher von jedermann benutzt werden dürften.

Bibliographic information published by the Deutsche Nationalbibliothek: The Deutsche Nationalbibliothek lists this publication in the Deutsche Nationalbibliografie; detailed bibliographic data are available in the Internet at http://dnb.d-nb.de.

Any brand names and product names mentioned in this book are subject to trademark, brand or patent protection and are trademarks or registered trademarks of their respective holders. The use of brand names, product names, common names, trade names, product descriptions etc. even without a particular marking in this works is in no way to be construed to mean that such names may be regarded as unrestricted in respect of trademark and brand protection legislation and could thus be used by anyone.

Coverbild / Cover image: www.ingimage.com

Verlag / Publisher:
Der Trainerverlag
ist ein Imprint der / is a trademark of
AV Akademikerverlag GmbH & Co. KG
Heinrich-Böcking-Str. 6-8, 66121 Saarbrücken, Deutschland / Germany
Email: info@verlag-trainer.de

Herstellung: siehe letzte Seite /
Printed at: see last page
ISBN: 978-3-8417-5051-8

Copyright © 2012 AV Akademikerverlag GmbH & Co. KG
Alle Rechte vorbehalten. / All rights reserved. Saarbrücken 2012

Vorwort

0. **Einleitung**   2

I. Teil - Die Theorie

1. **Systemisches Coaching**   3
1.1. Die systemische Theorie   3
1.2. Die Prämissen der systemischen Theorie   4
1.3. Die systemische Praxis   11
1.3.1. Das Coaching   13
1.3.2. Die Anliegen- und Auftragsklärung   13
1.3.3. Die Interventionstechniken   14
1.3.4. Die Konstruktiven Fragen   15
1.4. Zusammenfassung   20

2. **Hochbegabte Kinder und Jugendliche**   21
2.1. Was ist Hochbegabung?   21
2.2. Mehr denken- mehr fühlen – mehr wahrnehmen   24
2.3. Die Fördermaßnahmen   26
2.4. Die Underachiever   31
2.5. Selbstwahrnehmung und Selbstreflexion der eigenen Hochbegabung   37
2.6. Berufswahl und Zukunft   40
2.7. Abschließende Bemerkungen   43

3. **Die Pubertät**   45
3.1. Biologische und neurobiologische Erkenntnisse   46
3.1.1. Die Mädchen   49
3.1.2. Die Jungen   50
3.2. Sozialwissenschaftliche Überlegungen zur Pubertät   52
3.3. Hochbegabte in der Pubertät   55
3.3.1. Gleichgesinnte finden   58
3.4. Die Elternberatung   60
3.5. Abschließende Überlegungen   65

4. **Das Lernen**   67
4.1. „Hilfe, mein Kind kann nicht lernen!"   68
4.2. Die neurobiologische Sicht auf das Lernen   72
4.3. Der systemische Blick auf das Lernen   75

4.4.	Exploratives Lernen	79
4.5.	Praktische Tipps	83
4.5.1.	Lernorte	84
4.5.2.	Das Arbeitstagebuch	85
4.5.3.	Das Vokabelnlernen	87
4.5.4.	Die Fleißaufgaben	89
4.6.	Zusammenfassung	92

II. Teil – Die Praxis

5.	**Das Coaching von hochbegabten Kindern und Jugendlichen**	**93**
5.1.	Die Anlässe für das Coaching	93
5.2.	Die Ziele	97
5.3.	Die Altersgruppe	99
5.4.	Die Rahmenbedingungen für das Coaching	102
5.4.1.	Freiwilligkeit	102
5.4.2.	Die Kooperationsbereitschaft der Kinder und Jugendlichen	105
5.4.3.	Die Transparenz	107
5.5.	Das Erstgespräch	109
5.5.1.	Anliegen- und Auftragsklärung im Familiengespräch	109
5.5.2.	Die Fragen, die im Erstgespräch gestellt werden	111
5.5.3.	Die Fragen im 4-Augen-Gespräch	116
5.5.4.	Zusammenfassung zum Erstgespräch	123
5.6.	Der Coachingprozess	124
5.6.1.	Mitten drin	124
5.6.2.	Das Abschlussgespräch	128
5.7.	Abschließende Bemerkungen	135

6.	**Fallgeschichten**	**137**
6.1.	Lasse	139
6.2.	Mimi	153
6.3.	Samuel	166
6.4.	Kai	178
6.5.	Judith	192
6.6.	Jonas	205

7.	**Ausblick**	**217**

Literatur

Vorwort

Die Idee, systemisches Coaching für hochbegabte Kinder und Jugendliche anzubieten, basiert auf meiner Erfahrung als Beraterin am Kinder- und Jugendtelefon Hamburg. Eine hochbegabte junge Frau inspirierte mich durch die regelmäßigen Beratungsgespräche, mich dem Thema Hochbegabung zuzuwenden. Die Telefonate mit der damals 18jährigen Schülerin waren auf eine so ungewöhnliche Art und Weise anregend, dass ich nach einer Lektüre- und Recherchephase das Projekt *„Coaching für hochbegabte Kinder und Jugendliche"* ins Leben gerufen habe. Bedingt durch die langjährige Beratertätigkeit am Kinder- und Jugendtelefon wurden als erste Zielgruppe Kinder und Jugendliche in der Pubertät ausgewählt. Das Lebensgefühl in dieser Phase, die Entwicklungsmöglichkeiten und das Verständnis für pubertierende Jugendliche bildeten neben dem theoretischen systemischen Ansatz die Basis der Beratung.

Mein Dank gilt den Kindern, Jugendlichen und deren Familien, die zu einem großen Teil zu diesem Buch beigetragen haben, indem sie sich bereit erklärten, ihre Geschichten, Gedanken und Gefühle einem größeren Publikum zugänglich zu machen. Die gemeinsame Zeit erlebte ich als eine wertvolle Bereicherung meiner Arbeit und bedanke mich bei allen Beteiligten noch mal für ihre Bereitschaft und ihr Vertrauen.

0. Einleitung

Nach fast einem Jahrzehnt Arbeit und Erfahrung mit der Zielgruppe der hochbegabten Kinder und Jugendlichen, liegt nun ein Buch vor, das einen Einblick in die Methoden des systemischen Arbeitens, deren Prozesse und die individuellen Fallgeschichten geben soll. Schön wäre es, wenn dieses Buch andere Beraterinnen und Berater dazu ermutigen kann, sich diesem Klientel zu widmen.

Zum Aufbau des Buches ist Folgendes zu sagen: Es gibt einen Theorie- und einen Praxisteil. Im ersten Teil werden die Voraussetzungen für die Praxisarbeit beschrieben. Dazu gehört eine kurze theoretische Einführung in den systemischen Ansatz, ein Kapitel über hochbegabte Kinder und Jugendliche, Wissenswertes zu der Lebensphase Pubertät und abschließend ein Kapitel zum Thema Lernen. Im Praxisteil werden anfangs die Methoden des Coachings ausführlich dargestellt, wobei der Fokus gleichberechtigt auf der Methodik und auf den unterschiedlichen Fallgeschichten liegt.

I. Teil – Die Theorie

1. Systemisches Coaching

Dieses Kapitel soll eine kurze Einführung in den theoretischen methodischen Hintergrund und die Praxis des systemischen Coachings geben, wobei die Ausführungen zur Theorie des systemischen Ansatzes sich auf das Wesentliche beschränken und die praktischen Methoden etwas ausführlicher dargestellt werden. Wir sprechen hier von dem systemischen Ansatz, der sich auf die Kybernetik II. Ordnung bezieht.

In den 80er Jahren des letzten Jahrhunderts kam es innerhalb der Psychotherapie zu einem Paradigmenwechsel. Paul Dell (1986) plädierte für die Überwindung von Batesons Widersprüchen, indem er den von Bateson eingeführten Begriff der Homöostase in Frage stellte und mit Hilfe von Maturanas Theorie geschlossener Systeme eine Neuorientierung einleitete. Die anschließende Entwicklung stellte innerhalb der Familientherapie den Übergang von der Kybernetik I. Ordnung zur Kybernetik II. Ordnung dar. Dells Kritikpunkte bezogen sich auf die mechanistisch und technisch anmutenden Vorstellungen von Familien als programmier- und verstellbaren, und damit manipulierbaren, Regelsystemen, in die mit trickreichen und ausgetüftelten Interventionen strategisch eingegriffen werden könne. Die anfänglich von den Familientherapeuten abgelehnte Kausalität gelangte sozusagen durch die Hintertür wieder ins Haus.

1.1. Die systemische Theorie

Als Basis der systemischen Theorie gelten eine Reihe von Forschungsergebnissen aus unterschiedlichen Disziplinen wie der Physik, Biologie, Psychologie und Soziologie. Im Kontext von Beratung wird eher vom "systemischen Denken" als einer Haltung gesprochen, die in der Beratungspraxis als Hintergrundfolie dient. Es gibt bis heute keine in sich abgeschlossene Theorie. Die systemische Gesellschaft greift in ihrer Standortbestimmung auf eine offene Liste heterogener Denkansätze zurück, wie der Allgemeinen Systemtheorie, Autopoiesetheorie, Kybernetik (II. Ordnung), Synergetik, Kommunikationstheorie, radikalen Konstruktivismus, Theorie der Selbstreferenzialität bzw. der Selbstorganisation dynamischer Systeme u.v.m. (www.systemischegesellschaft.de) Allen Theorien gemeinsam ist der nicht-reduktionistische Umgang mit Komplexität.

1.2. Die Prämissen der systemischen Theorie

Im Folgenden beschränken wir uns auf einige Kernaussagen, mit dem Ziel den theoretischen Hintergrund der beraterischen Praxis nur knapp zu skizzieren.

1) Menschen sind geschlossene Systeme
2) „Objektive Wirklichkeit" ist eine Illusion
3) Menschen sind keine trivialen Maschinen und als solche nicht instruierbar
4) Soziale Systeme erzeugen sich durch Kommunikation

„Menschen sind geschlossene Systeme"
In ihrer Biologischen Erkenntnistheorie beschreiben Humberto Maturana und Francisco Varela (1987) Menschen als autonome bzw. autopoietische Lebewesen, die sich über Sprache verständigen können. Der Prozeß der „Autopoiesis" (griech. autos = selbst; poiein = machen, schaffen) beschreibt die Fähigkeit von Systemen, bei Veränderung der Umwelt ihre Strukturen anzupassen, nicht im Sinne einer Optimierung der Nutzung der

Umwelt, sondern zur Sicherung des Überlebens. Alle Lebewesen sind bis zu ihrem Tod autopoietisch, unabhängig davon, ob sie sich fortpflanzen oder nicht. Maturanas und Varelas Ausgangspunkt für den Gebrauch von Sprache ist, dass der Mensch ein „linguierendes" Wesen sei: „Wir operieren in Sprache, wenn ein Beobachter feststellen kann, daß Objekte unsere sprachlichen Unterscheidungen, Elemente unseres sprachlichen Bereiches sind. Sprache ist ein fortdauernder Prozeß, der aus dem In-der-Sprache-Sein besteht und nicht in isolierten Verhaltenseinheiten." (Maturana/Varela 1987, S. 226). Die Veröffentlichungen der beiden Biologen lösten eine kontroverse Diskussion aus und führten zur Auflösung des Begriffs der Objektivität, denn: *„Was immer gesagt wird, wird von einem Beobachter zu einem anderen Beobachter gesagt, der er selbst sein könnte.* Wir sind Beobachter und lebende Systeme, und als lebende Systeme sind wir Beobachter. Was auch immer auf lebende Systeme zutrifft, das trifft auch auf uns zu. Darum besteht meine Aufgabe darin, Sprache zu benutzen, um lebende Systeme zu beschreiben und zu zeigen, wie sie eine Sprache entwickeln und Beobachter werden können, die Beschreibungen anfertigen können wie wir, und dabei Kognition anwenden, um Kognition zu analysieren." (Maturana 1987, S. 91). Das Gehirn ist nicht in der Lage zwischen internen und externen Reizen zu unterscheiden. Damit wird die Vorstellung von Realität im alltagssprachlichen Sinne in Frage gestellt, denn unser Nervensystem trennt zwischen Illusion und Wirklichkeit nicht. Jede Erkenntnis bleibt somit subjektgebunden. Da alle Lebewesen selbsterhaltende Organismen sind, ist ihr Handeln darauf ausgerichtet zu überleben. Menschen als linguierende Wesen nutzen ihre Sprache und konstruieren durch Interaktion miteinander ihre subjektgebundene Realität.

Das hört sich zunächst sehr theoretisch und abstrakt an. So stellen wir uns die Frage: Welche Auswirkungen haben diese Erkenntnisse auf unser Denken und Handeln? Und schon sind wir bei der nächsten Prämisse.

„Objektive Wirklichkeit" ist eine Illusion

Der Radikale Konstruktivismus mit seinen Vertretern Heinz von Foerster und Ernst von Glasersfeld nähert sich diesem Thema von einer anderen Disziplin. Von Foerster kommt aus der Biophysik und von Glasersfeld war Physiker mit dem Schwerpunkt Kybernetik. Ihre grundlegende Aussage lautet, dass Menschen die objektive Realität weder erkennen noch abbilden können. Als in sich geschlossene Systeme können Individuen keine Aussagen über die Welt „da draußen" machen.

Der Begriff „Objektivität" setzt die Trennung zwischen Beobachtern und Beobachtetem voraus. Jedes Individuum konstruiert seine „Wirklichkeit" selbst. Durch Interaktion verständigen wir uns darüber, was wir für die Welt halten. Wissen und Erkenntnisse sind somit nur die Konstruktion eines Subjekts. Jede Vorstellung von Realität gilt subjektgebunden, und damit sind wir wieder bei der Aussage: „Alles, was gesagt wird, wird von einem Beobachter gesagt." Nur durch die Interaktion zwischen Individuen wird ein Konsens darüber hergestellt, was wir für die Welt halten. Wenn die Objektivität abgelehnt wird, tritt an diese Leerstelle etwas anderes, nämlich die Pluralität von möglichen Welten und Handlungen. Der radikale Konstruktivismus leugnet nicht, dass es da draußen eine Welt gibt, er sagt nur, dass uns diese Welt eben nur durch unsere Beobachtungen zugänglich ist, folglich als interpretierte Welt, über die wir uns kommunikativ verständigen. Durch Abstufungen, Koordinieren und Wiederholungen verschaffen wir unserer subjektiven Erlebniswelt eine gewisse Stabilität.

Aus diesen Überlegungen ergibt sich die nächste Prämisse: *Menschen sind keine trivialen Maschinen und als solche nicht instruierbar.*

Der Mensch, aber auch die Welt wurden mit Rückgriff auf die Kybernetik 1. Ordnung häufig als triviale Maschinen beschrieben. Aus dem Wunsch heraus die eigenen Handlungen und die Welt zu erklären, entstand die

Verknüpfung zwischen Ursache und Wirkung - der kausale Zusammenhang. Um zu verdeutlichen, was das heißt, ist es notwendig Definitionen zu liefern.

„Eine triviale Maschine (TM) verbindet fehlerfrei und unveränderlich durch ihre Operationen ‚OP' gewisse Ursachen (Eingangssymbole, x) mit gewissen Wirkungen (Ausgangssymbolen, y); Op(x) -> y oder y = Op(x)." (von Foerster 1985b, S. 60). Mit dieser Formel lassen sich triviale Maschinen berechnen, instruieren und ihr Verhaltungen vorhersagen. Eine triviale Maschine basiert auf dem Prinzip der Kausalität und Funktionalität.

Von Foerster (von Foerster 1985b, S. 62) nennt 4 Eigenschaften:
- synthetisch determiniert
- analytisch determiniert
- vergangenheitsunabhängig
- voraussagbar

Nicht-triviale Maschinen (NTM) verfügen über einen inneren Zustand (z) der alle Operationen beeinflusst. Die 4 Eigenschaften nicht-trivialer Maschinen sind (von Foerster 1985b, S. 66):
- synthetisch determiniert
- analytisch unbestimmbar
- vergangenheitsabhängig
- unvorhersagbar

Um das eben Gesagte zu verdeutlichen, scheint es sinnvoll sich mit dem Phänomen der Black Boxes zu beschäftigen. Eine Black Box ist innerhalb der Kybernetik ein geschlossenes System, über dessen inneren Aufbau nichts bekannt ist. Da es selbstreferentiell funktioniert, kann durch Experimente mit Inputs (Reizen) die Struktur über die Input-Output-Beziehungen ermittelt werden. Ziel ist es, Information über das Systemverhalten zu erlangen, um idealerweise mit Hilfe mathematischer Beschreibungen das System vorhersagbar zu machen. Dabei wird Kausalität vorausgesetzt. Erhalten triviale Maschinen gleichbleibende Inputs, können wir ein bestimmtes Ergebnis (Output) erwarten, das von Kybernetikern oder Mathematikern errechnet werden kann. Im Gegensatz dazu kann bei gleichem Input eine nicht-triviale Maschine eine Vielzahl von möglichen Outputs liefern (N = (1,2,3,...)). Übertragen wir dieses Wissen auf den Bereich der Beratung, so heißt das, dass verschiedene Menschen bei sagen wir vergleichbarer Problemlage, auf einen identischen Lösungsvorschlag unterschiedlich reagieren. Es kann sowohl zur Annahme als auch zur Ablehnung des Vorschlags kommen (und zu allen Spielarten dazwischen).

Fazit: *Menschen sind nicht instruierbar* - weil sie den nicht-trivialen Maschinen zugeordnet werden. Wir können keine Vorhersagen über ihre Reaktions- und Handlungsweisen machen. Trotzdem trivialisieren wir unsere Welt und unser soziales Miteinander, indem wir annehmen, dass es kausale Zusammenhänge gibt. Die kausalen Verknüpfungen sind unsere individuellen Entscheidungen, Unterschiede zu machen oder Zusammenhänge herzustellen. Die Sicht der Menschen auf die Welt kann davon geprägt sein, sich selbst als triviale und nicht-triviale Maschine wahrzunehmen. Die Vorstellung, dass die Welt berechenbar ist, verschafft Menschen eine gewisse innere Ruhe. Es ist einfacher, die Welt durch Trivialisierung zu bewältigen, als sich ständig die Unsicherheit vor Augen zu führen. Wenden wir uns der letzten Prämisse zu.

Soziale Systeme erzeugen sich durch Kommunikation
Der Soziologe Niklas Luhmann beschäftigte sich zeit seines Lebens mit der Theorie sozialer Systeme. Er lieferte Antworten auf die Fragen, was ein soziales System ausmacht, welche Komponenten und Relationen es beinhaltet.

Alle Systemtheoretiker sind sich über die Hauptvoraussetzung von Systemen insoweit einig, als sie als wichtigstes Merkmal die Differenz zwischen System und Umwelt nennen. Nur durch diese Grenze hebt sich ein System von der Umwelt ab. Die Umwelt des Systems ist zwangsläufig immer komplexer als das System selbst, und in diesem Zusammenhang wird von „Komplexitätsgefälle" gesprochen (Luhmann 1984, S. 47) Um dieses Gefälle auszugleichen, ist das System gezwungen Selektionen durchzuführen.

„Wir gehen davon aus, daß die sozialen Systeme nicht aus psychischen Systemen, geschweige denn aus leibhaftigen Menschen bestehen. Demnach gehören die psychischen Systeme zur Umwelt sozialer Systeme. Sie sind freilich ein Teil der Umwelt, der für die Bildung sozialer Systeme in besonderem Maße relevant ist. (...) Soziale Systeme (bilden) sich autonom und auf der Basis eigener elementarer Operationen." (Luhmann 1984, S. 346) Soziale Systeme bestimmen sich durch Kommunikation, denn Kommunikation erzeugt und trägt Kommunikation (Anschlussfähigkeit). Außerdem ermöglicht Kommunikation Selektion und trägt zur Verringerung der Komplexität bei. Als zentral für die Kommunikation zwischen Systemen hat sich der Begriff der „doppelten Kontingenz" erwiesen. „Die Grundsituation der doppelten Kontingenz ist dann einfach: Zwei black boxes bekommen es auf Grund welcher Zufälle auch immer, miteinander zu tun. Jede bestimmt ihr eigenes Verhalten durch komplexe selbstreferentielle Operationen innerhalb ihrer Grenzen. Das, was von außen sichtbar wird, ist deshalb notwendig Reduktion. Jede unterstellt das gleiche der anderen. Deshalb bleiben beide black boxes bei aller Bemühung und allem Zeitaufwand (...) füreinander undurchsichtig. (...) Die schwarzen Kästen erzeugen sozusagen Weisheit, wenn sie aufeinander treffen, jedenfalls ausreichend Transparenz für den Verkehr miteinander. Sie erzeugen *durch ihr bloßes Unterstellen* Realitätsgewißheit, weil dies Unterstellen zu einem Unterstellen des Unterstellens beim alter Ego führt." (Niklas Luhmann 1984, S. 156f.)

Verschiedene Operationen tragen zu Verringerung der Komplexität von Systemen bei, so etwa die Kommunikation selbst, da sie Sinn verarbeitet. In diesem Zusammenhang dient der Begriff der „Erwartung" als Hilfsmittel zur Selektion und besseren Verständlichkeit von Sinngeneralisierungen. Erwartungen in konkreten Situationen dienen der Orientierung und können zu Generalisierungen führen bzw. Generalisierungen korrigieren. Als Beispiel führt Luhmann an: „Wer in ein Warenhaus geht und der erstbesten Verkäuferin mitteilt, er möchte ‚etwas' kaufen, würde sehr rasch die Erfahrung machen, daß er zu hoch generalisiert hat und respezifizieren muß." (Luhmann 1984, S. 139) Er meint mit Erwartungen vorwiegend Verhaltenserwartungen, die in sozialen Systemen die Funktion einer Zwischenselektion haben, um die Komplexität zu verringern. Der Erwartungsbegriff muss weit gefasst werden, da er doch von verschiedenen Bedingungen (historisch, individuell u. ä.) abhängig ist. Erwartungen können erfüllt oder enttäuscht werden, sich zu Ansprüchen verdichten und Entscheidungsverhalten beeinflussen. „Das Erwarten muß reflexiv werden, es muß sich auf sich selbst beziehen können, und dies nicht nur im Sinne eines diffus begleitenden Bewußtseins, sondern so, daß es sich selbst als erwartend erwartet weiß. Nur so kann das Erwarten ein soziales Feld mit mehr als einem Teilnehmer ordnen. Ego muß erwarten können, was Alter von ihm erwartet, um sein eigenes Erwarten und Verhalten mit den Erwartungen des anderen abstimmen zu können." (Luhmann 1984, S. 412). Und weiter schreibt er: „Erwartungserwartungen veranlassen alle Teilnehmer, sich wechselseitig zeitübergreifende und in diesem Sinne strukturelle Orientierungen zu unterstellen." (Luhmann 1984. S. 414) Dieses anschauliche Beispiel zeigt, wie wir die Welt durch rekursive Prozesse selbst organisieren - ohne es bewusst wahrzunehmen.

Der theoretisch knappe Diskurs soll nur einen kleinen Einblick in die Grundlagen systemischer Arbeit vermitteln. Wer sich tiefer in die Materie einarbeiten möchte, dem empfehlen wir die Bücher von Kurt Ludewig (1992), Arist von Schlippe / Jochen Schweitzer (2003 / 2009) und Rudolf Klein / Andreas Kannicht (2009).

1.3. Die systemische Praxis

Aus den oben ausgeführten theoretischen Überlegungen ergibt sich eine bestimmte Sicht auf den Menschen. Kurt Ludewig formuliert es so: „(...) er (der Mensch) ist zugleich autonom und sprachlich bedingt, also auf andere, ihm ähnliche Wesen angewiesen." (Ludewig 1992, S. 78) Der Mensch verwirklicht sich im „wir". Das ist die Grundbedingung seiner Existenz. Systemisch Denken heißt auch sich auf Systeme zu konzentrieren, den Mensch in seinem Kontext, seiner Umwelt wahrzunehmen.
Für Kurt Ludewig ergeben sich aus den theoretischen Überlegungen zwei Grundgebote:
„- Akzeptanz: Achte die Vielfalt menschlicher Welten!
- Respekt: Schätze den Anderen im Zusammenleben als ebenbürtig!"
(Ludewig 1992, S. 79)
Die zitierten Grundgebote sind prägend für das Menschenbild der systemischen Beratung, ob in der Familientherapie, in der Supervision oder im Coaching. Der Mensch wird generell als autonomes Wesen betrachtet, der als Experte für sich selbst und sein Leben gilt. Durch die Auflösung des Begriffs der Objektivität gibt es kein *richtig* und *falsch* und keine lineares Kausalitätsdenken mehr. Stattdessen wird nach Möglichkeiten und Nützlichkeit gefragt. Im Kontext von Beratung geht es darum, Menschen anzustoßen oder anzuregen, etwas Neues auszuprobieren oder etwas zu verändern - anstatt sie zu instruieren.
Diese systemische Haltung spiegelt sich in den Grundannahmen wider, die Therese Steiner und Insoo Kim Berg (2005) in ihrem *Handbuch Lösungs-*

orientiertes Arbeiten mit Kindern aufgestellt haben. Ihre Grundannahmen über Familien sind für die Arbeit mit Kindern und Jugendlichen sehr hilfreich und nützlich. Solange nicht das Gegenteil erwiesen ist, unterstellen sie Eltern die folgenden Annahmen: „(...)
- stolz auf ihr Kind sein wollen,
- einen guten Einfluss auf ihr Kind haben wollen,
- positive Dinge über ihr Kind hören wollen und wissen möchten, was ihr Kind gut kann,
- ihrem Kind eine gute Ausbildung und Erfolgschancen geben wollen,
- sehen wollen, dass die Zukunft ihres Kindes gleich gut oder besser ist, als die ihrige war,
- eine gute Beziehung zu ihrem Kind haben wollen." (Steiner / Berg 2005, S. 41)

Dem gegenüber stellen sie eine Reihe von Annahmen des Kindes.

„Wir gehen davon aus, dass alle Kinder
- wollen, dass ihre Eltern stolz auf sie sind,
- ihre Eltern und andere Erwachsene erfreuen wollen,
- akzeptiert und Teil des sozialen Kontextes sein wollen, in dem sie leben,
- neue Dinge lernen wollen,
- aktiv sein und an den Aktivitäten anderer teilhaben wollen,
- überrascht werden und andere überraschen wollen,
- ihre Meinungen und Entscheidungen artikulieren wollen,
- eine Wahl treffen wollen, wenn sie die Gelegenheit dazu haben." (Steiner / Berg 2005, S. 42)

Durch die Unterstellung der oben genannten positiven Annahmen werden die Ressourcen der Klientinnen und Klienten aktiviert und die Kooperationsbereitschaft erhöht.

1.3.1. Das Coaching

Systemisches Coaching basiert auf einer systemisch-konstruktivistischen Grundhaltung und ist die kundenorientierte Beratungsform zu Fragen im beruflichen Kontext. Das Vorgehen im Coaching ist ressourcen- und lösungsorientiert, mit dem Ziel die Selbstorganisationskräfte der Kundinnen und Kunden zu aktivieren. Die gecoachte Person (Coachee) ist Expertin oder Experte für ihr Leben und ihre Art, Probleme als Herausforderungen anzunehmen und zu lösen. Das Coaching bietet eine Begleitung bei der Suche nach der individuellen Lösung und deren Umsetzung. Es ist ein Gespräch auf gleicher Augenhöhe und bietet so die Möglichkeit, im geschützten Rahmen Verhaltensweisen zu reflektieren.

Die Bedingungen für die Zusammenarbeit werden in einem gemeinsam erarbeiteten Kontrakt festgehalten. Dazu gehören der zeitliche Rahmen, die Spielregeln (Vertraulichkeit, Offenheit, Ehrlichkeit) und die Ziele. Im Verlauf des Coachingprozesses werden die Ziele kontinuierlich überprüft und manchmal auch verändert. Es ist eine Hilfe zur Selbsthilfe, die zur Stärkung der Selbstverantwortung der gecoachten Person führen soll. Ein gelungenes Coaching hat das Ziel, den Coach überflüssig zu machen.

1.3.2. Die Anliegen- und Auftragsklärung

Coaching ist genau wie Psychotherapie eine soziale Dienstleistung, die an einen klar formulierten Auftrag gebunden ist. Problemsystem und Helfersystem stehen sich gegenüber. Das Problemsystem, d.h. die Hilfesuchenden (z.B. Familien) kommen mit einem Anliegen, das sich manchmal sehr diffus hinter der Aussage: „Helfen sie uns" verbirgt. Die Aufgabe des Helfersystems besteht nun darin genau zu erfragen, wobei Hilfe erforderlich ist und welche Art von Hilfe nützlich sein könnte. Ludewig unterscheidet dabei zwischen Anleitung („Hilf uns, unsere Möglichkeiten zu erweitern"), Beratung („Hilf uns, unsere Möglichkeiten zu nutzen"), Begleitung („Hilf uns, unsere Lage zu ertragen") und Therapie („Hilf uns, unser Leiden zu beenden"). (Ludewig 1992, S. 123) Coaching kann vorwiegend dem Typ der Beratung zugeordnet werden.

Im Coaching ist es absolut notwendig eine präzise Auftragsklärung durchzuführen. Erst durch den gemeinsam ausgehandelten Auftrag definiert sich die Art der Zusammenarbeit. Dabei werden die Ziele und die Kriterien für die Durchführung festgelegt. Im Verlauf wird immer wieder überprüft, inwieweit die Ziele erfolgreich verfolgt werden konnten und ob eine Beendigung sinnvoll ist oder sich unter Umständen der Auftrag verändert. Die Erarbeitung des Auftrags markiert den Start des Coachings. Alle erarbeiteten Punkte finden Eingang in einen schriftlichen Kontrakt, der von den beteiligten Parteien unterzeichnet wird.

1.3.3. Die Interventionstechniken

Aus den theoretischen Überlegungen ergibt sich eine systemische Haltung, die weit über das Lernen von Gesprächstechniken hinausgeht. Zwei Schlagwörter nehmen in den theoretischen und praktischen Überlegungen der systemischen Therapie eine zentrale Rolle ein: Die Autonomie der Klientinnen und Klienten und die Kooperation im Gespräch. So ersetzen die systemischen Therapeutinnen und Therapeuten den Begriff der Behandlung und die damit verbundenen Vorgehensweisen wie „Verordnen" und „Eingreifen" durch den Begriff „Kooperation" und beschreiben ihre Vorgehensweise als „Empfehlen" und „Anregen". Denn Lebewesen sind als autonome Systeme nicht instruierbar, allenfalls verstörbar. Behauptet jemand, einen anderen Menschen instruiert zu haben, „(...) verkennt er nicht nur die Folgen seines Tuns, sondern deutet auch seine Phänomene falsch: er hat die Funktionsweisen des Lebewesens und seiner Umwelt nur aufeinander abgestimmt, hat das Lebewesen verstört und damit veranlaßt, in einen anderen Zustand überzugehen - hat also die Veränderung nicht verursacht, sondern ‚angeregt'. Nur in diesem Sinne kann man von Handlungskausalität sprechen." (Ludewig 1992, S. 70).

Aus der systemischen Familientherapie haben sich bestimmte Interventionstechniken entwickelt, von denen die Konstruktiven Fragen zentral sind und ausführlicher dargestellt werden sollen. Im systemischen Coaching greifen wir auf genau diese Interventionsmethoden zurück. Es sitzen sich zwar nur zwei Personen gegenüber und führen einen offenen Dialog miteinander, aber trotzdem hat sich diese Vorgehensweise im Coaching als nützlich erwiesen. Wir dürfen nicht vergessen, dass wir als Beraterinnen und Berater durch unsere Rolle berechtigt sind, jeder Zeit Fragen zu stellen. Wir werden durch die Rollendefinition zu professionellen Fragerinnen und Fragern.

1.3.4. Die Konstruktiven Fragen

Als Konstruktive Fragen gelten offene Fragen, die keine Ja- oder Nein-Antwort benötigen und auf die der Gegenüber keine abrufbereite Antwort weiß. Tom Andersen (1991) spricht von „angemessenen ungewöhnlichen Fragen". Sie führen häufiger zu weiteren Fragen, die miteinander verbunden sind. Die Antwort auf eine Frage, die noch nie gestellt wurde, führt etwas Neues in den Dialog ein und schafft Raum. Konstruktive Fragen können noch weiter unterteilt werden in Fragen zur Eröffnung, erkundende Fragen, zirkuläre Fragen, Fragen, die Unterschiede einführen, Prozent- und Skalierungsfragen, Übereinstimmungsfragen, Fragen zur Wirklichkeits- und Möglichkeitskonstruktion (von Schlippe / Schweitzer (1996), Ludewig (1992) und Steiner / Berg (2005)).

Dazu kommt noch die Art und Weise wie Fragen in der systemischen Arbeit eingebettet werden. Wenden wir uns den konkreten Fragen zu, die sich hinter den Kategorien verbergen.

Fragen zur Eröffnung
„Angenommen, dieses Gespräch ist zu Ende, und es war hilfreich oder nützlich, woran würden Sie das merken?"
„Sie sagen X ist ihr Problem, woran merken Sie das?"

Erkundende Fragen
„Abgesehen von Ihrem Problem, was läuft bei Ihnen gut?"
„Es könnte ja sein, dass sich durch unsere Gespräche etwas verändert, was dürfte sich in Ihrem Leben nicht verändern?"
„Wie würde Ihr Leben ohne das Problem aussehen?"

Zukunftsfragen
Die von Steve de Shazer (1989) entwickelte Wunderfrage verhilft dem Coach und dem Coachee dazu, ein möglichst klares Bild von der Lösung zu entwickeln - selbst wenn die Problemlage noch diffus ist. Die Wunderfrage ist eine sehr bedeutsame Frage und wird meistens in eine Reihe von Einführungen und Erklärungen eingebettet: „Wenn wir mal annehmen, dass über Nacht ein Wunder geschieht und dein Problem, von dem wir noch nicht so genau wissen, wie es heißt, verschwindet, woran würdest du das am nächsten Tag merken? Wer würde es noch merken? Was ist dann konkret anders?"
Neben der Wunderfrage gibt es noch eine Reihe von Fragen nach der mittelfristigen oder langfristigen Zukunft:
„Wie lange wird es Ihrer Einschätzung nach dauern, bis das Problem von selbst verschwindet?"

„Stell dir vor, du bist jetzt in der 11. Klasse und es läuft gut für dich, was ist in der Zwischenzeit geschehen? Wie kam es zu dieser Entwicklung?"

Zirkuläre Fragen
Zirkuläre Fragen werden häufiger in der Beratung mit Familien eingesetzt als in der 2er-Situation. Es handelt sich dabei um Fragen, die neue Informationen über das Muster innerhalb einer Familie liefern können, z.B.:
„Was denkst du, wird deine Mutter sagen, wenn du das nächste Mal eine gute Note schreibst?"
„Wie wird es deinen Eltern gehen, wenn das Problem verschwunden ist?"

Fragen, die Unterschiede verdeutlichen
Klassifikationsfragen geben Auskunft über Einstellungen und Meinungen der Klientinnen und Klienten.
„Wer ist heute mit dem meisten Optimismus hergekommen, wer war am skeptischsten?"

Prozentfragen führen dazu, Ideen, Überzeugungen und Meinungen noch weiter zu differenzieren.
„Zu wie viel Prozent glaubst du, dass die Noten, die du schreibst auf harter Arbeit beruhen oder auf Glück und Zufall?"
„Zu viel Prozent denkst du, bist du selbst für Deine Noten verantwortlich?"

Skalierungsfragen
Skalierungsfragen sind den Prozentfragen sehr ähnlich.
„Wenn du heute deine Lebenszufriedenheit auf einer Skala einordnen müsstest, auf der 10 für absolute Lebenszufriedenheit steht und 1 für gar keine Lebenszufriedenheit, wo würdest u dich sehen? Mit welchem Wert

wärst du zufrieden? Was wäre passiert, wenn du 10 Punkte erreichen solltest?"

Übereinstimmungsfragen
Diese Fragen werden auch öfters in Familiensitzungen auftauchen, in denen ein Konsens hergestellt wird.
„Sind Sie sich in diesem Punkt einig oder würden Sie ihrem Sohn da eher widersprechen?"

Fragen zur Wirklichkeitskonstruktion
Diese Fragen beziehen sich auf die Gegenwart und machen aktuelle Beziehungsmuster deutlich. Dabei wird noch weiter differenziert zwischen Fragen zum Auftragskontext und zum Problemkontext.
Fragen zum Auftragskontext könnten sein:
„Wer hatte die Idee, zu uns Kontakt aufzunehmen?"
„Was müsste ich tun, um Ihre Erwartungen zu erfüllen?"
„Was ist in diesen Gesprächen geschehen, dass ich als Coach überflüssig geworden bin?"

Fragen nach den Ausnahmen
Ein Problem ist im Kontext seines Auftretens zu sehen. Es lassen sich immer Situationen finden, in denen das Problem in den Hintergrund tritt oder gar nicht auftaucht.
„In welcher Situation ist das Problem kaum zu spüren? Was ist dann anders? Wie kam es zum Verschwinden des Problems?"

Fragen zum Problemkontext
Diese Fragen kreisen um das Problem:
„Wie könnte das Problem entstanden sein?"
„Aus welchen Verhaltensweisen besteht das Problem?"

„Unter welchen Bedingungen tritt das Problem auf?"
„Wann ist das Problem weniger zu spüren?"

Fragen zur Möglichkeitskonstruktion
Fragen zur Möglichkeitskonstruktion können lösungsorientiert, problemorientiert oder eine Kombination aus beidem sein, deren Ziel es ist, etwas Neues in den Blick zu rücken.
Lösungsorientierte Fragen - auch Verbesserungsfragen genannt - können wie folgt formuliert sein:
„Wie oft ist das Problem in den letzten 4 Wochen nicht aufgetreten?"
„Was würden Sie in Ihrem Leben vermissen, wenn das Problem plötzlich weg wäre?"
Problemorientierte Fragen - auch Verschlimmerungsfragen genannt - könnten so lauten:
„Was müssten Sie tun, um Ihr Problem zu behalten, zu verewigen oder zu verschlimmern? Wie könnte ich Sie dabei unterstützen?" Diese Frage ist besonders geeignet, wenn die Überzeugung im Raum steht, dass die Situation so verfahren ist, dass keine Veränderung mehr denkbar ist. Die Vorstellung, eine problematische Situation selbst zu verschlimmern, zeigt einen Handlungsspielraum auf, der vorher weder gesehen noch gedacht wurde.
Es gibt auch eine Kombination aus lösungs- und problemorientierten Fragen: „Wofür wäre es gut, das Problem noch eine Weile zu haben oder es gelegentlich mal wieder in Ihr Leben einzuladen?"

Fragen haben eine wichtige Funktion im Kontext von Beratung. Sie strukturieren das Gespräch und machen Antworten erwartbar, die Informationen zur Lebenswelt der Klientinnen und Klienten liefern. Die Art von Fragen, die hier aufgezählt wurden, erzeugen Sinnkonstruktionen, über die ein Zugang zu ungenutzten Ressourcen möglich wird.

1.4. Zusammenfassung

Es konnte in diesem Kapitel sowohl eine kurze Darstellung der Theorie vermittelt werden, als auch ein kleiner Einblick in die systemische Praxis und ihre Interventionstechniken gewährt werden.

Die Praxis der Beratung zeichnet sich auch dadurch aus, dass es immer eine weitere Möglichkeit gibt, die Dinge zu sehen. Alle Aussagen des Coaches können als Hypothesen, als Erklärungsversuche gesehen werden, die vom Gegenüber sowohl aufgegriffen als auch abgelehnt werden dürfen. Vor einiger Zeit formulierte eine Kollegin das so: *„Stell dir vor, neben dir steht ein großer Papierkorb und alle meine Einfälle, Ideen und Äußerungen, die von mir kommen, können zusammengeknüllt dort hineingeworfen werden. Es gibt kein Richtig und kein Falsch. Nur du entscheidest im Gespräch, was für dich nützlich ist und was nicht."*

2. Hochbegabte Kinder und Jugendliche

Die Erfahrung der letzten Jahre hat gezeigt, dass sich die meisten Menschen, die mit dem Thema Hochbegabung in Berührung gekommen sind, sei es beruflich oder privat, durch ausgiebige Lektüre schon umfangreich informiert hatten. Aus diesem Grunde verzichtet das folgende Kapitel auf eine allumfassende Einführung in das Thema, sondern liefert nur die wichtigsten Eckdaten, die sich für die Arbeit mit den hochbegabten Kindern und Jugendlichen als hilfreich und nützlich erwiesen haben.

2.1. Was ist Hochbegabung?

Bei dem Thema Hochbegabung haben wir es mit verschiedenen Begrifflichkeiten zu tun, für die letztendlich noch keine klare Definition vorliegt. Die folgenden Begriffe, wie Talent, Begabung und Intelligenz, werden häufig synonym verwendet, was in der Diskussion nicht wirklich zu größerer Klarheit führt (Rost 2000). In diesem Buch wird durchgängig der Begriff der Hochbegabung verwendet, um nicht zu einer weiteren Begriffsverwirrung beizutragen. Außerdem handelt es sich bei den zitierten Beispielen und Fällen um Geschichten von Kindern und Jugendlichen, deren Hochbegabung diagnostiziert wurde. Die intellektuelle Hochbegabung wird mit Hilfe verschiedener psychologischer Intelligenztests ermittelt. Hochbegabung wird definiert als das Vorhandensein besonderer Fähigkeiten, die im Vergleich mit den Gleichaltrigen außerhalb der Norm liegen. Allgemein wurde sich auf Folgendes geeinigt: Nur 2% - 3% der Altersgruppe haben in einer vergleichbaren Testsituation dieses Leistungsergebnis erreicht. Es wird zwischen den folgenden Bereichen unterschieden:
- sprachlich
- logisch analytisch

- mathematisch
- räumlich, kreativ
- musisch, künstlerisch

Die Kinder verfügen über extreme Befähigung in einem oder mehreren der Bereiche. Bevor diese Kinder als hochbegabt diagnostiziert worden sind, müssen andere Personen, Eltern, Freunde, Verwandte oder Lehrerinnen und Lehrer, erst an diese Möglichkeit gedacht haben. Alle Kinder und Jugendlichen, von denen in diesem Buch berichtet wird, haben bei einem IQ-Test einen Punktwert von 130 oder höher erreicht. Zur Orientierung: Der Durchschnittswert beim IQ-Test liegt bei 100 Punkten, d.h. Kinder mit einem Wert um 115 Punkte gelten als überdurchschnittlich begabt und ab einem Punktwert von 122 wird von einer weit überdurchschnittlichen Begabung gesprochen (Feger / Pradow 1998). Also die gängigste Definition von Hochbegabung lautet: In Deutschland gilt als hochbegabt, wer bei einem psychologischen Intelligenztest einen Punktwert von 130 oder höher erreicht hat. Dies orientiert sich an der von Friedrich Gauß entwickelten Kurve zur Normverteilung und betrifft in etwa 2 % - 3% der Gesamtbevölkerung, bzw. des jeweiligen Jahrganges. Dabei wird der Prozentrang als Parameter eingesetzt. Die Intelligenz bildet sich früh heraus und gilt als ein relativ stabiles Merkmal (Stapf 2004).

Ellen Winner (2004) nennt drei atypische Merkmale, die für ein hochbegabtes Kind sprechen:
- *Frühreife:* Die Kinder haben früh entwickelte Fähigkeiten, die über dem Durchschnitt ihrer Altersgruppe liegen. Sie machen schnell große Fortschritte in ihrer Domäne.
- *Sie folgen ihrem eigenem Drehbuch:* Sie sind nicht nur schneller, sondern sie lernen auf eine ganz eigene Art. Sie brauchen nur ein Minimum an Anleitung. Sie sind sehr eigensinnig.

- *Wütende Wissbegierde:* Hochbegabte sind intrinsisch motiviert. Sie wollen ihre Domäne früh begreifen. Sie entwickeln in ihrem Schwerpunkt ein starkes obsessives Interesse und folgen ihrem Ziel mit hoher Konzentration. Sie machen schon früh flow-Erfahrungen.

In der Literatur werden noch weitere Indizien für eine mögliche Hochbegabung genannt, wie überraschend umfangreiches Detailwissen, hohe sprachliche Kompetenz, starke Vertiefung in die Interessengebiete, Langeweile bei Routineaufgaben bis hin zur Verweigerung, fehlendes Interesse an altersgemäßen Beschäftigungen und Gleichaltrigen, kritisches Hinterfragen von Autoritäten, Wahl älterer Freunde und störendes Verhalten in der Schule.

Manchmal kann sich der Entwicklungsvorsprung schon im Kleinkindalter zeigen. So berichtete Kais Mutter, dass ihr Sohn sich bereits im Alter von 3 Jahren für Buchstaben interessierte. Kai war noch keine 4, da las er schon Überschriften aus Zeitungen vor und überraschte mit dieser Fertigkeit die Familie. Unbemerkt hatte er sich das Lesen selbst beigebracht.

Klarheit gibt es letztendlich erst in der Diagnostik. Es gibt eine ganze Palette von psychologischen Tests zur Ermittlung des IQs. Wer sich einen Überblick über die verschiedenen Testverfahren verschaffen möchte, dem seien die Bücher von Sabine Rohrmann / Tim Rohrmann (2005), Aiga Stapf (2010) und Franzis Preckel / Wolfgang Schneider / Heinz Holling (2010) empfohlen. Die Autorinnen und Autoren geben einen detailreichen Überblick über die aktuellen Testverfahren, auf den an dieser Stelle verzichtet wird.

Ein weiteres Phänomen, das häufig beobachtet werden konnte, ist die Kombination aus Hochbegabung und Hochsensibilität.

2.2. Mehr denken – mehr fühlen - mehr wahrnehmen

Andrea Brackmann (2005 / 2007) setzt ihren Fokus auf den Aspekt der Hochsensibilität von Hochbegabten, und spricht von einer erhöhten Erregbarkeit des Nervensystems bei Menschen mit hohem IQ. Ihren Beobachtungen zufolge ist es schlüssig, dass Hochbegabte Reize aller Art intensiver und komplexer verarbeiten. Ihr schnelles komplexes Denken führt zu vielen komplizierten Gedanken auf einmal. Sie nennt als zwei Seiten der Hochsensibilität die Empfindlichkeit und die Empfindsamkeit. Starke Reize können auf beiden Ebenen Stress auslösen. Während sich das Gros der Kinder darüber freut, in einer lärmenden Gruppe einen Ausflug zu machen oder einen Freizeitpark zu besuchen, leiden andere bereits bei der Vorstellung davon an einer Reizüberflutung. Sie versuchen sich zu entziehen oder auf andere Art und Weise zu schützen. Parlow (2003) geht davon aus, dass hochsensible Menschen über schwächere Filter der Wahrnehmung verfügen. Das kann zur wiederholten Reizüberflutung auf den verschiedenen Sinneskanälen führen (Sehen, Hören, Riechen, Schmecken, taktile Wahrnehmung, der Gleichgewichtssinn, Temperatursinn, Schmerzempfindung und Körperempfindung). Dabei wird sowohl ein Mehr an Eindrücken als auch differenzierter wahrgenommen. Neben der verfeinerten Sinneswahrnehmung beobachtete er bei hochsensiblen Menschen ein stark ausgeprägtes Gerechtigkeitsempfinden und Harmoniebedürfnis. Durch die höhere Intensität des Gefühlserlebens nimmt die Verarbeitung der unterschiedlichen Emotionen eine besondere Stellung ein. Das unangenehme Gefühl der Reizüberflutung löst Rückzugtendenzen aus, die betroffene Person folgt automatisch dem Wunsch sich zu schützen.

Hochsensible Menschen gelten darüber hinaus als sehr gewissenhaft und verantwortungsbewusst. Dafür finden wir auf der Schattenseite bei ihnen eine geringere Fehlertoleranz, die sich in belastenden Situationen (z.B. in Prüfungen) besonders bemerkbar machen kann. Aus der schwachen

Fehlertoleranz resultiert ein teilweise perfektionistischer Anspruch, der es unter Umständen verhindert, Dinge anzufangen oder sie zu Ende zu bringen.

Ein großer Teil der im Coaching begleiteten hochbegabten Kinder und Jugendlichen weist hochsensible Eigenschaften und eine starke Tendenz zur Introvertiertheit auf. Ihre zurückgezogene Art zeigt sich in den verschiedenen lebensweltlichen Kontexten unterschiedlich ausgeprägt. So kann es sein, dass sie innerhalb ihrer Familie mutig und streitbar sind, in neuen Kontakten scheu und vorsichtig agieren und in größeren Gruppen verstummen. Sehr häufig berichten diese Kinder, dass sie die Lautstärke innerhalb der Schule als sehr unangenehm empfinden und auch sonst Menschen mit lauten Stimmen eher als aufdringlich erleben. Sie geraten dabei in einen inneren Spannungszustand, der ihnen den Zugang zu einem Teil ihrer Ressourcen verwehrt und sie damit gewisser Handlungsspielräume beraubt. Vergleichbar mit der Schonhaltung bei einer Verletzung, neigen hochsensible Menschen dazu, sich immer mehr einzuschränken, d.h. sich Situation zu entziehen und damit die Reizschwelle weiter herunterzuregeln. Parlow (2003) rät, in einem ersten Schritt die eigenen persönlichen Grenzen erst mal wahrzunehmen und sich darin ernst zu nehmen, und dann in einem zweiten Schritt, durch einen Wechsel von Aktion und Regeneration, die Grenze vorsichtig zu verschieben oder den Rahmen zu modifizieren.

Auch Ellen Winner (2004) beschreibt, dass hochbegabte Kinder häufig introvertierter sind. Als Ursache nennt sie die Schwierigkeit im Kontakt mit gleichaltrigen Kindern. Sie hebt aber den positiven Aspekt für die Kinder hervor. Die Zeiten des Rückzuges nutzen viele Kinder, um sich mit leidenschaftlicher Wissbegierde ihrer Domäne zu widmen. Wir könnten auch sagen: Das Talent entwickelt sich in der Einsamkeit – benötigt unter Umständen sogar die Einsamkeit.

Die Hochsensibilität wird häufig als Erklärungsmodell für bestimmte Phänomene des Scheiterns herangezogen. Erhöhte Sensibilität ist durchaus ein Aspekt in der Persönlichkeitsstruktur von hochbegabten Minderleistern bzw. Underachievern (siehe Fallgeschichten). In der Praxis mit den hochbegabten Kindern und Jugendlichen konnte beobachtet werden, dass es auf jeden Fall eine Schnittmenge zwischen Hochsensibilität und Hochbegabung gibt. Hochsensible Kinder finden ihre Entsprechung in dem Märchen von der Prinzessin auf der Erbse. Für die Arbeit mit hochbegabten Kindern und Jugendlichen ist es wichtig, dieses Wissen zu berücksichtigen und einen angenehmen Rahmen zu schaffen. Aber auch nachzufragen und die Feinsinnigkeit zum Thema zu erheben, hilft den Kindern und Jugendlichen sich besser zu verstehen. So konnte Kai berichteten, dass seine optimale Außentemperatur bei 18 Grad mit verhangenem Himmel liegt; Judith, dass sie keine symmetrischen Muster erträgt und Melanie, dass sie es generell im Kino zu laut und hektisch findet. Alle drei versuchen, die jeweiligen Situationen, in denen sie sich unwohl fühlen, zu vermeiden. Diese, von ihnen selbst häufig als störend empfundenen Wahrnehmungen können aber in der in der Zukunft noch zu einer ihrer größten Ressourcen werden. Es gibt viele Berufsfelder, in denen eine differenzierte Wahrnehmung und Feinsinnigkeit einen großen Gewinn darstellt.

2.3. Die Fördermaßnahmen

Liegt eine diagnostizierte Hochbegabung vor, sehen sich Eltern häufig mit einer Reihe von Fragen konfrontiert: Braucht mein Kind spezielle Förderung? Wie kommuniziere ich die Hochbegabung innerhalb der Familie und des Freundeskreises? Sollte mein Kind von der Hochbegabung wissen? Informiere ich die Lehrerinnen und Lehrer?

Neben der Erleichterung, eine Erklärung für das zum Teil ungewöhnliche oder teilweise eigensinnig wirkende Verhalten ihrer Kinder gefunden zu haben, werden die meisten Eltern aktiv in der Suche nach passenden Angeboten. Für viele Eltern ist die erste Anlaufstelle einer der regionalen Elternstammtische der Deutschen Gesellschaft für das hochbegabte Kind e.V. (DGhK e.V.). Durch den Austausch mit anderen Eltern findet hier für viele eine erste Entlastung und Klärung statt. Außerdem sind die regionalen Ansprechpartner der DGhK e.V. meistens sehr gut über die Angebote vor Ort informiert.

Für hochbegabte Schülerinnen und Schüler gibt es eine ganze Reihe von Fördermöglichkeiten. Dabei sind die zwei Hauptstränge, die Akzeleration (beschleunigtes Lernen) und die Enrichment-Angebote (vertiefendes Lernen) zu nennen. Zu den Maßnahmen des beschleunigten Lernens gehören vorzeitige Einschulung, das Überspringen von Jahrgangsstufen und das Drehtürmodell (Unterricht in höheren Klassen). Das Enrichmentangebot besteht vorwiegend aus außerschulischen Aktivitäten, wie zusätzliche Kurse zu dem jeweiligen Interessengebiet, Arbeitsgemeinschaften, Teilnahme an Wettbewerben und das Früh- oder Schülerstudium.

Als Mischform gelten Verkürzung der Schulzeit durch D-Zug-Klassen, altersgemischter klassenübergreifender Unterricht, bilingualer Unterricht und Spezialschulen oder –klassen.

Über *Akzeleration* wird besonders viel diskutiert. Da bei den meisten Kindern die Hochbegabung erst im Schulkindalter erkannt wird, wird die vorzeitige Einschulung bei weitem nicht so oft genutzt, wie es möglich wäre. Das hängt mit der Tatsache zusammen, dass Entwicklungsvorsprünge in Kleinkindalter häufig nicht als solche erkannt werden. Die meisten Erzieherinnen und Erzieher haben in ihrer Ausbildung wenig oder gar nichts über das Thema Hochbegabung erfahren. Eltern, die ihr Kind trotzdem früher einschulen lassen wollen, finden sich plötzlich in der

Situation wieder, sich vor Erzieherinnen und Erziehern und anderen Eltern für ihre Entscheidung zu rechtfertigen. Immer wieder berichteten Mütter, wie sie so ungewollt in die Rolle der überehrgeizigen Eltern gedrängt worden sind.

Das Überspringen von Jahrgangsstufen birgt für viele Kinder die Chance, ihr Potenzial besser zu nutzen und die Schulzeit zu verkürzen. Gründe für das Springen können sein: hoher Leistungsstand bei Langeweile im Unterricht, Unterforderung bei besten Noten oder Unterforderung bei schlechter werdenden Leistungen, störendes Verhalten, Wegträumen und generelle Schulunlust bis zur Schulverweigerung. Es ist inzwischen bekannt, dass eine dauerhafte Unterforderung und Langeweile ein starker Stressor ist und zu Burnout und Depressionen führen kann. Beim Springen werden noch andere Aspekte wie Integration in der Klasse, körperliche und emotionale Entwicklung des Kindes berücksichtigt.

Melanies Mutter erzählte, dass ihre Tochter nach der ersten Schulwoche frustriert nach Hause kam und sagte: *„Da gehe sie erst wieder hin, wenn die anderen Kinder auch lesen könnten."* Melanie war mit hohen Erwartungen und großer Vorfreude endlich Schulkind geworden und bereits nach einer Woche Schule des Unterrichts leid. Sie kam mit schlechter Laune nach Hause und wurde zusehends unzufriedener. Nach einer ausgiebigen Beratung stand fest, dass für Melanie ein Überspringen der 1. Klasse sinnvoll wäre. Sie wurde folglich nach wenigen Wochen in die 2. Klasse versetzt, schaffte alle Leistungsanforderungen und fand schnell eine beste Freundin. Das Springen ermöglichte Melanie, ihr Potenzial besser zu nutzen und wieder das gutgelaunte Kind zu sein, das sie vor der Einschulung war.

Für das Überspringen von Klassen ist eine gute Kooperation zwischen Schule und Eltern erforderlich. Das Springen sollte von Beratungslehrerinnen bzw. Beratungslehrern oder Sozialpädagoginnen bzw. Sozialpädagogen vor Ort begleitet werden. Die Erfahrung zeigt, dass das Springen nur dann gelingt, wenn es auch dem Wunsch des Kindes entspricht. Für das Springen gibt es verschiedene Zeitpunkte, wobei es häufiger in der Grundschulzeit zum Überspringen einer Klassenstufe kommt als in der Mittel- oder Oberstufe. Viele Kinder überspringen die 2. Klasse oder die 4. Klasse und starten dann an der weiterführenden Schule. Es erscheint einfacher, in der Grundschulzeit zu springen als zu einem späteren Zeitpunkt.

Die Zahl der Springer ist in den letzten Jahrzehnten erheblich gestiegen. Die Einstellung der Schulen zu dem Thema hat sich in den letzten Jahren verändert. Viele Schulen haben mit dem Springen inzwischen positive Erfahrungen gemacht und gesehen, wie es den Kindern danach besser geht. Rückkehrer, d.h. Schülerinnen oder Schüler, die nach einigen Monaten oder dem Schuljahr in ihre alte Klasse zurückkehren, sind extrem selten. Daraus kann der Schluss gezogen werden, Springen als Erfolgsmodell zu bezeichnen. Geglücktes Springen heißt für die Kinder und Jugendlichen, in der neuen Klasse auf verschiedenen Ebenen angekommen zu sein. Dazu gehört, eine Position im Klassenverband zu finden, die erforderlichen Leistungen zu erbringen und Freundschaften zu schließen. Trotzdem lässt sich erst im Nachhinein sagen, ob ein Springen gelungen ist oder nicht. Es birgt mehr Chancen als Risiken, wenn die Entscheidung dafür getroffen wird.

Als andere Möglichkeit der Förderung wird den Schülerinnen und Schülern gerne das Drehtürmodell angeboten. Sie nehmen dann in einzelnen Fächern an dem Unterricht der höheren Klasse teil. Dadurch erhalten sie in ihrer Domäne mehr Input. Viele Schulen bieten inzwischen altersgemischten oder klassenübergreifenden Unterricht in ausgewählten Fächern an.

Die *Enrichmentprogramme* sind gerade bei den jüngeren Kindern sehr beliebt. Es werden Frühförderungskurse zu den verschiedenen Wissensgebieten in Kooperation mit Universitäten und anderen Bildungsträgern angeboten. Regional kann die Auswahl an Kursen sehr unterschiedlich aussehen. Es gibt naturwissenschaftlich ausgerichtete Kurse mit Experimenten, Mathekurse, Malschulen, Philosophieren für Kinder und kreatives Schreiben. Dazu kommt eine Reihe von Wettbewerben wie *Jugend forscht*, die *Matheolympiade* (ab der 3. Klasse), *Jugend musiziert* u.v.a. Die Kurse werden dem Begabungsprofil oder der Interessenlage des Kindes entsprechend ausgewählt. Das zielgerichtete Arbeiten in kleineren (manchmal altersgemischten) Gruppen wird von den Kindern und Jugendlichen häufig als Highlight der Woche beschrieben. Dabei sind zwei Aspekte zentral: Einerseits erhalten die Teilnehmerinnen und Teilnehmer in einem klar gestalteten Rahmen reichlich Wissen zu ihrer Domäne, und andererseits treffen sie auf andere schlaue Köpfe - auf Gleichgesinnte, mit denen sie anregende Diskussionen führen können. Methodisch wird in diesem Rahmen mehr Wert auf Erfahrungslernen gelegt als in der Schule (z.B. durch Experimente).

Neben den fortlaufenden Kursen gibt es auch eine Reihe von Ferienangeboten, wie Ostercamps, Sommerakademien und andere Ferienfreizeiten.

Egal für welchen Weg der individuellen Förderung sich Eltern entschieden haben, es funktioniert nur mit dem Kind. Es geht immer wieder darum, gemeinsam einen Weg zu finden. Erlahmt das Interesse an einem Wissensgebiet, wenden sich die meisten Kinder und Jugendlichen neuen Themen zu.

Oft erleben Eltern, dass mit der beginnenden Pubertät das Interesse ihrer Kinder an den Kursen nachlässt. Sie möchten jetzt lieber die Zeit mit Freunden verbringen oder auch mal einfach nichts tun. Reizvoll wird es für die Jugendlichen dann wieder, wenn ihnen der Besuch einer Universität angeboten wird. Viele Bundesländer haben für hochbegabte Schülerinnen und Schüler die Tore ihrer Universitäten geöffnet und ermöglichen ein Früh- oder Juniorstudium. Dabei gibt es eine Reihe von Bedingungen, die eingehalten werden müssen: Die Schule darf nicht vernachlässigt werden:

der Schulstoff muss nachgearbeitet werden, wenn der Unterricht sich mit der Studienzeit überschneidet. Und es wird sowohl von der Uni als auch von der Schule Zuverlässigkeit und Engagement erwartet.

Die Fördermaßnahmen sollten individuell neigungsbezogen ausgesucht werden, wobei es sinnvoll ist, die Kinder und Jugendlichen aktiv am Entscheidungsprozess für ein Angebot zu beteiligen. Dieser knappe Exkurs zeigt, dass es inzwischen eine Vielzahl von schulischen und außerschulischen Möglichkeiten gibt, das Potenzial hochbegabter Kinder und Jugendlicher zu fördern.

2.4. Die Underachiever

Zu einem der Mythen über hochbegabte Kinder gehört die Vorstellung, ihnen fiele alles leicht und sie müssten sich nie anstrengen oder lernen. Diesen Mythos widerlegen die Zahlen über den Anteil der Underachiever unter den Hochbegabten. Per Definition sind Underachiever Schüler und Schülerinnen, die in der Diagnostik bei einem IQ-Test einen hohen IQ-Wert von 130 oder höher erreicht haben, aber leistungsbezogen nicht zum obersten Drittel der Klasse eines Gymnasiums gehören. Das heißt, sie bleiben im Kontext von Schule weit unter ihren Möglichkeiten und können ihr Potenzial nicht in für Lehrerinnen und Lehrer sichtbare Leistung umsetzen. Das Marburger Hochbegabtenprojekt konnte unter den hochbegabten Kindern und Jugendlichen der Studie ca. 12% als Minderleister identifizieren (Rost 2007). Andere Autoren und die Deutsche Gesellschaft für das hochbegabte Kind gehen von bis zu 70% aus (vom Scheidt 2004, S. 124). Vom Scheidt unterteilt die Gruppe der Underachiever noch weiter in *echte Underachiever* und in *gebremste Latente*, die ihre Begabungen noch nie optimal zum Einsatz bringen konnten, und kommt so zu der Hypothese, dass 66% der Hochbegabten ihr Potenzial nicht selbstwirksam nutzen.

Zu der Gruppe der Underachiever bei Kindern und Jugendlichen zählen:
- Hauptschülerinnen und Hauptschüler
- Realschülerinnen und Realschüler
- Schülerinnen und Schüler, die das Gymnasium besuchen, aber mindestens einmal eine Klasse wiederholt haben
- Kinder und Jugendliche, die das Gymnasium besuchen und einen Notendurchschnitt von 3,0 oder schlechter aufweisen und damit nicht zum oberen Drittel der Klasse gehören.

Diese Definition Underachiever bezieht sich auf die Gruppe bereits erkannter hochintelligenter Schülerinnen und Schüler. Es ist davon auszugehen, dass es noch eine große Gruppe nicht erkannter bzw. nicht diagnostizierter hochbegabter Kinder und Jugendlicher an Gymnasien, Haupt- und Realschulen gibt. Obwohl sich in den Schulen das Bewusstsein für dieses Thema stark verändert hat, kommen viele Kinder und Jugendliche aus diesem Grunde nicht in den Genuss von Förderungen. Das Wissen um das eigene intellektuelle Leistungsvermögen hat eine nachhaltige Wirkung auf die Lebensgestaltung junger Menschen und ist deshalb nicht zu vernachlässigen. Kinder und Jugendliche, die um ihr Potenzial wissen, können es gezielter einsetzen.

Wurde Underachievement früher fast ausschließlich auf eine schulische Unterforderung zurückgeführt, zeigen doch weitere Untersuchungen, dass das Phänomen komplexer zu betrachten ist. In der Praxis konnten eine Reihe von Auffälligkeiten im Unterricht beobachtet werden:
- Mangelnde Rechtschreibung, undeutliche Schrift und Schreibunlust
- Konzentrationsprobleme
- Geringe Lernmotivation
- Fehlende Lern- und Arbeitstechniken
- Anstrengungs- und Leistungsvermeidung bis zur totalen Weigerung, am Unterricht in irgendeiner Form mitzuarbeiten

- Hausaufgaben und jede Form von Fleißaufgaben bereiten Schwierigkeiten
- Ständiges Hinterfragen der Autoritäten
- Äußern von Langeweile
- Suchen nach alternativen Beschäftigungen, die den Unterricht stören

Auf der Persönlichkeitsebene haben wir es unter Umständen mit hochsensiblen Kindern und Jugendlichen zu tun, die über ein eher negatives Selbstkonzept verfügen, emotional instabil wirken und Gefühle wie Wut oder Ärger schlecht oder gar nicht selbst regulieren können. Die vorhandene Tendenz der Anstrengungs- und Leistungsvermeidung führt zur Aneinanderreihung von negativen Erfahrungen und Frustrationen. Dabei können sie bei schwierigen Fragestellungen plötzlich sehr lebhaft werden und mit ihren Wortbeiträgen das Lehrpersonal und die Klasse beeindrucken. Antriebsschwäche und Misserfolgserwartung lassen sie eher zu Opfern von Umständen werden als zu Gestaltern ihres Lebens (Martens / Kuhl 2009). Der Umgang mit Rückschlägen und Fehlern trifft häufig auf die sensible selbstkritische Seite und führt dazu, dass sich Kinder und Jugendliche in einer negativen Feedbackschleife verfangen.

Zu den Underachievern gehören Schülerinnen und Schüler, deren weit reichende Fragen schon in der Grundschule abgeblockt wurden und die sich seitdem in einer Art Wach-Schlaf-Zustand in der Schule befinden. Meistens starteten sie noch hoch motiviert in der Grundschule, stellten dann aber schnell fest, dass sie schon vieles wissen oder können und verloren rasch das Interesse am Unterrichtsstoff.

Oder es sind Schülerinnen und Schüler, die sich nur für ein oder zwei Fächer interessieren und die anderen Fächer und deren Inhalte überflüssig finden und dafür überhaupt kein Verständnis aufbringen können. Die

Geschichte von Jan (13J.), einem stark naturwissenschaftlich orientierten Jungen, kann hier als Beispiel dienen. Jan argumentiert sehr geschickt mit Lehrerinnen und Eltern, warum er die aktuellen Vokabeln nicht gelernt hat. In der Unterrichtseinheit ging es um Lateinamerika, einen Kontinent, den er für sich als uninteressant betrachtet, und somit geht er davon aus, dass er diese Vokabeln nie wieder in seinem Leben brauchen wird. Diese Haltung führt dazu, seine eher mittelmäßige Englischnote weiter zu verschlechtern. Die gesamte Zeit, die er mit der Englischlehrerin, seinen Eltern und Freunden darüber diskutiert hat, hätte sicher gereicht, um sich die Vokabeln komplett anzueignen. Er eröffnet einen Nebenschauplatz, um das Lernen von ca. 40 Vokabeln zu vermeiden und nutzt seine kommunikative Schlagkraft, um seine Umwelt von der Sinnhaftigkeit seiner Entscheidung zu überzeugen. Im Gegensatz dazu ist er in Mathe, Physik und Chemie ein engagierter, leistungsstarker Schüler. Dieses Eröffnen von Nebenschauplätzen und Ablenkungsmanövern setzt Jan auch sehr gekonnt ein, wenn es um die Verhinderung noch zu erledigender Hausaufgaben geht. Letztendlich hat dieses Verhalten ihn nun ins Coaching geführt, nachdem im Zeugnis auf eine Gefährdung der Versetzung hingewiesen wurde. Er setzt einen Teil seines Potenzials gekonnt dafür ein, immer geschickter werdende Strategien zur Arbeitsvermeidung zu entwickeln.

Oder wir treffen auf hochsensible introvertierte Kinder und Jugendliche, die es nicht ertragen, dass jemand über sie lacht, und die aus Angst vor unangenehmen Kommentaren ihrer Mitschülerinnen und Mitschüler im Unterricht total verstummt sind. Hinzu kommt ihr hoher perfektionistischer Anspruch, gekoppelt mit nicht vorhandener Fehlertoleranz, der sie zögern lässt, Antworten zu liefern, wenn nur ein Rest an Unsicherheit vorhanden ist. Die durchweg schlechten mündlichen Leistungen durch fehlende Beteiligung haben zwei Effekte: Einerseits werden die Noten nach unten gezogen, und andererseits erhalten sie leichter die Zuschreibung Schulverweigerer bzw. Leistungsverweigerer. Sowohl Kai als auch Jonas hatten stark damit zu kämpfen (siehe Fallgeschichten).

Oder wir sehen die gelangweilten hochbegabten Schülerinnen und Schüler, die (aus der Frustration heraus) jede sich bietende Gelegenheit nutzen, einen Streit mit den Lehrkräften zu provozieren. Das Hinterfragen von Autoritäten ist ihnen zur zweiten Natur geworden, und ihre ganze Energie geht in die Konflikte. Denn wer sich streitet, fühlt sich lebendig und wach. Diese Kinder und Jugendlichen finden wir häufig in der Rolle des Störenfrieds mit schlagkräftigen und scharfsinnigen Argumenten. Sie sind meistens genaue Beobachterinnen oder Beobachter, können ihr Gegenüber sehr gut einschätzen und greifen mit ihren Kommentaren jeden kleinsten inhaltlichen Fehler im Unterricht auf. Es hat den Anschein, dass die stattfindenden Wortgefechte die einzige Freude im Unterricht darstellen. Häufig ist ihnen durch ihr Verhalten die Sympathie der Mitschülerinnen und Mitschüler gewiss. Hat sich der Prozess verselbstständigt, reagieren die Lehrerinnen und Lehrer zusehends gereizter. Gerne werden in solchen Fällen schlechtere, so genannte *moralisch begründete Noten* vergeben, oder nach besonders heftigen Auseinandersetzungen spricht die Schule auch einen Verweis aus.

Allen ist gemeinsam, dass sie im Kontext von Schule ihr Potenzial nicht nutzen können. Es gibt aus systemischer Sicht noch einen weiteren Aspekt, den Winfried Palmowski (2007, S. 144ff.) ausführlich unter der Überschrift *„Faulheit kann vor Dummheit schützen"* beschrieben hat. Wenn Lehrerinnen und Lehrer das Etikett *faul* vergeben – *„er könnte, aber er tut nichts"* ist diese Zuschreibung angenehmer als das Etikett *dumm („er will, aber er kann leider nicht")*. Erstens bewerten Lehrerinnen und Lehrer bei Faulheit jede kleinste positive Entwicklung höher; und zweitens erhalten diese Schülerinnen und Schüler mehr Angebote und Chancen Leistung zu zeigen als die andere Gruppe. Die faulen Schülerinnen und Schüler mindern durch ihr Verhalten, ihr Nichtstun, die Gefahr zu scheitern oder zu versagen. Außerdem versuchen sie Misserfolge um jeden Preis zu tarnen. Die nach Außen sichtbare nonchalante Gleichgültigkeit und Arroganz verbirgt die darunter liegenden Emotionen von Frustration und Enttäuschung. Im Coaching verweisen die Antworten auf die Frage: *„Was macht einen erfolgreichen 12jährigen bzw. 14jährigen oder 16jährigen aus?"* auf die Bedeutung von Schule. Fast alle Kinder und Jugendlichen nannten an erster Stelle den schulischen Erfolg, obwohl nicht nach der erfolgreichen Schülerin oder dem erfolgreichen Schüler gefragt wurde. Erfolgreiche Kinder und Jugendliche sollten in ihrem Leben Spaß haben, ihren Interessen und Neigungen nachgehen, Freundinnen und Freunde haben und viel lachen, aber auch die Chance erhalten, gute schulische Leistungen zu erbringen.

In den Beratungen konnte noch eine weitere Verhaltensweise von Kindern und Jugendlichen beobachtet werden. Underachiever sind nicht durchgängig schlechte Schülerinnen oder Schüler. Die meisten von ihnen schreiben zwischendurch auch mal gute Noten. Nachgefragt, findet häufig eine Entwertung dieser Erfolge statt. Immer wieder ist von Kindern und Jugendlichen die Aussage zu hören: *„Die Arbeit war zu leicht."* Oder *„Ich hab nur Glück gehabt."* Der Bezug zur eigenen Leistung ist negativ besetzt. Unter Umständen fehlt es an einer realistischen Selbsteinschätzung oder am Gespür für die Relation von Aufwand zu Leistung. Wir könnten auch von einer schwachen Selbstwirksamkeit sprechen, wenn der Erfolg äußeren Faktoren zugeschrieben wird. (Nepper-Fiebig 2010) Nach einer Reihe von mittelmäßigen oder schlechten Noten trauen die Kinder und Jugendlichen den guten Noten per se nicht. Dieses Phänomen geht oft einher mit schlechtem oder schwachem Selbstwert der Schülerinnen und Schüler und einer Reihe von Misserfolgen.

Die fehlenden Erfolgserlebnisse der Underachiever können eine Eigendynamik entwickeln, eine negative Feedbackschleife mit einer spiralartigen Abwärtsbewegung. Die Binsenweisheit, dass Erfolg weiteren Erfolg nach sich zieht, gilt auch für Misserfolge. Es kommt zu einer Misserfolgserwartung. Diese Bewegung durch Coaching zu unterbrechen oder zumindest aufzuhalten ist das vorrangige Ziel in der Arbeit mit den Underachievern unter den hochbegabten Kindern und Jugendlichen.

In den Fallgeschichten von Mimi, Kai und Jonas sind die verschiedenen Phänomene von Underachievern noch einmal ausführlicher beschrieben.

2.5. Selbstwahrnehmung und Selbstreflexion der eigenen Hochbegabung

Hochbegabt ist nicht gleich hochbegabt. Die hohe Intelligenz ist nur ein Teilbereich der Persönlichkeit. Unter dem Begriff *hochbegabte Kinder und Jugendliche* finden wir eine bunte Mischung von kleinen Persönlichkeiten. Die kleine Typensammlung von Rohrmann / Rohrmann (2005) veranschaulicht, wie sich Hochbegabung bei Schülerinnen und Schülern recht unterschiedlich im Kontext von Schule zeigen kann. Wir haben da die Erfolgreichen, den kleinen Professor, die Perfektionistin, den Streber, die allseits Beliebte, die Schwierige, die nervige Chaotin, den Eigenbrötler, den Rebellen, die Aussteigerin, die Unauffälligen, das fleißige Lieschen und nicht zu vergessen, die ganz Normalen. Bei Brackmann (2005) finden wir ergänzend den sensiblen Träumer, Daniel Düsentrieb, die Künstlerin, den Besserwisser, den Verweigerer, die Anführerin, das Multitalent und den Unbeirrbaren. In dieser Typisierung zeigt sich ein recht uneinheitliches Bild der Kinder und Jugendlichen. Dabei handelt es sich um Zuschreibungen oder Beschreibungen der Außenwelt. Wie sieht neben der Außenansicht die Innenansicht, die Selbstwahrnehmung aus? Wie wird die eigene

Hochbegabung erlebt? Alexander Christiani und Frank M. Scheelen (2002) nennen diese Kompetenz Intrapersonale Intelligenz. „Unter intrapersonaler Intelligenz wird üblicherweise die Fähigkeit verstanden, konstruktiv mit uns selbst umzugehen. Dazu gehört unter anderem die Fähigkeit, sich selbst zu verstehen, ein lebensgerechtes Bild der eigenen Persönlichkeit – mit all ihren Fähigkeiten, Wünschen und Ängsten – zu entwickeln und dieses Wissen in konstruktive Selbststeuerung umzusetzen." (Christiani / Scheelen 2002, S.83) Sich selbst in der Begabung wahrzunehmen, heißt sich zu kennen, sich zu vergleichen und die Unterschiede zu erspüren. Die Selbstreflexion über eigene Fähigkeiten führt zu einem stabilen Selbstbild und stärkt das Selbstbewusstsein.

Jedes Kind beginnt entwicklungspsychologisch mit dem kindlichen egozentrischen Denken, das dem Gegenüber die gleiche Weltsicht unterstellt (Piaget 2003). Die subjektiv wahrgenommene Welt wird für die *wahre* und *einzige* Welt gehalten. Der Blick aus den kindlichen Augen wird in der Eigenwahrnehmung noch nicht als subjektiv betrachtet. Für hochbegabte Kinder gilt das ebenso. Alle Kinder unterstellen sich gegenseitig ihre Weltsicht und ihren eigenen Wissensstand. Erst im Kontakt und in der Interaktion mit Gleichaltrigen können sie ihre Wahrnehmung überprüfen. Dem liegt eine gewisse Erwartungshaltung zugrunde. Für die meisten Kinder findet die erste Abgleichung ihrer Weltsicht im Kindergarten statt. Dann stellen sie plötzlich im Spiel oder in der Interaktion mit einem Gleichaltrigen fest, dass sich ihr Gegenüber mit ganz anderen Fragen und Ideen beschäftig.

So wie Melanie, die davon ausging, dass alle Kinder bei der Einschulung lesen können und nach einer Woche Schule nicht mehr hingehen wollte, haben alle Kinder bestimmte Annahmen über sich und die Welt, die sie erst im sozialen Kontakt, in der Interaktion mit Gleichaltrigen überprüfen können. Das Beispiel von Sandra zeigt, wie sie ihre Erlebnisse aus der Kindergartenzeit in Erinnerung behalten hat. Sie berichtete von einer

Episode im Kindergarten, die ihre Weltsicht als 4jährige nachhaltig veränderte. Als sportliches Kind kletterte sie gerne und viel in den Bäumen und Büschen auf dem Außengelände des Kindergartens. Nun sahen das die anderen Kinder und folgten ihr, indem sie ihr einfach hinterher kletterten. Leider fielen dabei einige Kinder herunter. Die Erzieherinnen waren entsetzt und begannen mit Sandra zu schimpfen, weil ihr Verhalten dazu geführt hatte, dass sich andere Kinder verletzen konnten. Die 4jährige war darüber total überrascht, da sie selbst noch nie beim Klettern gestürzt oder gefallen war. Erst viel später erkannte sie ihren Irrtum. Sandra unterstellte den anderen Kindern, sie wüssten auch schon, dass sie sich festhalten müssten und wie das Klettern funktioniert. Noch als Jugendliche ist ihre Empörung darüber zu spüren, weil dieser Vorfall das Ende ihres Besuches in diesem Kindergarten bedeutet hatte. Auch ihr Interesse an Zahlen stieß bei Gleichaltrigen auf Unverständnis. Sie beschäftigte sich im Alter von 5 Jahren das erste Mal mit den *komischen Zahlen*, den Primzahlen. Als sie in ihrer Spielgruppe versuchte, diese neue und aufregende Erkenntnis mit anderen Kindern zu teilen, stieß sie auf Unverständnis, Irritation und Desinteresse. In ihrer Erinnerung waren das die ersten Situationen, in denen sie ihre eigene Art zu denken wahrnahm und den Unterschied zu den anderen Kindern spürte. Erst in der Interaktion mit Gleichaltrigen konnten ihr diese Unterschiede deutlich werden.

Im Rahmen der Sozialisation verliert sich die egozentrische Weltsicht nach und nach. Die Kinder lernen, sich in der Vielfalt der Lebenswelten zurechtzufinden.

Auch im Coaching mit hochbegabten Kindern und Jugendlichen findet eine Selbstreflexion direkt und indirekt statt. Gerade bei den Underachievern führte die Diskrepanz zwischen dem hohen IQ-Punktwert und den schlechten oder mittelmäßigen schulischen Leistungen immer wieder zu der Frage: *„Wer bin ich und worin besteht mein Potenzial?"* Im Coaching ausreichend Zeit für die Selbstreflexion einzuplanen, hat sich als hilfreich und nützlich erwiesen. Allein schon die Aussage in den Raum zu stellen: *„Ein guter Schüler muss nicht automatisch intelligent oder hochbegabt sein, er könnte einfach nur durch Fleiß und Ausdauer zu einem Overachiever geworden sein,"* hat schon bei den Jugendlichen zu zahlreichen lebhaften, aber auch kontroversen Diskussionen geführt. Systemisch konstruktivistisch betrachtet kann niemand aus den Augen eines Anderen in die Welt blicken und darüber berichten, was er dort sieht. Wir leben also alle in der gegenseitigen Wirklichkeitsunterstellung oder der Als-ob-Wirklichkeit, die wir kommunikativ ständig untereinander abgleichen. Wenn in den Gesprächen diese Ebene der theoretischen Auseinandersetzung über Wirklichkeit erreicht wird, erweitert sich der Horizont des Gegenübers. Allein schon die Tatsache, weitere Perspektiven auf eine konkrete Situation anzubieten, schärft und differenziert die Wahrnehmung.

2.6. Berufswahl und Zukunft

Abschließend noch einen knappen Exkurs in die Zeit nach der Schule. Bei der Frage, wie nehmen Kinder und Jugendliche ihre Hochbegabung wahr, landen wir in Bezug auf die Berufswahl schnell bei der Unterteilung in Spezialisten und Generalisten. Dieses Phänomen kann immer wieder beobachtet werden. Es gibt Jugendliche, die schon in der Grundschule sagen können: *„Ich studiere Physik."* oder *„Ich werde Anwältin."* Diese Spezialisten können sehr früh ihre Domäne benennen und bleiben ihr oft ein Leben lang treu. Die Generalisten hingegen interessieren sich für alles Mögliche, wechseln die Themengebiete, wenn sie abgegrast sind und wenden sich mit großer Neugierde neuen Aufgaben oder Bereichen zu. Sie könnten in der Zukunft eine breite Spanne von Studienwünschen haben: Musik oder Medizin, Islamistik oder Informatik, Philosophie oder Physik, und manchmal wird aus dem „oder" sogar ein „und". Während der Werdegang der Spezialisten sich schon früh abzeichnet, stehen Generalisten vor der Qual der Wahl. Eine Entscheidung für etwas zu treffen heißt, sich gleichzeitig gegen so viele andere, ebenso spannende Möglichkeiten zu entscheiden, dass es besser erscheint, sich noch nicht festzulegen. Ihre Fähigkeit sich in komplexen inneren Welten und Vorstellungen zu verlieren, lässt sie alle möglichen Alternativen bis ins kleinste Detail durchspielen und immer neue Ideen entwickeln.

Bei den Spezialisten zeigt sich ihre Domäne schon früh im Leistungsprofil. Sie haben meistens schon in der Schulzeit die besten Noten in ihrem Schwerpunkt. Spezialisten bergen in sich die Chance, im Laufe ihres Lebens in einen Fachgebiet zur Expertin oder zum Experten zu werden. Expertise zu besitzen bedeutet, theoretisches Wissen mit Handlungen zu verknüpfen. Um in irgendeinem Bereich den Expertenstatus zu erlangen, müssen bestimmte Bedingungen erfüllt werden. Die 10.000 Stunden-Regel besagt, dass jemand nur zur Expertise gelangt, wenn sie oder er diese Zeit zielorientiert und ausdauernd, mit Fleiß und Disziplin in ein Fachgebiet investiert (Albert Ziegler 2004, Malcolm Gladwell 2009, Manfred Spitzer 2002). 10.000 Stunden werden dabei häufig mit einer Zeitspanne von 10 Jahren gleichgesetzt. Die Expertisenforschung verweist dabei gerne auf die Berufsmusikerinnen und Berufsmusiker. Dort heißt es häufig, Talent ist hilfreich, aber ohne das stetige und ständige Üben des Instruments nützt es gar nichts. Die Annahme, Hochbegabte würden generell zu Expertinnen und Experten, trifft nicht zu. Sie müssen sich für eine Disziplin entscheiden und sich in diesem Bereich immer wieder neuen Fragen stellen, Herausforderungen suchen, aber auch über Durststrecken wie Phasen voller Routinearbeit hinwegkommen.

Die Generalisten können während der Schulzeit in allen Fächern zu den Besten ihrer Klasse gehören, denn ihre Interessen laufen gleichzeitig in viele Richtungen. Sie erreichen in dem anvisierten Bereich schnell ein hohes Niveau. Haben sie das Wissensplateau erreicht, ist der Reiz des Neuen verflogen, beginnt die Suche nach neuen oder anderen Herausforderungen. Dies kann zu einem Lebensthema werden. So treffen wir auf hochbegabte Erwachsene mit Studienabschlüssen in zwei oder mehr Disziplinen, die in ihrem Leben immer wieder Richtungswechsel vorgenommen haben. Sie erschließen sich durch diese Wechsel immer neue Berufsfelder, besuchen Weiterbildungen und entsprechen mit ihrem Agieren schon dem seit einigen Jahren proklamierten Konzept des lebenslangen Lernens. Manche von ihnen landen vielleicht in der Verzettelungsfalle, weil es ihnen so schwer fällt, auf etwas zu verzichten.

Auffallend ist, wenn es im Rahmen der Beratung um Berufsorientierung geht, dass sich viele junge Erwachsene auf die Suche nach der absolut richtigen, 100%igen Entscheidung begeben. Dabei schwanken sie häufig zwischen interessengeleitetem Studium oder konkretem Berufsbild. So kann sich der 18jährigen Phillip gut vorstellen Mathematik zu studieren, aber es graut ihm bei der Vorstellung, in einer Schule Mathe zu unterrichten oder als Versicherungsmathematiker viele Stunden in einem Büro festzusitzen. Da beginnt die Suche nach alternativen Einsatzorten für seine Kompetenzen, oder es sind ganz neue Ideen zu entwickeln, um sein Berufsfeld zu definieren. Der gesellschaftliche Wandel trägt dazu bei, dass es die absolut richtige Entscheidung, die lebenslang Gültigkeit haben soll, immer weniger gibt. Die Welt, und vor allem die Berufswelt, verändert sich ständig und schafft immer neue Bedingungen. Deshalb ist es sinnvoll, junge Erwachsene zu ermutigen, sich erst mal für einen kürzeren Zeitraum, für die nächsten 3 – 5 Jahre festzulegen. Manchmal stellt sich der Karriereweg wie das Durchqueren eines stark fließenden Flusses dar. Beim Überqueren eines Flusses springen wir von Stein zu Stein und der Weg durch das Gewässer entwickelt sich mit jedem Schritt. Egal wie gut er geplant und gedacht war, schaffen die äußeren Bedingungen andere Notwendigkeiten und damit unter Umständen auch neue Entscheidungen.

Im Berufsleben oder in der Berufswelt werden sowohl heute, als auch in der Zukunft Spezialisten und Generalisten in gleichem Maße gebraucht.

2.7. Abschließende Bemerkungen

Dieses Kapitel sollte den Leserinnen und Lesern einen ersten Überblick über das Thema Hochbegabung verschaffen, von der Definition zu den Problemfeldern. Dabei wurden die verschiedenen Fragen wie Erkennen, Fördern und Unterstützen gestreift. Es ist wenig über Wunderkinder oder kleine Genies zu finden, weil diese Kinder auch unter den hochbegabten Kindern eine Ausnahmeerscheinung darstellen. Wunderkinder werden erst zu Wunderkindern durch ihr Auftreten in der Öffentlichkeit. Als Beispiele können Bobby Fischer der ehemalige Schachweltmeister, oder die japanische Geigerin Midori genannt werden. Bobby Fischer erregte bereits als 13jähriger mit dem als *Partie des Jahrhunderts* bekannt geworden Turniersieg Aufsehen in der Öffentlichkeit und war mit 14 Jahren US-Champion. Midori beeindruckte die klassische Musikszene bereits als 11jährige bei ihrem Debütkonzert mit den New Yorkern Philharmonikern mit ihrem Geigenspiel.

Die kleinen Wunder des Alltags mit hochbegabten Kindern und Jugendlichen spielen sich eher am Rande ab. Es können philosophische Gespräche mit einem 12jährigen sein oder der Vortrag über Ökosysteme und Biotope einer 13jährigen. Festzustellen ist letztendlich, dass das Augenmerk in diesem Buch nicht auf den Wunderkindern liegt, sondern auf den hochbegabten Kindern und Jugendlichen, die in ihrer schulischen Laufbahn Probleme haben, die sie aus eigener Kraft nicht mehr lösen können. Trotzdem gibt es eine Reihe von Studien, die besagen, dass hochbegabte Kinder und Jugendliche im Vergleich zu durchschnittlich begabten Kindern psychisch stabiler und ausgeglichener seien (Rost 2000, Stapf 2004 und 2010). Wir müssen wie überall davon ausgehen, dass es eine Spanne von Phänomenen gibt, die aus wechselnden Perspektiven unterschiedlich beschrieben werden können.

Die Potenziale der Kinder zu erkennen kann nur der Anfang sein. Sie zu fördern, ist eine Notwendigkeit, da alle Eltern sich für die Zukunft ihrer Kinder das Beste wünschen und erhoffen.

Im nächsten Kapitel geht es um die Phase der Pubertät, die Zeit der großen Veränderungen und Entwicklungen, die ihren Abschluss im Erwachsensein findet.

3. Die Pubertät

Dem Thema Pubertät wird ein eigenes Kapitel gewidmet, weil dieses Buch vorwiegend von der Arbeit mit Kindern und Jugendlichen in dieser Lebensphase handelt. Dabei sollen die verschiedenen Teilaspekte der Pubertät betrachtet werden. Als Erstes die biologischen und neurobiologischen Erkenntnisse, dann die soziologischen bzw. psychologischen Aspekte der Pubertät und als Letztes Hochbegabte in der Pubertät.

Ein Blick in die heutige Lebenswelt junger Menschen zeigt, wie stark sie sich verändert hat. Das klassische Ideal der Vater-Mutter-Kind-Familie aus der Mitte des letzten Jahrhunderts greift heute nicht mehr. Die hohe Scheidungsrate der Industrieländer (jede dritte Ehe wird geschieden) führt dazu, dass viele Kinder und Jugendliche von einem Elternteil allein aufgezogen werden oder in Patchwork-Familien leben. Auch die räumliche Distanz der Elterngeneration zu den Großeltern hat Auswirkungen auf das soziale Netz. So finden sich häufig allein erziehende und berufstätige Mütter rebellierenden Jugendlichen gegenüber, die zur Ablösung vom Elternhaus die Konfrontation suchen. Schnell kommt es in den Familien zu Überforderungssituationen. Die Jugendlichen gehen durch einen Prozess, an dessen Ende sie über bestimmte soziale Kompetenzen, wie Selbständigkeit, Selbstvertrauen, Verantwortungsbewusstsein, Gemeinschaftsfähigkeit, Selbstorganisation, ein eigenes Wertesystem und Konfliktfähigkeit verfügen sollen. Auf diesem Weg treffen Jugendliche schon Entscheidungen für ihre weitere Zukunft. Unabhängig davon, welche Rahmenbedingungen vorliegen, ist die Pubertät eine sehr bewegte Phase im Leben der Eltern und Jugendlichen, an deren Ende die Ablösung der Kinder vom Elternhaus steht. Beginnen wir mit den medizinischen bzw. biologischen Fakten.

3.1. Biologische und neurobiologische Erkenntnisse

Das verstärkte Interesse der Mediziner, Biologen und Neurobiologen an der Phase der Pubertät hat im Rahmen verschiedener Forschungsprojekte neue Erkenntnisse geliefert. Die Pubertät hatte schon immer einen bestimmten Verlauf, aber das Verständnis für diese Lebensphase wurde durch die neueren Forschungsergebnisse stark verändert. Fast alle größere Zeitschriften und Zeitungen haben dem Thema lange Artikel gewidmet. Wir könnten auch behaupten, die Pubertät hat in den letzten Jahren eine Menge „schlechte Presse" bekommen. Dabei lag der Fokus häufig auf dem Konfliktpotenzial im Elternhaus und dem Thema Identitätsfindung von Jugendlichen.

Wir dürfen nicht vergessen, dass alle Kinder früher oder später in die Pubertät eintreten, diese Phase sehr individuell verläuft und auch von den Kindern und ihren Eltern sehr unterschiedlich erlebt wird.

Jetzt zu den Fakten: Die hormonelle Entwicklung beim Kind beginnt mit der Vorpubertät bereits im Alter von 9 Jahren. Die gute gesundheitliche Versorgung und Ernährungslage hat dazu geführt, dass die Pubertät heute früher einsetzt als vor einigen Jahrzehnten. Die ersten Anzeichen der Frühpubertät sind der Haarwuchs im Schambereich, das Wachsen des Busens beim Mädchen und der Beginn des Stimmbruchs beim Jungen. Die Geschlechtsreife tritt beim Mädchen mit der ersten Menstruation und beim Jungen mit dem ersten Samenerguss ein. Damit ist die Pubertät bei weitem nicht abgeschlossen. Es handelt sich um eine prozesshafte Entwicklung, die sich über Jahre hinzieht und erst im Erwachsenen ihren Abschluss findet. Für Mädchen, beziehungsweise junge Frauen, wird das Ende der Pubertät zwischen dem 16. - 17. Lebensjahr festgelegt. Bei den Jungen, bzw. jungen Männern, kann es auch bis zum 21. Lebensjahr dauern. Die Pubertät ist dann abgeschlossen, wenn der männliche Körper sein Wachstum einstellt.

Zwei Hormone sind maßgeblich an der körperlichen Entwicklung beteiligt. Der Körper muss geradezu davon überschwemmt werden, um die anstehenden Umbauarbeiten leisten zu können. Im weiblichen Körper kommt es zur verstärkten Ausschüttung von Östrogen und im männlichen von Testosteron. Eltern beschreiben es häufig so: „Eben war da noch ein Kind und plötzlich hat sich alles verändert."

Neue Forschungen aus der Neurobiologie haben ergeben, dass die Hormone nicht nur den Körper beeinflussen, sondern auch das Gehirn. Lange Jahre hielt sich die Annahme, das Gehirn sei mit Beginn der Pubertät ausgereift - diese Aussage ist falsch. Gehirnscanns von pubertierenden Jugendlichen zeigten überraschende Bilder. Das gesamte Gehirn befindet sich im Chaos. Es ist eine einzige Baustelle, Verbindungen werden durchtrennt, neue Verknüpfungen entstehen und werden wieder aufgegeben, und andere werden gestärkt und zu Datenautobahnen ausgebaut. Es kommt zu einer Volumenzunahme, und die Zahl der Verknüpfungen wächst. Der Informationsfluss ist teilweise gestört und macht vor allem im sozialen Miteinander und in der Familie Schwierigkeiten. Die Auswirkungen des Umbaus werden in der Literatur wie folgt beschrieben:

- Teenager verstehen klare Botschaften nicht mehr und haben Schwierigkeiten Prioritäten zu setzen.
- Das Erlernen von Fremdsprachen wird mit der beginnenden Pubertät schwieriger.
- Die Risikobereitschaft der Jugendlichen erhöht sich in der Pubertät.
- Die Empathiefähigkeit der Jugendlichen nimmt ab. (Bei einem Test, bei dem Jugendliche Gesichter Gefühlen zuordnen sollten, hatten sie erhebliche Schwierigkeiten beim Erkennen der Gefühle, während die Kontrollgruppe, Kinder vor der Pubertät, diese Aufgabe besser bewältigen konnte.)
- Die Bedeutung der Peergroup wächst und die Bedeutung der Eltern nimmt ab.

Die Pubertät ist eine sehr dynamische Entwicklung während die Umwelt weiterhin konstant Erwartungen an die Jugendlichen stellt oder diese – begründet durch das Alter - noch erhöht, d.h. nicht nur mehr Taschengeld, sondern auch mehr Pflichten und Selbstverantwortung.
Der Verlauf der Pubertät ist stark individuell. Es gibt Frühentwickler und Spätzünder, es gibt Jugendliche mit massiven Hautproblemen und andere, die davon nicht behelligt werden. Der Prozess kann von außen nicht beeinflusst werden. Der Körper wächst sich in dieser Phase aus.

Nun ist in der Pubertät die Funktionsweise des Gehirns durch die körperliche und hormonelle Entwicklung stark beeinträchtigt. Eine der Folgen, die erhöhte Risikobereitschaft, soll im Folgenden, genauer betrachtet werden. Das erhöhte Risiko entsteht durch die unrealistische Einschätzung von Situationen. Jugendliche benötigen einen stärkeren Reiz zur Ausschüttung des Transmitters Dopamin. Dopamin als Belohnungs-Transmitter erzeugt im Gehirn und damit im Menschen Wohlgefühle. Da der Reiz verstärkt werden muss, um die gleiche Menge Dopamin auszuschütten wie vorher, suchen Jugendliche das Risiko oder den Kick. Es kommt zu Selbstüberschätzung oder Fehleinschätzungen von Situationen, die zu einer erhöhten Unfallgefahr führen können. Viele Jugendliche suchen die Herausforderungen im sportlichen Bereich und engagieren sich stärker. Aber es gibt auch Jugendliche, die die Gefahr regelrecht suchen und Leib und Seele in Gefahr bringen (z.B. beim S-Bahn-Surfen). Das Bedürfnis nach Grenzerfahrungen gehörte schon immer zur Pubertät. Jugendliche beschreiben es häufig als ein *sich selbst über die Grenze erfahrbar machen*.

Die Hormone bewirken ebenfalls eine Verschiebung des Schlafrhythmus. Die Jugendlichen können schlechter einschlafen und kommen morgens nicht gut aus dem Bett und natürlich in die Schule. Dies verursacht Ärger mit der Schule und weiteren Stress in der Familie.

Das Verhalten der Mädchen und Jungen verändert sich auf unterschiedliche Art und Weise, geschlechterbezogen. Dabei werden alte, genetisch festgelegte Muster aktiviert, die in der Urzeit dazu beitragen haben, dass der Mensch überlebte. Die Neurowissenschaftlerin und Psychiaterin Louann Brizendine beschreibt es anschaulich in ihren Büchern „Das weibliche Gehirn" (2007) und „Das männliche Gehirn" (2010). Dabei legt sie einen Schwerpunkt auf die Erforschung der geschlechtstypischen Merkmale, die in den verschiedenen Lebensphasen aktiviert werden. Mädchen und Jungen unterscheiden sich in der pubertären Entwicklung.

3.1.1. Die Mädchen

Die Mädchen schwanken zwischen übersteigertem Selbstvertrauen und tiefen Selbstzweifeln. Durch den hormonellen Zyklus bedingt, gibt es gute und schlechte Lebens- und Lernphasen. Die Reizbarkeit ist enorm hoch. Kleine Konflikte können zu dramatischen Ereignissen hochgespielt werden und verschwinden am nächsten Tag in der Bedeutungslosigkeit. Die Emotionen sind unvorhersehbar, gehen rauf und runter, ohne von außen ersichtlichen Grund. Trotzdem bauen die Mädchen in dieser Phase ihr soziales Netz auf und aus. Sie benötigen die Gruppe der gleichaltrigen Mädchen und befinden sich in ständiger Kommunikation untereinander oder miteinander. Tratsch und Klatsch spielen dabei eine große Rolle. Die Kommunikation mit ihren Freundinnen setzt im Gehirn die Transmitter Dopamin und Oxytocin frei, die dem Stressabbau und den Wohlfühlmomenten zugeordnet werden können. Sie reden sehr viel über Jungen, benötigen dabei von ihren Freundinnen eine ständige Bestätigung. Ihr ausgeprägtes Harmoniebedürfnis führt dazu, dass sie Konflikte im Freundeskreis vermeiden. Die Angst, durch einen Streit die lebensnotwendigen Freundschaften zu gefährden, ist in dieser Phase sehr hoch. Die Peergroup - die Gruppe der

Gleichaltrigen - hat eine weit größere Bedeutung als die Familie. Die Meinungen der Eltern werden nicht mehr so ernst genommen und manchmal sogar total negiert. Der Vorwurf einer 14jährigen an ihre Mutter: „Du verstehst mich sowieso nicht" trifft auch auf das Mädchen zu. Sie hat keinen Einfluss auf die ablaufenden Prozesse und versteht ihre Gefühlsschwankungen oft selbst nicht.

3.1.2. Die Jungen

Die Jungen pflegen in dieser Lebensphase einen ganz anderen Kommunikationsstil als die Mädchen. Die Pubertät führt zu einem zwanzigfachen Anstieg des Testosteronspiegels. Der Junge möchte am liebsten mit seinem Testosteron umspülten Gehirn in seinem Zimmer sitzen. Sie werden regelrecht kommunikationsfeindlich, lieben und suchen - im Gegensatz zu den Mädchen - den Konflikt und die Konkurrenz. Sie hängen mit ihren Freunden ab und sprechen über ihre Lieblingsthemen Sport und Sex.
Die Gedanken der Jungen kreisen um das Thema Sex, und sie haben die Befürchtung, dass andere ihnen das am Gesicht ablesen könnten. Der Umbau des Gehirns verhindert, dass sie sich in dieser Phase mit Lerninhalten freiwillig beschäftigen. Manche sind auch von der erwachenden Sexualität irritiert. Sie unterliegen einerseits dem Gruppendruck, bzw. dem Gruppenzwang, suchen aber trotzdem die Auseinandersetzung und riskieren schon mal einen Streit mit ihrer Clique. In der Öffentlichkeit geben sie gerne den Coolen und überspielen auf diese Art all ihre Unsicherheiten. Mit der Pubertät gibt es eine Menge Dinge, die auf einmal als uncool gelten. Dazu gehören durchaus Dinge, die ihnen eigentlich noch Spaß machen, wie z.B. Familienausflüge.

Mädchen und auch Jungen betrachten die Entwicklung ihres Körpers sowohl mit Interesse als auch mit Schrecken und immer unter der Frage: „Bin ich für das andere Geschlecht attraktiv genug?" Sie erleben jeden Kommentar der Eltern als eine unerwünschte Einmischung. Auf elterliche Forderungen reagieren sie häufig mit Ausweichmanövern und Ignoranz.

Das Aussehen und die Kleidung spielen bei vielen eine große Rolle. Auf einmal sind bestimmte Klamotten so uncool, dass sie nicht einmal mehr bei der Gartenarbeit getragen werden können.

Sowohl die Mädchen als auch die Jungen nehmen sich selbst in dieser Phase schon als erwachsen wahr. Dabei stoßen sie sich ständig an den Anforderungen und Grenzen, die für sie als Jugendliche gelten. Eltern finden sich dabei häufig in der Rolle des streitbaren Gegenübers wieder.

Für beide Geschlechter gilt in der Pubertät eine erhöhte emotionale Reizbarkeit. Erste erfüllte oder unerfüllte Lieben bringen ihr Leben gleichermaßen durcheinander. Der Wunsch nach sexueller Betätigung ist gepaart mit dem Wunsch nach Nähe, Anerkennung und Zärtlichkeit. Wenn es gut läuft, führt das zu ersten Liebesbeziehungen. Erste Liebe heißt aber auch häufig erste Enttäuschungen. Sowohl die Verliebtheit als auch der Liebeskummer beeinträchtigen die anderen Lebensbereiche der Jugendlichen, wie z.B. die Stimmung in der Familie oder die Konzentrationsfähigkeit im Unterricht. Im Ganzen eine bewegte Zeit für alle Familienmitglieder.

Auch wenn diese Beschreibungen, so verkürzt, etwas klischeehaft wirken mögen, finden viele Eltern ihre pubertierenden Kinder darin wieder.

Neben den körperlichen Aspekten der Pubertät haben wir auch noch den entwicklungspsychologischen Bereich, der stärker auf die Persönlichkeitsentwicklung der Jugendlichen fokussiert.

3.2. Sozialwissenschaftliche Überlegungen zur Pubertät

Gunter Klosinski (2004) benennt in seinem Buch „Pubertät heute" bestimmte Lernaufgaben oder Sozialisationsaufgaben, die mit der Pubertät verbunden sind. Letztendlich sollen sie zur Ablösung vom Elternhaus führen. Lange Ausbildungs- bzw. Studienzeiten veranlassen Eltern, ihre dann bereits erwachsenen Kinder länger im Haus zu behalten. So findet die Verselbständigung heute erst viel später statt und die Phase der Pubertät verlängert sich bis in die Mitte der 20 Jahren. Klosinki hebt die Bedeutung der Peergroup hervor und schreibt ihr eine zentrale Sozialisationsfunktion zu.

„Um voll in die Erwachsenenwelt integriert zu werden, muss der Jugendliche in unserer Gesellschaft in sechs Aufgabenbereichen seine eigene, individuelle Lösung finden. Er muss Folgendes erreichen:
- eine mehr und weniger vollständige ‚äußere' Trennung vom Elternhaus sowie eine ‚innere' Unabhängigkeit,
- eine psychosexuelle Identität,
- die Fähigkeit, tragende Bindungen aufzubauen und aufrechtzuerhalten und dies sowohl in Bezug auf die gegengeschlechtlichen, genitalen Bindungen als auch in Hinsicht auf psychische Bindungen unter gleichgeschlechtlichen Partnern,
- die Entwicklung eines persönlichen Wert- und Moralsystems,
- die Bereitwilligkeit zur Arbeit und das Hineinfinden in eine entsprechende Tätigkeit und

eine Rückkehr zu bzw. eine Wiederbegegnung mit den Eltern, wobei sowohl von den Jugendlichen als auch von den Eltern gegenseitiges partnerschaftliches Anerkennen als Ausgangspunkt der neuen Beziehung Voraussetzung ist." (Klosinski 2004, S. 28)

Mit den Entwicklungsaufgaben werden sechs Grundbedürfnisse genannt. Das physiologische Bedürfnis nach körperlicher und sexueller Betätigung, das Sicherheitsbedürfnis, das Unabhängigkeitsbedürfnis, das Bedürfnis nach Zugehörigkeit, das Leistungsbedürfnis und die Bedürfnisse nach Selbstverwirklichung und Ich-Entwicklung. Diese Bedürfnisse richten sich in erster Linie an die Peergroup. Trotzdem sind die Eltern in dieser Phase als Gegenüber gefragt. Wenn das Verhalten der Jugendlichen in der Pubertät konfliktreich ist, werden die darunter liegenden Bedürfnisse nicht als solche wahrgenommen. Z.B. lässt ein aggressiv-risikobereites Verhalten keine Rückschlüsse auf das Bedürfnis nach Sicherheit zu. Auf der einen Ebene fühlen sich die Jugendlichen schon erwachsen und wollen sich nichts sagen lassen, und auf einer anderen Ebene liegen ihre unterschiedlichen Bedürfnisse.

Das ganze Familienleben kann von der Pubertät in Mitleidenschaft gezogen werden, unabhängig davon, wie Eltern in dieser Phase mit ihren Kindern agieren. Die Jugendlichen benötigen zur Ablösung die Konfrontation mit den Eltern. Es gibt eine Hypothese zur Pubertät, die sehr populär ist: „Diese Phase sei so schwer für die Eltern, damit sie sich besser von ihren Kindern lösen können." Denn am Ende der Pubertät soll eine erwachsene Person stehen, die sowohl für sich als auch für andere Menschen Verantwortung übernehmen kann.

Die Pubertät ist eine bewegte Zeit und beeinträchtigt unter Umständen die Funktionalität der Familie. Türenknallende Jugendliche, die sich eigene Regeln schaffen, können den Familienfrieden stören. Die Eltern müssen mit Pubertätskrisen rechnen, die für die persönliche Weiterentwicklung ihrer Kinder notwendig sind. Die Krisen können sich in recht unterschiedlicher Weise zeigen, z.B. als Identitätskrise, als Sexualkrise oder als Autoritätskrise. Zum Beispiel könnte eine Jugendliche in eine Pubertätshypochondrie rutschen und immer wieder den Eindruck haben, ihr Herz würde nicht schlagen und darüber in Panik geraten.

Ein weiteres Phänomen der Pubertät ist die *kreative Potenz*. In keiner anderen Lebensphase werden so viele Gedichte verfasst. Das Schreiben der Pubertierenden übernimmt die Funktion der Introspektion und verschwindet bei den meisten jungen Erwachsenen am Ende der Pubertät.

Zu den Risiken in der Pubertät gehören, neben der bereits erwähnten erhöhten Risikobereitschaft mit gesteigerter Unfallgefahr, auch die Anfälligkeit für Drogen und psychische Erkrankungen (z.B. Depression, Essstörungen). Die Pubertät führt bei vielen Jugendlichen zur psychischen Verunsicherung und Labilisierung. Es gerät vieles aus dem Gleichgewicht und muss neu geordnet werden. Klosinski (2004) beschreibt, dass sich die Jugendlichen in der Pubertät im Spannungsfeld einer ganzen Reihe von Polaritäten bewegen: Abhängigkeit versus Unabhängigkeit; Omnipotenz versus Potenz; Passivität versus Aggressivität, Altruismus versus Narzissmus und Feminität versus Maskulinität. Diese Polaritäten führen bei den Jugendlichen selbst zu einer inneren Ambivalenz. Sie erleben sich dabei häufig in einer Macht-Ohnmacht-Problematik. Um zu einer Eigenständigkeit zu gelangen, benötigen Jugendliche ein gewisses Maß an aggressivem Verhalten, das eine der Bedingungen dieser Entwicklungsphase ist. Weiterentwicklungen gehen oft mit Erschütterungen einher.

Klosinski kommt zu dem Fazit, dass die Erziehungsaufgaben der Eltern mit der Pubertät nicht enden und unserer Gesellschaft angemessene Übergangsrituale fehlen, die es den Jugendlichen ermöglichen, ihre Ambivalenzen in einem geschützten Rahmen auszuleben. Elternschaft könnte in dieser Phase zu einer Erziehungspartnerschaft werden, deren Ziel es ist, die Jugendlichen in die Gesellschaft zu integrieren.

Mit dem Abschluss der Pubertät stabilisiert sich die Situation, und der Fokus der jungen Erwachsenen richtet sich dann vorwiegend auf ihre private und berufliche Zukunftsplanung.

3.3. Hochbegabte in der Pubertät

In vielen Lebensphasen verläuft die Entwicklung von hochbegabten Kindern asynchron zu ihrer Altersgruppe. Sie haben im Kindergarten einen Entwicklungsvorsprung, manche werden früh eingeschult oder haben eine Klasse übersprungen. Sie machen sich schon immer viele Gedanken über Gott und die Welt. Dieser Entwicklungsvorsprung bezieht sich meistens auf den kognitiven Bereich oder die spezielle Domäne des Kindes. Aber in der Pubertät ist das anders. Der hormonelle Prozess kann nicht beschleunigt oder verkürzt werden. Sie sind wie alle Kinder und Jugendliche der Pubertät ausgeliefert. Die Pubertät macht sie launisch und unzufrieden. Andrea Brackmann (2005) berichtet aus ihren Erfahrungen, dass die hochbegabten Kinder durchaus früher in die Pubertät eintreten, ihre Eltern in heftigsten Auseinandersetzungen konfrontieren und letztendlich eher enden als bei Gleichaltrigen. Wir können eher von einer Spanne ausgehen, in der Kinder in den Prozess der Pubertät eintreten. Es gibt, wie bereits erwähnt, sowohl Frühentwickler als auch Spätzünder. Nehmen wir nun an, das Kind ist früh eingeschult worden und vielleicht noch eine Klasse gesprungen. So kann manchmal ein Altersunterschied von bis zu zwei Jahren zu den Mitschülerinnen und Mitschülern bestehen. Die Mädchen kommen meistens früher in die Pubertät und halten diesen Vorsprung relativ lange. Das veränderte Verhalten der Mitschülerinnen und Mitschüler bleibt nicht ohne Folgen. Jan (13 J.) beschreibt die Situation so: *„Früher war es ganz nett in der Klasse, aber jetzt zicken die Mädchen total rum. Ich weiß gar nicht, was das soll."* Seine Verständnislosigkeit der Situation gegenüber ergibt sich aus der Altersdifferenz, die sich erst später ausgleichen wird.

In der Pubertät kommt der Peergroup eine große Bedeutung zu. Bei hochbegabten Kindern und Jugendlichen lässt sich der Begriff nicht mit „der Gruppe der Gleichaltrigen" übersetzen, sondern besser mit „Gruppe der Gleichgesinnten". Dieser Begriff orientiert sich stärker an Interessenlage und mentaler Entwicklung als am Alter des Gegenüber. Darin liegt unter Umständen eine Schwierigkeit. Die Frage lautet: „Wo finden hochbegabte Kinder und Jugendliche Gleichgesinnte?"

Lars (12 J.) ca. 2 Jahre jünger als der Klassendurchschnitt, beschrieb seine Schulsituation so: *„Es sind 19 Mädchen und 10 Jungen in der Klasse. Wir Jungen haben keine Chance, uns in der Klasse durchzusetzen. Ich habe ständig Streit mit einem der Mädchen, und außerdem bin ich der Jüngste und Kleinste in der Klasse und werde von den älteren Mitschülern oft nicht ernst genommen. Es gibt niemanden in meiner Klasse, der mich versteht oder sich für meine Themen interessiert."*

Einerseits waren alle in der Klasse in ihrer körperlichen Entwicklung schon weiter, und andererseits fehlte Lars das Wissen, dass diese Art von Streitigkeiten zwischen den Geschlechtern der rituellen Kontaktaufnahme zugeordnet werden könnten. Es ist auch eine Art, Sympathie und Interesse auszudrücken. Wer den Streit sucht, ist im Kontakt mit dem Gegenüber. Durch diese Erklärung und einige Informationen zum Thema Pubertät konnte Lars seine Situation besser verstehen. Trotzdem stellte sich hier die Frage, wo seine Peergroup ist. Er interessiert sich für Kunst und geht gerne in Museen. Seine Beschreibung und Bildanalyse eines Gemäldes von Caspar David Friedrich war sehr detailliert und durchdacht. Zum Zeitpunkt unseres Gesprächs konnte er niemanden in seinem direkten Umfeld benennen (außer seinen Eltern), der mit ihm diese Leidenschaft teilen würde. Bleiben wir hier bei dem Begriff des Gleichgesinnten, müssten wir ihm einen Kunststudenten oder einen Kunstprofessor an die Seite stellen, mit dem er Ausstellungen besuchen und anregende Gespräche über Kunst führen könnte.

In den Gesprächen mit den Kindern und Jugendlichen taucht das Thema Freundschaft immer wieder auf. Wenn es glücklich läuft, haben die Kinder schon früh jemanden gefunden, der ihnen ähnlich ist. Hochbegabte Kinder suchen sich ihre Freundinnen und Freude häufig unter Älteren oder finden andere Hochbegabte im Umfeld. Sie haben hohe Ansprüche an das Gegenüber. Loyalität, Verständnis und ähnliche Interessenlage spielen eine große Rolle. Meistens berichten sie von wenigen, aber langjährigen und intensiven Freundschaften zu einer oder zwei Personen.

Gabriel (12 J.) hatte seine ganze Kindheit hindurch einen besten Freund, der (typisch für Hochbegabte) ca. 2 Jahre älter war und mit dem er gemeinsam die Grundschule und später das Gymnasium besuchte. Da sein Freund schon früher in die Pubertät eintrat, lockerte sich das Freundschaftsband. Gabriel fühlte sich zurückgesetzt und verletzt. Er hatte zwar noch andere Freunde, aber an dieser langjährigen Freundschaft hing er besonders. Sein Freund orientierte sich jetzt stärker an den Gleichaltrigen oder Älteren und verbrachte lieber mit denen seine Freizeit. Die Erklärung, dass neue Freunde erst mal spannender sind, weil sie neu sind, und dass sich das auch wieder verändern kann, half Gabriel. Er hatte sich schon entschieden, abwartend den Kontakt zu halten und das Beste zu hoffen.

Die Hormone haben ebenso Einfluss auf die Leistungen. Ein großer Teil der hochbegabten Kinder und Jugendlichen, die ins Coaching kommen, haben einen Leistungsabfall zwischen dem 12. – 14. Lebensjahr. Wenn sie in der Grundschule zu den Besten ihrer Klasse gehörten und manche von ihnen noch problemlos gesprungen sind, werden sie davon überrascht und fühlen sich stark verunsichert. Gerade wenn neurobiologisch gesehen das Lernen von Fremdsprachen für Kinder schwieriger wird, kommt die zweite oder manchmal auch eine dritte Fremdsprache hinzu.

Die hochbegabten Kinder und Jugendlichen, deren Pubertät weder im privaten noch im schulischen Bereich Probleme bereitet, benötigen keine Unterstützung. Deshalb beziehen sich die meisten der beschriebenen Erfahrungen auf den Teil der Hochbegabten, die in der Pubertät ins Coaching kommen. Eine Ausnahme bilden die 17 – 19jährigen, deren Pubertät schon abgeschlossen ist und die mit Fragen zur Berufsorientierung in die Beratung kommen. Die Fallgeschichte von Lasse beispielsweise zeigt einen Jugendlichen, dessen Leistung von der Pubertät nicht beeinträchtigt worden war und dessen vorrangiges Thema „Langeweile im Schulalltag" den Anlass für das Coaching bildete.

3.3.1. Gleichgesinnte finden

Das Bedürfnis der Kinder und Jugendlichen, in der Pubertät eine Gruppe zu finden, der sie sich zughörig fühlen, gehört zu den Entwicklungsaufgaben. Der Aufbau eines sozialen Netzes und der Wunsch, von Gleichaltrigen oder Gleichgesinnten in der eigenen Individualität wahrgenommen zu werden, wird für viele Jugendliche stärker. Die 14jährige Jenny berichtete, dass sie die Unterhaltungen ihrer Mitschülerinnen nach kurzer Zeit langweilig findet. In den Unterhaltungen spürt sie, dass ihre Gedanken und Ideen den Rahmen dieser Gespräche sprengen würden. Sie findet keinen passenden Ort für sich und vermisst enge Freundinnen, die ihr ähnlich wären.

Wurde die Hochbegabung schon im Kindesalter erkannt, nutzen viele Eltern die regionalen Angebote der Gesellschaft für das hochbegabte Kind e.V. (DGhK) zur Vernetzung und zum Austausch. Dort finden Familientreffen statt und die Kinder treffen andere Hochbegabte, unter denen sie auch eine passende Freundin oder einen passenden Freund finden können. Zwar sind die Kinder häufig nicht an der gleichen Schule, trotzdem bleiben viele von den Kindern über lange Jahre im Kontakt. Handy und Internet erleichtern es ihnen, regelmäßig miteinander zu kommunizieren.
In fast allen Bundesländern werden Schüler- oder Juniorakademien in der Ferienzeit angeboten. Kinder und Jugendliche erhalten die Möglichkeit, Gleichgesinnte zu treffen und im Rahmen der Akademie Kurse zu be-

suchen (z.B. zu Themen wie künstliche Intelligenz, Elektrotechnik, Nanotechnologie, Kulturforschung, Mathematik, Theater). Dabei entwickeln sie eigene Projekte, gehen als Forscher ins Feld oder inszenieren ein Theaterstück. Für viele Kinder und Jugendliche stellen diese Zusammenkünfte, im Rahmen von Akademien, den Höhepunkt des Jahres dar.

Eine weitere Möglichkeit stellen Internetforen wie SchülerVZ u.a. dar. Die meisten Schüler haben heute Zugang zum Internet und melden sich dort an. Das Mindestalter bei SchülerVZ ist 12 Jahre, und die Schülerinnen und Schüler können sich mit Freundinnen und Freunden austauschen, Interessengruppen bilden und sich über sehr unterschiedliche Themen zusammenfinden. Die Recherche ergab, dass es ca. 4 Millionen Gruppen gibt und kaum ein Thema nicht vertreten ist. So können neue Kontakte über Inhalte entstehen, obwohl die meisten das Forum nutzen, um sich mit ihren realen Freundinnen und Freunden zu vernetzen.

Es besteht außerdem die Möglichkeit, Mensa Deutschland e.V. beizutreten und dort Gleichgesinnte kennen zu lernen. Mensa ist ein Verein für Menschen mit einem IQ-Wert ab 130 Punkten, führt unterschiedliche Veranstaltungen durch und bietet unter der Überschrift Mensa-Kids auch Veranstaltungen für Familien und deren Kinder an. Die Erfahrung zeigt, dass es für einen 15jährigen naturwissenschaftlich interessierten Jugendlichen spannend und anregend ist, bei einem Mensatreffen einem Physikstudenten oder einem Physiker gegenüber zu sitzen und ihn zu befragen. Die Jugendlichen werden sehr gut aufgenommen. Mensa bietet eine Reihe von Aktionen an, um Neumitglieder zu integrieren (z.B. einen Sonntagsbrunch).

In fast allen Bundesländern haben sich die Universitäten für hochbegabte Schülerinnen und Schüler geöffnet. Unter Überschriften wie „Schüler an die Universität", „Frühstudium", „Juniorstudium" oder „neben der Schule studieren" bieten Hochschulen entweder spezielle Seminare oder Kurse für hochbegabte Schülerinnen und Schüler an oder geben einzelnen Schülern die Erlaubnis, am regulären Studium teilzunehmen. In Hamburg waren beim Juniorstudium die jüngste Studentin 12 Jahre und der jüngste Student 13 Jahre alt. Es ist eine Möglichkeit, Einblicke in das Studentenleben zu erhalten und mit Glück passende Kontakte zu knüpfen.

3.4. Die Elternberatung

Vorraussetzung für die Arbeit mit Pubertierenden ist, die Pubertät als eine spannende Lebensphase voller Möglichkeiten zu betrachten. Dies den Eltern zu vermitteln und Wissen über die Pubertät zu liefern, kann zu einer ersten Entlastung führen.
Als Beraterinnen oder Berater werden wir immer wieder mit den pubertätsbedingten Konflikten in den Familien konfrontiert. Tatsache ist: Eltern kennen ihre Kinder, und Kinder kennen ihre Eltern. Ein Teil der Auseinandersetzung basiert auf dem Wissen über die neuralgischen Punkte des Gegenübers. Kinder und Jugendlichen wissen genau, wie sie ihre Eltern auf die Palme bringen können und tun dies verstärkt in der Pubertät. Die Eskalationen laufen häufig nach einem bestimmten Muster ab. Dabei brauchen die Jugendlichen ihre Eltern als streitbares Gegenüber. Ein Merkmal, das wiederholt in der Literatur zum Thema Hochbegabung auftaucht, ist das kritische Hinterfragen von Autoritäten. In der Pubertät kommt es unter Umständen zu einer Verstärkung dieses Phänomens, was auch die Lehrerinnen und Lehrer zu spüren bekommen.
Nach der Pubertät ihrer Kinder befragt, sagen Mütter vor allem über ihre 11 – 13jährigen Söhne: „Er ist doch noch so kindlich und verspielt, er kann noch nicht in der Pubertät sein." Aber Tatsache ist, dass das Kind eben nicht über Nacht verschwindet und zum Erwachsenen wird, sondern der

Prozess zunächst langsam voranschreitet und dann in Sprüngen verlaufen kann. Plötzlich überragt der Sohn den Vater. Eltern bemerken den Beginn der Pubertät am Umgang mit Aussehen und Kleidung. Auf einmal sind bestimmte Kleidungsstücke uncool und werden nicht mehr getragen, oder ohne gestylte Frisur kann das Kind nicht mehr aus dem Haus gehen. Manche Eltern berichteten auch, dass ihre Kinder zu Beginn der Pubertät die Lust am Musikunterricht verlieren oder ihr Instrument wechseln, z.B. von Geige auf Bassgitarre oder Schlagzeug.

Wenn im Erstgespräch mit der Familie nach dem Beginn der Schwierigkeiten gefragt wird, taucht das Thema Pubertät entweder direkt oder indirekt auf. Eine Reihe von Fragen hat sich im Elterngespräch als nützlich erwiesen.

„Welche Erinnerungen haben Sie an ihre eigene Pubertät?"
Ob Eltern die Pubertät als eine schwierige oder herausfordernde Phase in ihrem Familienleben wahrnehmen, hängt von verschiedenen Faktoren ab. Sobald die eigenen Kinder in die Pubertät kommen, besinnen sie sich selbst auf diese Phase. Wenn es nur unangenehme Erinnerungen hervorruft (z.B. der ständige Streit mit den Eltern, die Reglementierung, Liebeskummer), aktivieren diese Bilder Ängste und Befürchtungen. Tauchen aber Erinnerungen an ein unterstützendes Elternhaus und wachsende Freiräume für neue Erfahrungen auf, wird der Blick auf die Pubertät der eigenen Kinder eine positivere Färbung haben. Die Eltern in der Beratung zu dieser Lebensphase zu befragen, bringt erhellende Momente. Eine Mutter lachte laut auf: *„Oh Gott, ich bin ja genauso wie meine Mutter."* Darüber war sie schockiert, weil sie sich selbst ja geschworen hatte, verständnisvoller als ihre Mutter zu sein.

Eine andere Mutter sagte: *„Ich dachte die ganze Kindheit hindurch, wenn Max erst mal in der Pubertät ist, wird es ja noch schwieriger mit ihm. Er ist so fordernd und argumentierte mich schon als 6jähriger an die Wand."*

Mit dieser Aussage sind die Schwierigkeiten sozusagen vorprogrammiert, weil die anstehenden möglichen Probleme schon im Vorfeld in den Fokus genommen wurden. Jedes Anzeichen für diese negative Entwicklung wird dann als Indiz aufgegriffen und durch die ihm zuteil werdende Aufmerksamkeit noch verstärkt. Im Gespräch eine andere alternative Sichtweise einzuführen, kann schon eine erste Entlastung bedeuten. Konflikte mit ihren Kindern auszutragen, ist für die meisten Eltern sehr energieraubend, kann aber auch die Durchsetzungskraft und die Konfliktfähigkeit der Kinder stärken. Wer sich streitet, setzt sich für sich oder eine Sache ein und lernt dabei auch etwas über sich und seine Welt.

Die folgende Frage ergab sich aus den Konflikten zwischen Mutter und Tochter über die Ausgehzeiten. Sie ist erhellend für den Umgang innerhalb der Familie.

„Wie schätzen sie das ‚gefühlte' Alter ihrer Tochter oder ihres Sohnes ein?"

Das „gefühlte Alter" basiert auf verschiedenen Phänomenen wie kognitiven Fähigkeiten, Verständnis, vorhandene Alltagbewältigung, Alter der Freunde und Selbstwahrnehmung.

Die Mutter der 15jährigen Mimi äußerte sich so: *„Sie kommt mir oft wie eine 17 oder 18jährige vor, und alle ihre Freundinnen und Freunde sind mindestens 2 - 3 Jahre älter als sie. Aber ich kann ihr doch nicht erlauben, die Nächte um die Häuser zu ziehen, ohne selbst Probleme zu bekommen. Sie wünscht sich natürlich die Freiheiten einer 17 oder 18jährigen, aber sie ist erst 15."*

Auf der einen Ebene begegnete die Mutter ihrer Tochter schon als Erwachsener und wusste um ihre Einsicht und ihr Verständnis. Auf der anderen Ebene hinderte dies ihre Tochter nicht, sich immer wieder über Regelungen und Ausgehzeiten hinwegzusetzen. Die Mutter hatte durchaus Verständnis für die Wünsche ihrer Tochter, konnte aber ihre elterliche

Aufsichtspflicht nicht außer Acht lassen. Der immer wieder aufflammende Streit belastete das Verhältnis zueinander und vergiftete die Stimmung zu Hause.

Die Mutter des 12jährigen Knuths antwortete auf die Frage nach dem „gefühlten Alter" so: *„Ich erlebe ihn manchmal als 8jährigen, und dann verhält er sich wieder ganz erwachsen."* In ihrer anschließenden Erzählung wurde deutlich, dass ihr Sohn sich sozusagen zwischen diesen Altersspannen hin und her bewegte. Die Selbstverantwortung und Selbständigkeit eines 8jährigen wird von der Mutter anders eingefordert, als die eines 12jährigen oder eines fast erwachsenen Kindes.

Die nächste Frage kann den Prozentfragen zugeordnet werden und gibt die Einschätzung der Eltern wieder.
„Zu wie viel Prozent, glauben Sie, sind die Schwierigkeiten durch die Pubertät bedingt oder gehen auf andere Ursachen zurück? Und welche Ursachen sind es dann?"
Eine Mutter formulierte es so: *„Ich glaube, dass die Pubertät schon einen Einfluss von über 60% auf bestimmte Bereiche hat, weiß aber auch, dass mein Sohn schon immer stark in der Argumentation war und jetzt durch seine persönliche Entwicklung noch an Schlagkraft gewonnen hat. Manchmal finde ich es anstrengend, aber ich glaube, dass er dabei auch lernt, sich in unterschiedlichen Situationen durchzusetzen."*

Die Mutter von Felix (13 J.) sagte: *„Der Noteneinbruch bzw. das Leistungstief begann ganz klar mit der Pubertät. Es machte mir den Eindruck, dass es von einem auf den anderen Moment für ihn in verschiedenen Fächern schwieriger wurde. Vorher war ihm alles zugeflogen. Die Kombination aus höheren schulischen Anforderungen durch die 2. Fremdsprache und neue Fächer, fehlender Lernstrategien und beginnender*

Pubertät verstärkten sich dabei gegenseitig." Die Mutter beschrieb, wie die gesteigerten Anforderungen und andere Einflüsse zu den aktuellen Schulproblemen geführt hatten.

Wenn während des Familiengesprächs die Rede auf das Thema Pubertät kommt, berichten die Kinder und Jugendlichen oft, dass sie irgendwie eine schlechte Phase haben. Sie können meistens nicht genau den Anfang benennen. Gabriel (12 J.) führte den Begriff ein, er hätte sich nach und nach *runtergelevelt* ohne es richtig zu bemerken. Erst als er wiederholt schlechte Noten schrieb, wurde ihm bewusst, dass sich etwas verändert hatte. Eine Phase hat immer eine zeitliche Begrenzung – sie ist endlich. Die folgende Frage kann von den meisten Kindern und Jugendlichen klar beantwortet werden: *„Was glaubst Du, wie lange diese schlechte Phase noch anhalten wird? Und was könnte das erste Anzeichen für das Ende dieser Phase sein?"*

Jan (13 J.) antwortete auf diese Frage: *„Ich glaube, es dauert noch anderthalb bis zwei Jahre und dann wird es besser. Ein erstes Anzeichen wäre, wenn ich wieder mehr Lust am Lernen verspüren würde."* Auf die Nachfrage, ob er denn so lange im Coaching bleiben würde, reagierte er ein wenig empört und antwortete: *„Wenn ich ein halbes Jahr regelmäßig komme, müssten sich schon erste Verbesserungen zeigen, und dann kann ich alleine weitermachen."*

Die Antworten auf die Fragen setzen einen Prozess in Gang und in den Gesprächen mit den Eltern taucht häufig die Frage auf, wie viel Selbstverantwortung kann ich von meinem Kind in der Pubertät erwarten, und wie viel Unterstützung oder Kontrolle werden noch benötigt. Da kann es hilfreich sein, dies im Familiengespräch neu zu verhandeln und die Kinder und Jugendlichen nach ihren Bedürfnissen und Wünschen zu befragen. Knuth (12 J.) wünschte sich, dass sich die Mutter nicht mehr um die Hausaufgaben kümmert. So wurde die Vereinbarung getroffen, dass sie erst wieder aktiv werden würde, wenn die Klassenlehrerin sich über fehlenden Hausaufgaben beschweren würde. Er wollte die Selbstverantwortung für den schulischen Bereich übernehmen und damit den Auseinandersetzungen, wann und wie lange die Hausaufgaben zu machen seien, aus dem Weg gehen. Würde er scheitern, wollte er die Unterstützung der Mutter wieder stärker einfordern. Für ihn und seine Mutter war es wichtig die Balance zwischen Unterstützung und selbstverantwortlichem Arbeiten zu finden. Mal gelang es ihm besser und mal schlechter, aber er war derjenige, der die Verantwortung für die Pendelbewegung übernommen hatte.

3.5. Abschließende Überlegungen

Mit der Pubertät stehen große Veränderungen in den Familien an. Eine Reihe von Entwicklungsaufgaben ist zu bewältigen. Diese Phase kann sowohl als kritische Zeit als auch als spannende Zeit betrachtet werden. Entwicklungssprünge gehen immer Hand in Hand mit Verunsicherung und Neustrukturierung. Das benötigt Zeit. Die Sichtweisen der Eltern, der Kinder oder Jugendlichen auf diese Lebensphase sind häufig nicht deckungsgleich. Die Ablösung vom Elternhaus und der Weg in die Selbständigkeit ist für alle beteiligten Personen ein Weg voller Überraschungen und Chancen. Wenn es gelingt und hochbegabte Kinder und Jugendliche in der Pubertät Gleichgesinnte, Vorbilder oder Mentoren finden, die ihnen an die Seite gestellt werden können, erfahren sie Entlastung und Unterstützung.

4. Das Lernen

In diesem Kapitel werden verschiedene Disziplinen berücksichtigt, wie die Neurowissenschaften, die Pädagogik und die Psychologie. Das interdisziplinäre Denken ist bei dem Thema Lernen angebracht. Es wird also ein kleiner Streifzug durch Theorie und Praxis. Neben dem neurobiologischen wird es den systemischen und den pragmatischen Blick auf das Lernen geben. Pragmatisch heißt, praktische Tipps zu geben, wie bestimmte Lerninhalte besser verarbeitet werden können.

Die allgemeine Vorstellung vom Lernen ist dem längst überholten Bild des Nürnberger Trichters verhaftet. Damit wird ein Mechanismus beschrieben, mit dem Lerninhalte ohne viel Aufhebens und fast ohne Anstrengung in die Köpfe von Schülerinnen und Schülern gelangen sollen. Die Lebenswelt der Kinder und Jugendlichen ist heute stark medial geprägt. Niemals war Wissen so leicht zugänglich, und statt zu einem Buch zu greifen, nutzen wir eher die digitale Welt. Die Suche nach biographischen Daten zu einer Person, einer Formelsammlung oder einem Gedicht wird dabei zu einer Frage von 2 - 3 Klicks. Ob wir auf der richtigen Seite landen und seriöse Informationen erhalten, hängt stark von der vorhandenen Medienkompetenz, also vom Wissen über Wissen ab. Der Umgang mit der digitalen Welt hinterlässt bei den Schülerinnen und Schülern Spuren. Viele von ihnen fragen sich verstärkt, wieso sie Fakten oder Zahlen auswendig lernen sollen, wenn sie diese Information in Kürze digital abrufen können. Die Kinder und Jugendlichen gehören zu den *Digital Natives* (Renner / Renner 2011) und befinden sich in Schulen, in denen das digitale Zeitalter noch nicht so ganz angekommen ist. Es besteht eine Kluft zwischen dem Schulalltag und der medialen Wirklichkeit von Kindern und Jugendlichen. Genauer betrachtet sind die Rahmenbedingungen, unter denen Kinder heute lernen, komplett andere als die ihrer Eltern, trotzdem müssen Vokabeln eingeprägt werden, Wissen abrufbereit in Arbeiten zur Verfügung stehen und Lerntransfer stattfinden.

4.1. „Hilfe, mein Kind kann nicht lernen."

Diese Klage der Eltern zieht sich durch sämtliche Beratungen. Sie wird auch von den Eltern geäußert, deren Kind durchaus gute Noten hat. Nachgefragt haben die meisten Eltern ein Bild im Kopf, wie ein lernendes Kind aussehen soll. Die Haltung des büffelnden Schülers als Pose, mit Fleiß und mit Ausdauer voll konzentriert über die Arbeitsmaterialien gebeugt. Das Arbeitsverhalten ihrer Kinder beschreiben sie hingegen als unwillig, mürrisch, wenn es um die Erledigung von Schulaufgaben geht und jeder Zeit bereit, jede Ablenkung aufzugreifen. Manche meinen damit aber auch, es fehle ein strukturiertes und geplantes Arbeiten, oder die Hausaufgaben werden ihnen zu oberflächlich, zu schnell erledigt oder erst in letzter Minute am späten Abend oder morgens vor der Schule fertig gestellt.

Die Aussage der Eltern, ihr Kind habe nicht gelernt zu lernen, ist gleichzeitig eine Beschreibung und Zuschreibung. Die Kinder und Jugendlichen greifen diese liebend gerne auf und bestätigen sie. Durch diese rekursive Schleife findet eine Verfestigung des zugeschriebenen nicht vorhandenen Lernverhaltens statt. Überraschend ist dann die Erfahrung im Erstgespräch, wenn diese Kinder und Jugendlichen aufgefordert werden, über ihre Hobbys, Interessengebiete oder ihre Lieblingsthemen zu sprechen. Dort entfaltet sich ein ganz anderes Bild. Eine solche Frage entlockt den Kindern und Jugendlichen nicht zu stoppende Vorträge über Wildtiere, chemische Reaktionen, Elektromotoren, Insekten, Schwarze Löcher und vieles mehr. In diesen Vorträgen zeigen sie ihr Wissen klar und strukturiert. Was sich dort an Wissensschätzen aufspüren lässt, muss ja irgendwie in ihre Köpfe gelangt sein. Die von Ellen Winner (2004) beschriebene wütende

Wissbegierde der Kinder führt häufig dazu, dass sie in ihren Interessengebieten über ein profundes Wissen verfügen. Von Neugierde getrieben, haben sie sich ihre Themen mit Ausdauer und Disziplin erarbeitet. Auch dieser Prozess gilt als Lernen. In der Selbstbeschreibung der Kinder und Jugendlichen wird dieser Vorgang, weil vorwiegend interessengeleitet, selbst gewählt und mit Freude einhergehend, nicht als Lernen wahrgenommen. Denn Spaß und Lernen werden in den Gesprächen gerne als Gegenpole dargestellt. Lernen darf anscheinend keinen Spaß machen, oder wenn es Spaß macht, kann es sich nicht um Lernen handeln. Für das Lernen muss geschwitzt werden, es sollte unbequem und anstrengend sein. Diese Sicht auf das Lernen scheint noch in vielen Köpfen der Kinder und Jugendlichen vorhanden zu sein.

Sich Wissen anzueignen hat sehr unterschiedliche Komponenten. In der Schule sind Sachverhalte und Theorien zu begreifen, Vokabeln zu memorieren oder Aufgaben zu lösen. All diese Tätigkeiten kosten Zeit und dürfen auch mal unbequem und anstrengend sein. Lernen als Verstehensprozess hat das Ziel, Wissen in den Wissensschatz zu integrieren. Dafür muss der Inhalt verstanden und unter Umständen wiederholt werden.

Und schon sind wir bei der zweiten Klage im Beratungsprozess: Alles ist langweilig, und ständig wiederholt es sich. In vielen Büchern über hochbegabte Kinder finden wir die Aussage bestätigt. Dem Gegenüber steht die Aussage von Donata Elschenbroich (2001): Eigentlich lieben fast alle Kinder Wiederholungen, dem Kleinkind z.B. als Kleinkind werden Lieblingsbücher immer wieder vorgelesen, Lieblingslieder werden in einer Endlosschleife gesungen oder gehört, die Geschicklichkeit im Umgang mit einem Ball wird geübt. In der Praxis berichten fast alle der hochbegabten Kinder und Jugendlichen von ihren PC-Spielen. Genauer betrachtet sind sie der Inbegriff der Variationen von Wiederholungen. Der nächste Level kann nur über den vorherigen Level erreicht werden. Meistens starten die Spielerinnen und Spieler mit dem ersten Level. Ist ein Spiel nach Monaten, manchmal auch Jahren, ausgespielt, wird zu einem anderen ähnlichem Spiel gewechselt.

Es ist zu unterscheiden zwischen Fertigkeiten, die im Aneignungsprozess wiederholt werden müssen und auch den Aspekt der lustvollen Wiederholung in sich bergen, und Aufgaben, die durch ein Begreifen schnell verstanden werden können. Das Erlebnis des Begreifens kann flow-Gefühle auslösen, und das Kind mit der schnellen Auffassungsgabe wartet auf das nächste Erfolgserlebnis. Dieses Hochgefühl immer wieder neu zu erzeugen, ist der Wunsch eines jeden Individuums. Aus der Sicht des hochbegabten Kindes mit einem Wissensvorsprung gibt es in der Schule ein Missverhältnis von Wiederholung und Neuem. Zur Vertiefung von Wissen sind Wiederholungen erforderlich. Leider können einzelne Kinder und Jugendliche das Lerntempo ihrer Klasse nicht beschleunigen. So sitzen sie in ihren Startlöchern und warten auf die nächste interessante Unterrichtseinheit.

Eine Fertigkeit zu erlernen hingegen bedeutet, sie zu Beginn auszuprobieren und durch Übung zu vertiefen. Elschenbroich beschreibt es so: „Das Üben muss gelernt sein und das Üben muss geübt werden. Der Musikpädagoge, jeder Sportlehrer weiß, dass Techniken des intelligenten Übens aufgebaut werden müssen. Lernen zu lernen heißt auch Lernen zu üben, einen Vorgang isolieren können, eine Tätigkeit, einen Bewegungsablauf mit Anfang und Ende verstehen, um sie wiederholen zu können, daran zu feilen, analytisch im Wechsel von Selbstbeobachtung und Selbstvergessenheit. (...) Keine Meisterschaft ohne vorangegangenes Üben." (Elschenbroich 2001, S. 192)

Inwieweit trifft diese Aussage auf hochbegabte Kinder und Jugendliche zu? Viele der Kinder und Jugendlichen spielen ein Musikinstrument, verfolgen ein Hobby oder sind sportlich aktiv und haben so in diesen außerschulischen Feldern schon die Erfahrung gemacht, wie sie sich durch Training oder Übung nach und nach verbessert haben. Während der außerschulische Bereich vorwiegend interessengeleitet und von Selbstbestimmung geprägt ist, stellt sich im schulischen Kontext dieser Sachverhalt anders dar. Erstens haben hochbegabte Kinder schon vor dem Eintritt in die Schule Vieles erfragt und verfügen so gerade bei Sachthemen über einen Wissensvorsprung, und zweitens kommt es auf die Anzahl der Wiederholungen an. Durch ihre beschleunigte Auffassungsgabe gelangt Wissen schneller in das Langzeitgedächtnis und wird dort gleichzeitig detailreicher und komplexer abgespeichert. Während ihre Mitschülerinnen und Mitschüler sich noch an einem anderen Punkt des Lernprozesses befinden, eilen sie ihnen voraus. Wie der 9jährige Max sagte: *„Ich habe doch keine Zeit zu verschwenden."* und zusehends ungeduldiger mit seiner Klasse wurde.

Schon bei Babys konnte beobachtet werden, dass wenn sie eine Aufgabe bewältigen, sie habitualisiert haben, das Interesse nachlässt. „Die Herzfrequenz des Babys nimmt mit der Wiederholung desselben Lauts ab. Eine Veränderung im Lautmuster erregt ihr Interesse erneut und ihre Herzfrequenz steigt rasch an." (Elschenbroich 2001, S. 187)

Höchst wahrscheinlich führt auch das rasche Verstehen von Sachverhalten dazu, dass diese Schülerinnen und Schüler weniger Wiederholungen benötigen als ihre Mitschülerinnen und Mitschüler. In der Schule soll der Schulstoff von der ganzen Klasse bewältigt werden und wird so oft wiederholt bis ihn alle verstanden haben. Dies ist nicht für alle Schülerinnen und Schüler von Nutzen. Darum hat sich bei vielen der hochbegabten Kinder schon in der Grundschulzeit die Meinung verfestigt, alles werde in einer Endlosschleife wiederholt und diese Wiederholungen sind für sie nicht nötig oder überflüssig. Diese verinnerlichten Glaubenssätze führen dann später, wenn der Schulstoff komplexer wird, oder beim Erlernen von Fremdsprachen eventuell zu Schwierigkeiten.

Wenden wir uns den Erkenntnissen der Neurobiologen zu.

4.2. Die neurobiologische Sicht auf das Lernen

Die neueren Erkenntnisse aus der Neurobiologie zeigen, welche Mechanismen beim Lernen berücksichtigt werden sollten. Manfred Spitzer (2002) hat in seinem Buch „Lernen - Gehirnforschung und die Schule des Lebens" hervorragende Einsichten vermittelt, die um die Aussage kreisen „Unser Gehirn lernt immer" (Spitzer 2002; S. 11). Es kann nicht anders, es funktioniert wie ein „Informationsstaubsauger" und nimmt fortlaufend unterschiedliche Information aus der Umwelt auf. „Lernen erfolgt nicht passiv, sondern ist ein aktiver Vorgang, in dessen Verlauf sich Veränderungen im Gehirn des Lernenden abspielen" (Spitzer 2002; S. 4). Dies gilt lebenslang.

Gerald Hüther (2001) geht in seiner Bedienungsanleitung für ein menschliches Gehirn davon aus, dass der Mensch das einzige Lebewesen ist, das bewusst entscheiden kann, wofür es sein Gehirn einsetzen möchte. Hat der Besitzer des Gehirns sich für einen Weg entschieden, bahnen sich im Gehirn die Wege und Straßen immer weiter aus, bis wir von Autobahnen sprechen können. Der Mensch programmiert sein Hirn durch die Benutzung selbst. Deshalb plädiert Gerald Hüther dafür, die eingefahrenen Spuren zu verlassen, um die Komplexität des Gehirns optimal zu nutzen. Er sagt, der Mensch braucht Herausforderungen um zu wachsen. In welche Richtung es gehen soll, obliegt dem Individuum selbst. Die vorhandenen Entscheidungsspielräume verweisen auf die Autonomie des Menschen, der sein Leben immer wieder neu gestalten kann. Dies gilt für jeden Menschen.

Diese Erkenntnisse werfen eine neue Perspektive auf das Lernen. Einem 12jährigen, zu dessen Selbstbild die Zuschreibung „ich kann nicht lernen" gehört, aufzuzeigen, dass jeder Kontext eine Lernsituation ist, dass sein Gehirn beständig Daten oder Fakten aufnimmt und lernt, führt zu einer Irritation. Der 12jährige lernt eben auch Dinge, die aus schulischer Sicht nicht prüfungsrelevant sind, z.B. wie eine Klasse funktioniert, die Macht- und Verwandtschaftsverhältnisse bei Star Wars, dass sein bester Freund auf bestimmte Themen gereizt reagiert und er sie deshalb besser vermeidet, oder dass manchmal einzelne Schülerinnen oder Schüler vom Lehrpersonal vorgezogen werden. Diese Liste könnte noch endlos weiter fortgeführt werden. Jedes Mal wenn sein Gehirn eine neue Erfahrung macht, lernt es. Wenn die Kinder und Jugendlichen nach der Schule beim Mittagstisch über den Vormittag reden, geht es häufig weit weniger um Unterrichtsinhalte als um das ganze Drumherum der Klasse.

Ein weiterer Aspekt ist die Unterscheidung zwischen Wissen und Können. „Fast alles, was wir gelernt haben, wissen wir nicht. Aber wir können es. (...) Im Vergleich zu unserem Können ist unser Wissen bei Licht betrachtet unglaublich bescheiden" (Spitzer 2002, 59f.). Zu unserem Können gehört die korrekte Anwendung der grammatischen Regeln, die wir als Muttersprachler häufig nicht erklären können, dank deren Kenntnis wir aber trotzdem sofort den kleinsten Fehler des Gegenübers heraushören. Alltägliche Handlungen, die wir gelernt, verinnerlicht haben und fast unbewusst ausführen. Zum Beispiel jemandem, der noch nie einen Schnürschuh gesehen hat, zu erklären einen Schnürsenkel zu binden, macht erst deutlich, wie viele alltägliche Handlungen wir beherrschen bzw. können.

Noch ein Aspekt im Umgang mit dem Lernen sind die Gefühle, die Emotionen. Im Lernprozess spielen Emotionen eine bedeutende Rolle, und sie bewegen sich in einem Feld zwischen den Polen *stark – schwach* und *positiv – negativ*.
Aufregung veranlasst das Gehirn mehr Informationen abzuspeichern. Sogar bei Angst werden mehr Daten aufgenommen. Aber Angst ist keine gute Triebfeder für den Lernprozess, weil sie zu einem Übermaß an Stress führt und die neuronale Verknüpfung von Wissen verhindern kann. Die Angst

wird dann mitgelernt, und in Stresssituation taucht dann die Angst vor der Angst auf. Die Angst vorm Lernen ist eigentlich Angst vor dem Versagen, dem Misserfolg. Im Schulalltag können emotional positive aufgeladene Situationen, wie z.b. jemanden zu beeindrucken, das Lernen erheblich erleichtern. Die Wirkung der Emotionen lässt sich gut an den von Spitzer beschriebenen rekursiven Regelkreisen zum Umgang mit dem Lernen beschreiben, dem Teufelskreis für den Misserfolg und dem virtuosen Kreis für den Erfolg in Anlehnung an Butterworth (1999). Der Teufelskreis beginnt bereits mit Frustration, und diese erzeugt Angst. Die Angst wiederum führt beim Kind zum Vermeidungsverhalten. Das Lernen wird vermieden. An das Können wird z.B. durch das Schreiben einer Arbeit eine Anforderung gestellt, die nicht angemessen erfüllt werden kann. Auf die schlechte Leistung folgt unter Umständen eine Bestrafung. So landen wir beim Ausgangspunkt: der Frustration. Die Angst vor der nächsten Arbeit steigt an.

Der virtuose Kreis startet mit dem Ausgangspunkt Befriedigung. Die Befriedigung, eine Aufgabe gut gelöst zu haben, führt zu Spaß an weiteren Aufgaben, z.B. mehr Mathematik und mehr rechnen, also mehr lernen. Das Können wird geprüft. Die Schülerin oder der Schüler erbringt eine gute Leistung und erhält unter Umständen eine Belohnung. Intern wird der Neurotransmitter Dopamin ausgeschüttet und es gibt extern Lob der Eltern oder eine andere Belohnung. Das Gefühl des Erfolges stellt sich ein. Die Person kehrt zum Ausgangspunkt zurück und startet erneut.

Beide Regelkreise erzeugen sich selbst, und je öfters der Teufelskreis oder der virtuose Kreis durchlaufen werden, bestätigen sie sich selbst. Also erzeugt Misserfolg weitere Misserfolge und Erfolg weitere Erfolge. Im Coaching geht es häufig darum, den Teufelkreis zu durchbrechen und Kindern und Jugendlichen Erfolgserlebnisse zu verschaffen. Leistung wird mit Anstrengung attribuiert, und sobald der Schüler oder die Schülerin den

Zusammenhang zwischen Arbeit und Erfolg erkennt, steigt seine Anstrengungsbereitschaft.

Fazit der neurobiologischen Erkenntnisse ist, dass der Mensch ein lernendes Wesen ist und das lebenslang.

4.3. Die systemische Sicht auf das Lernen

Aus systemischer Sicht hat sich bereits Gregory Bateson (1981) mit dem Lernen beschäftigt. Er bezieht sich auf die Typenlehre von Bertrand Russell und unterscheidet verschiedene Stufen des Lernens, die hierarchisch aufeinander aufbauen. Lernen ist eine Veränderung und kann folglich als Prozess beschrieben werden. Information ist ein Unterschied, der einen Unterschied macht. Lernen 0 ist die reine Aufnahme von Informationen. Lernen 1 heißt, Lernen findet in einem Kontext statt, der mitgelernt wird. Als anschauliches Beispiel gelten die Pawlowschen Experimente, bei denen Hunde über Reiz-Reaktions-Schemata konditioniert wurden. Dabei werden Reaktionen in bestimmten Kontexten gelernt. Das Deutero-Lernen gehört zu der Metaebene vom Lernen, auf die Prozessebene. Es ist wie eine doppelte Reflexion, bei der das System Informationen über sich selbst verarbeitet. Ist diese Ebene erreicht, erleichtert es das Lernen generell. Bateson bringt als Beispiel die Dressur von Delfinen an, die an diesem Punkt anfangen immer neue und andersartige Kunststücke aus sich selbst heraus zu entwickeln und sie einem vorzuführen.

Winfried Palmowski (2007a/b) nähert sich dem Thema Schule und Lernen als systemischer Pädagoge und legt den Fokus auf den Kontext, auf das kommunikative Zusammenspiel von Schülerinnen/Schülern und Lehrerinnen/Lehrern. Er weist darauf hin, dass Schule kontextuell betrachtet für

Schülerinnen und Schüler alle Merkmale einer double Bind-Situation aufweist:

„1. Es ist verboten, die Regeln selber zur Diskussion zu stellen; Metakommunikation ist nicht erlaubt!
2. Es ist verboten, aus dem Felde zu gehen und damit den Geltungsbereich der Spielregeln zu verlassen!
Bildlich gesprochen sitzen alle Mitglieder eines solchen Systems in einer Falle, aus der keiner entkommen kann und die von allen aufrechterhalten wird. Ein automatisch greifendes und verwirrendes Netz von Regeln, Regelkreisen und Verflechtungen erhält sich selbst aufrecht." (Palmowski 2007b, S. 60)

Schülerinnen und Schüler sind nicht in der Position über die Regeln der Schule zu verhandeln. Sie sind in ihrer Schulzeit ihrer individuellen Autonomie beraubt, dürfen weder Lerninhalte noch pädagogische Konzepte in Frage stellen. Gleichzeitig sollen sie später als Erwachsene selbst organisiert lernen und arbeiten. Als nicht instruierbare Wesen befinden sie sich in einem Kontext, der davon ausgeht, sie instruieren zu können, bestimmte Handlungen zu vollziehen. Gerade die hochbegabten Jugendlichen reagieren hoch sensibel auf diesen Aspekt. Ein Teil ihrer Streitigkeiten mit den Lehrerinnen und Lehrern reibt sich immer wieder an dem Punkt der Erwartungen und Regeln. Als Beratungslehrer plädiert Palmowski dafür, diese Situation zunächst einmal wahrzunehmen und die impliziten Regeln im Beratungsprozess zu thematisieren. Ein Glaubenssatz, den viele Schülerinnen und Schüler in der Schule erfahren haben, lautet: Im Zweifelsfall hat der Lehrer recht.

Auch seine eigene Sichtweise auf den faulen Schüler schafft eine neue Perspektive: „Der Schüler
- liebt es gemütlich,
- kann sich auf das Wesentliche beschränken,
- setzt sich seine eigenen Lerngrenzen." (Palmowski 2007a, S. 147)

Palmowski, aber auch Therese Steiner und Insoo Kim Berg (2005) gehen davon aus, dass es für dieses Verhalten von Kindern und Jugendlichen sehr gute Gründe gibt. Vielleicht ist der Jugendliche aufgrund einer Erfahrung (z.B. viel gelernt und doch eine schlechte Note geschrieben, oder nicht gelernt und mit Glück eine gute Note erhalten) zu der Erkenntnis gekommen, Anstrengung zahle sich im Kontext von Schule nicht aus. Bloß manchmal ist dieser Grund für die Außenstehenden nicht erkennbar oder verstehbar. Sich in der Beratung diesen guten Gründen zuzuwenden, sie zu erfragen und zu verstehen, könnte Bedingungen für ein Gelingen schaffen.

Fritz Simon verbindet als Organisationsberater die neurobiologischen Erkenntnisse mit dem systemischen Ansatz lernender Organisationen und kommt in seinem Aufsatz „Die Kunst, nicht zu lernen – Warum Ignoranz eine Tugend ist" zu der provokanten Aussage: „Lernen kann – wie Rauchen – der Gesundheit schaden. Vor allem aber: Es lohnt sich häufig nicht" (Simon 2007, S. 145). Beim Begriff des Lernens wird häufig auf verdinglichte Metaphern zurückgegriffen, die der Sache nicht gerecht werden. „(...) etwas, das vorher irgendwo draußen war, müsse nun nach irgendwo drinnen geschafft werden." (Simon 2007, S. 147) Ob dieser Prozess, häufig als Lernprozess beschrieben, gelingt, wird durch Arbeiten zu unterschiedlichen Zeitpunkten überprüft. Es wird ein Verhalten beobachtet und bewertet. Aber der Außenstehende kann letztendlich nicht entscheiden, ob dieser Prozess stattgefunden hat.

Nehmen wir an, ein Schüler hatte das Wissen für die Arbeit, aber hat sich aus guten Gründen entschieden, es nicht einzusetzen. Nun folgt der schlechten Arbeit eine gute, der Lehrer beobachtet diese Veränderung und sagt, der Schüler hat es gelernt. Wir wissen es letztendlich nicht, obwohl es den Eindruck macht. Wissen ist eben etwas, das nicht immer sichtbar wird. „Lernen und Entlernen sind Veränderungen von Unterscheidungsschemata, die traditionell 'Wissen' genannt werden. Nichtlernen hingegen ist die

Aufrechterhaltung dieses Wissens. (...) Wissen und Lernen sind daher Gegensätze. Wo Wissen bewahrt wird, wird Lernen behindert. Um es wiederum auf eine Formel zu bringen: Wissen macht dumm oder zumindest lernbehindert." (Simon 2007, S. 156)

Dieser Blick ist provokant, aber er richtet sich auf den gesamtgesellschaftlichen Aspekt des Lernens als Triebkraft für Innovationen und Lösungen in einer sich kontinuierlich verändernden Umwelt, die nicht berechenbar oder vorhersagbar ist. Simon spricht sich gegen die Auswendiglerner ohne Kreativität aus. Denn nur die Einstellung des Nicht-Wissens kann zu neuen Erkenntnissen führen. Diese Überlegungen sind langfristiger gedacht und gehen weit über den schulischen Kontext hinaus. Die Besitzstandswahrung durch Wissensverwahrung aufzugeben und dem Vergessen einen Platz einzuräumen, dafür plädiert auch Wolf Lotter in seinem Leitartikel Gedächtnisspiele (brandeins 2010/11). Sich diese systemischen Ideen vor Augen zu führen, verändert den Blick aufs Lernen grundsätzlich und schafft Raum für neue Perspektiven. Was lernen Schülerinnen und Schüler wirklich in der Schule? Eine Frage, die sich einem aus systemischer Sicht geradezu aufdrängt.

Neben dem Wissen, und wir gehen hier von der Annahme aus, dass Schülerinnen und Schüler durchaus etwas davon aufnehmen, wird an Schulen noch anderes gelernt:
- Die Schülerinnen und Schüler lernen Lehrerinnen und Lehrer einzuschätzen.
- Sie lernen ihre Spielräume auszunutzen.
- Sie lernen die Struktur der Schule kennen und wissen um die expliziten und impliziten Regeln des Systems.
- Sie verfügen über Wissen von gruppendynamischen Prozessen in der Zwangsgemeinschaft der Klasse.

- „(...) man kann sich des Eindrucks nicht erwehren, dass man in unserem Bildungssystem implizit vor allem eines lernt: Sitzen. Deshalb ist auch der Gipfel einer Karriere im Bildungssystem der Lehrstuhl." (Simon 2007; S. 154)
- Sie lernen sich wie gute interessierte Schülerinnen oder Schüler zu verhalten.

Diese Liste ist bei Weitem nicht vollständig, gibt aber einen ersten Eindruck, wie im Kontext Schule Lernen auf verschiedenen Ebenen stattfindet.

Alle diese Überlegungen laufen darauf hinaus, das Lernen von alten Bildern und Definitionen zu befreien und Irritation und Verstörung zu schaffen. Es war schon immer ein Mittel der systemischen Arbeit mit Menschen. Darin birgt sich die Chance sich dem Lernen auf neue und neugierige Weise zuzuwenden. Wenn es gelingt, die selbst geschaffene Barriere vieler Kinder und Jugendlicher („Ich kann nicht lernen") aufzulösen und die Neugierde als Triebfeder fürs Lernen zu aktivieren, kann das zu einer veränderten inneren Haltung führen. Für diesen Zugang zum Lernen spricht sich Verena Steiner (2000) mit ihrem Konzept des explorativen Lernens aus.

4.4. Das explorative Lernen

Gerald Huether (2001) sagt, der Mensch kann als autonomes Wesen selbst entscheiden, wofür er sein Gehirn einsetzen will. Was passiert, wenn er sich für das Lernen entscheidet? Verena Steiner (2000) geht davon aus, dass sich das Wissen des Menschen ohne sein bewusstes Zutun jährlich um ca. 2% erhöht. Wenn wir uns nun entscheiden kontinuierlich mehr zu lernen, indem wir Studien betreiben, eine neue Fremdsprache lernen oder eine weitere Sportart ausüben, können wir die Wachstumskurve stark verändern. Die Steigung an Wissen, an einer Verlaufskurve über 25 Jahre betrachtet, zeigt, wie groß der Wissenszuwachs bei einer jährlichen Wissenszunahme von 2%, 5% oder 12% aussieht (Steiner 2000, S.135).

Verena Steiner (2000) beschreibt in ihrem Buch Exploratives Lernen brauchbare Strategien für den Umgang mit Wissen. Die Grundhaltung eines Menschen, der nach ihrer Methode vorgeht, ist geprägt von Neugier, Beobachtung und Reflexion. Dabei ist die Neugier die stärkste Triebfeder des Menschen. Sie fordert dazu auf, den persönlichen Lernstil zu erkunden und daraus Schlüsse für eine neue Lernhaltung zu ziehen. Durch die Selbstreflexion kann das Lernen zu einer positiven Erfahrung werden. Die eigene Kompetenz im Lernprozess zu spüren stärkt das Selbstwertgefühl.

Lernprozesse können die folgenden Tätigkeiten beinhalten:
- konzentrieren,
- beobachten,
- elaborieren,
- reduzieren,
- strukturieren,
- memorieren,
- reflektieren und
- steuern (Steiner 2000, S. 16).

Diese verschiedenen Aktivitäten können unterschiedlichen Aufgabenstellungen zugeordnet werden. Steiner geht davon aus, dass jeder Mensch einen individuellen Denkstil hat, bzw. eine eigene Präferenz auf eine bestimmte Art Wissen und Informationen aufzunehmen. Mit Bezug zu dem Hirndominanz Modell von Ned Herrmann beschreibt sie 4 Denkstile:
- Denkerin oder Denker (logisch-rational)
- Organisatorin oder Organisator (detailliert-sequenziell)
- Gefühlsmensch (emotional-expressiv)
- Visionärin oder Visionär (visuell-konzeptionell)

Dabei verfügen die meisten Menschen über einen persönlichen Denkstil, der mindestens zwei Bereiche berührt, und ungefähr ein Drittel aller Menschen kann sogar drei Bereichen zugeordnet werden. Die individuellen Profile geben auch Auskunft über die Motive des Einzelnen beim Lernen und die Rahmenbedingungen, die hilfreich sind. So ist das Motiv einer Denkerin oder eines Denkers die Leistung; das Motiv einer Organisatorin und eines Organisators die Pflichterfüllung; das Motiv eines Gefühlsmenschen ein gutes Gefühl zu erleben, und das Motiv einer Visionärin oder eines Visionärs die Unabhängigkeit. Gerade die Triebfedern und Motive zu ermitteln ist in der Arbeit mit den Kindern und Jugendlichen sinnvoll. Ziel ist es, den eigenen Stil benennen zu können und damit die Bedingungen für ein optimales Lernen zu schaffen. „Explorative Lernerinnen und Lerner zeichnen sich dadurch aus, dass sie ihr Lernen selbst steuern. Sie sind nicht nur ihr eigenes Forschungsprojekt, sondern auch ihr eigener Coach und ihre eigene Lehrerin." (Steiner 2000, S. 61) Lernen ist ein aktiver Konstruktionsprozess, der mit der Formulierung eines Lernziels beginnt. Es geht dabei darum, das Absichtsgedächtnis mit dem Ausführungssystem zu verschalten. „Wer immer wieder an sich erlebt, dass die Willensbahnung funktioniert, wenn er einen Vorsatz umsetzen will, hat natürlich die Chance, das *zu bemerken*. Dann entwickelt sich mit der Zeit die Überzeugung, Vorsätze gut umsetzen zu können." (Martens / Kuhl 2009, S. 24) Für die Umsetzung aller Ziele, ob im schulischen oder außerschulischen Kontext, benötigen Kinder und Jugendliche Lernstrategien. Als Lernstrategien werden bewusste und unbewusste Handlungsstrategien zur Steuerung des eigenen Lernens beschrieben. Sie gehören häufig zu dem impliziten Wissen des Einzelnen. Lernstrategien zu haben, heißt auch systematisch zu arbeiten, Wissen aufeinander aufbauend in Abschnitte zu unterteilen und zu verarbeiten. Das Lernen ist mit Planung, Durchführung und Anstrengung verbunden. Stellen wir einen Bezug zum explorativen Lernen her, beginnen wir mit der Bewusstwerdung von bereits genutzten Strategien und schauen nach Präferenzen, nach der Hirndominanz und unterstützen das, was schon vorhanden ist. Vielen der hochbegabten Kindern und Jugendlichen ist nicht bewusst, über welches Repertoire sie bereits verfügen. Ein Underachiever, der im schulischen Kontext keine Leistungsbereitschaft zeigt, verfügt durchaus über Lernstrategien, die er aber vorwiegend im außerschulischen Bereich einsetzt.

Lernbereitschaft wird häufig mit Anstrengungsbereitschaft gleichgesetzt. Viele Eltern beklagen sich über den Mangel an Anstrengungsbereitschaft ihrer Kinder. Wie kann durch die Außenperspektive Anstrengung sichtbar werden? Bei dem Erlernen einer neuen Sportart und beim Musizieren ist es durch Training und Übungsphasen für alle Außenstehenden sichtbar. Beobachten wir Kinder und Jugendliche mit ihren Skateboards auf einem öffentlichen Platz, wie sie immer wieder von neuem zu Sprüngen und Kurven ansetzen, stürzen, aufstehen, wieder fallen und immer weiter machen, bis es dunkel wird. Wir sehen ihre Leistungsbereitschaft, bestehend aus Anstrengung, Frustrationstoleranz, Ausdauer und Geduld. So verbringen die Kinder und Jugendlichen Stunden um Stunden und würden sie gefragt werden, ob das nicht schrecklich anstrengend sei, verneinen sie es und sprechen über den Spaß und die Freude, die sie dabei haben. Es gibt so viele Alltagssituationen, in denen wir Phänomene des Lernens beobachten können. Skateboardfahrer auf öffentlichen Plätzen sind nur ein Beispiel von vielen. Bei geistiger Anstrengung sieht es anders aus. Der Kopf fängt leider nicht an zu rauchen oder die Ohren werden auch nicht roter. Im Gegensatz zum Skaten kann ein sich anstrengendes Gehirn am Schreibtisch oder PC sitzen, aber auch mal auf dem Sofa liegen oder durch den Wald spazieren. Ein Aspekt, der immer wieder auftaucht, ist die Tatsache, erst im Nachhinein sagen zu können, ob sich die Anstrengung wirklich gelohnt hat. Ob sich im schulischen Kontext die gewünschte Note unter der Arbeit steht. Diese Ungewissheit wirkt bei manchen Kindern und Jugendlichen wie ein Stolperstein, vor allem, wenn sie in der Grundschulzeit (ohne bewusst wahrgenommene Anstrengung) durchweg gute Noten erhalten hatten.

Knuths Mutter erwähnte im Erstgespräch, dass ihr Sohn zu wenig Ausdauer in den Schulaufgaben zeigt. Manchmal müsse er nur noch ein wenig weiter dran bleiben und dann wäre seine Arbeit nicht nur gut, sondern perfekt. Auf die Frage nach der Ausnahme, und ob Knuth etwas einfiele, wobei er in der Vergangenheit Ausdauer bewiesen hatte, erzählte er von seiner kleinen Bibliothek. In seinem Zimmer stand ein Bücherregal mit ca. 1200 Büchern, die er alle in seinen 12 Lebensjahren gelesen hatte, manche der Bücher sogar mehrmals. Dieses Lesen erforderte Ausdauer. Knuth nahm es selbst nicht als Anstrengung wahr.

Sich anstrengen heißt auch ein Mehr an Engagement zu zeigen. Die Aufmerksamkeit über einen längeren Zeitraum zu fokussieren. Bei selbst gewählten komplexen Aufgabenstellungen und Projekten verfügen die gleichen Kinder, die im schulischen Kontext versagen, über Kompetenzen zur Planung, Durchführung und Anstrengung. Bis zur Selbstvergessenheit sitzen sie über einem Experiment oder widmen sich ihrem Thema.

Viele der hier genannten Aspekte kreisen um den Begriff der Autonomie von Schülerinnen und Schülern, die sich die Freiheit nehmen selbst zu entscheiden, wofür sie ihre Zeit nutzen. Nun folgen einige praktische Tipps, wie im Coaching diese Fähigkeiten und Fertigkeiten besser für schulische Leistungen genutzt werden können.

4.5. Praktische Tipps

In diesem Kapitel gibt es eine kleine Sammlung von Tipps, die sich in der Arbeit mit den hochbegabten Kindern und Jugendlichen als nützlich erwiesen haben. In der systemischen Praxis gilt die Regel, alles was hilfreich oder nützlich ist, ist erlaubt. Voraussetzung ist die Bereitschaft der Kinder und Jugendlichen, sich im Beratungskontext auf Vorschläge, Anregungen und Ideen einzulassen.

Bei den hochbegabten Schülerinnen und Schülern haben wir es häufig mit Sprintern zu tun. Im Gegensatz zum Marathonläufer, bringt es der Sprinter Geparden gleich auf eine rasante Geschwindigkeit. Die hohe Geschwindigkeit ist aber nur für eine kurze Zeitspanne oder Strecke zu halten. Die Schülerinnen und Schüler stellen z.B. eine Projektarbeit am Wochenende fertig, für die sie einige Wochen Vorlauf hatten und bekommen auch noch ein gute oder sehr gute Note dafür. Sie brauchen die Kurzstrecke, da können sie zu Höchstform auflaufen. Unter Umständen setzen sie ihre Energie sehr gezielt und geschickt ein und durchlaufen so die Schule ohne nennenswerte Probleme. Nun benötigen einige der Schülerinnen und Schüler im Laufe ihrer Schulkarriere nicht nur Sprinter- sondern auch Marathonqualitäten. Wenn Jugendliche auf beides zurückgreifen können, ist es nachhaltig von Nutzen.

Die nun folgenden Tipps gehören eher in die Kategorie Marathonqualitäten und können neue Ideen und Einsichten zum Lernen befördern.

4.5.1. Lernorte

Was sind Lernorte? Jeder Raum, jeder Ort kann zu einem Lernort werden. Die optimalen Rahmenbedingungen für das Lernen gut zu kennen, ist ein großer Vorteil. Werden Kinder und Jugendliche konkret nach Lernorten befragt, können sie genau benennen, welcher Ort zu welcher Tätigkeit passt. Das Referat wird am liebsten in der Schulbibliothek vorbereitet, die Vokabeln vor dem Schlafengehen angeschaut und die Hausaufgaben zu Hause und in Pausenzeiten erledigt. Die Orte sind häufig mit bestimmten Tageszeiten verbunden. Manche brauchen ablenkungsfreie Räume, andere genießen die Geräusche als Hintergrundrauschen, das sie ausblenden können. Fleißaufgaben gehen schneller, wenn sie Musik hören. Andere sagen: *„Bei den Matheaufgaben brauche ich Ruhe, beim Lesen fokussiere ich mich aufs Buch, dass ich die Umwelt gar nicht mehr wahrnehme."* Manche haben gerne bestimmte Dinge in Greif- oder Sichtnähe (wie z.B. Spielsachen, Bilder). Die 13jährige Anna-Lena sagte, wenn ihr die Stille beim Arbeiten zu groß wird, geht sie ihre Geschwister suchen und setzt sich in ihre Nähe. Dann kann sie noch ein wenig weiter dranbleiben.

Die Kinder und Jugendlichen wissen ziemlich genau, welche Rahmenbedingungen ihnen weiterhelfen, wenn sie danach gefragt werden. Gerade die schnell ablenkbaren Schüler und Schülerinnen sitzen mit ihren Hausaufgaben lieber im Esszimmer oder der Küche als in ihren Zimmern. Es sind Absprachen mit Eltern zu treffen, ob das auch jederzeit möglich ist.

4.5.2. Das Arbeitstagebuch

Ein gutes Instrument zur Selbstbeobachtung ist das Tagebuch oder Arbeitstagebuch.

Es können Prozesse, Inhalte, Zeiten, Gedanken und Fragen dokumentiert werden. Gut ist es, wenn sie in Papierform vorliegen, obwohl die Kinder und Jugendlichen auch ihren PC für die Dokumentation nutzen können.

Es hat sich als sinnvoll erwiesen mit diesem Instrument zu arbeiten: es dient der Selbstreflexion und Selbstkontrolle in einem. Es können Wochenpläne und Wochenziele festgelegt, schriftlich fixiert werden. Es bietet Platz, um über Fragen des Lernens zu reflektieren. Der 13jährige Phillip ging mit den folgenden drei Fragen in seinem Tagebuch nach Hause: *„Warum höre ich nach 10 Minuten auf? „Was sind die Gründe, die Arbeit zur Seite zu legen?" „Was könnte mich ermutigen weiter dran zu bleiben?"* Dabei stellte sich heraus, dass er die Hausaufgaben meistens schon in der Schule begann und nur noch 10 Minuten benötigte, um sie fertig zu stellen. So meinte er auch bei Hausaufgaben, die eine längere Zeit benötigen, nach 10 Minuten seien sie ausreichend erledigt. Darüber hinaus hatte er das Lernen von Vokabeln oder vor Arbeiten noch nicht fest in seine Arbeitzeiten eingeplant. Diese Lücke, die durch halb erledigte Hausaufgaben und nicht gelernte Vokabeln entstand, wurde durch die Dokumentation erst sichtbar und erklärte auch die schlechten Noten. Daraus ergab sich die Idee, in der Woche Lernzeiten einzuplanen und festzulegen. Er erstellte am Sonntagabend einen Plan für die Folgewoche mit optimistischen Zielen, den er teilweise einhalten konnte – also realistisch umsetzte.

Für die logisch-mathematisch orientierten Kinder und Jugendlichen kann gut mit Steigerungsraten gespielt werden. Der 14jährige Robert hatte das Selbstbild, eigentlich gar nichts für die Schule zu tun. Nun war er ein kleiner Rechenkünstler und fand im Rahmen des Arbeitstagebuches die Führung einer persönlichen Statistik reizvoll. Als erstes stellte sich heraus, dass gar nichts zu tun für ihn hieß, nur das Nötigste in schnellstmöglicher Geschwindigkeit während 10 Min. abzuhandeln, um sich dann seinen privaten Interessen zuzuwenden. Er legte für sich eine Statistik der Arbeitszeiten an, in der er die Steigerungsraten festhalten konnte. Die Bereitschaft, jetzt etwas für die Schule zu investieren, resultierte aus der Tatsache der Gefährdung seiner Versetzung. Um in seiner Klasse zu bleiben, kam er zu der Zielvorgabe, anderthalb bis zwei Stunden tägliche Lern- und Arbeitszeit einzuplanen. Kurz vor anstehenden Arbeiten investierte er fast zwei Stunden und schaffte auf diese Weise die Versetzung in die nächste Klasse. Schlussendlich kam er zu der Einschätzung, dass er, nachdem er einige Lücken gefüllt hatte, nun mit kontinuierlichem Engagement von täglich einer Stunde wahrscheinlich erstmal weiter kommen würde. Seine persönliche Statistik über einige Monate veranschaulichte ihm seine anfänglich rasante Wachstumsrate und den weiteren Verlauf seiner Lernbereitschaft mit kleineren Einbrüchen. Dabei ist zu vermerken, seine Lieblingsfächer wie Mathe und Physik liefen immer gut.

Als Beiwerk des Arbeitstagebuches wird gerne eine Stoppuhr eingesetzt. Über das Stoppen von Zeiteinheiten erfahren Kinder und Jugendliche viel über ihre individuellen Konzentrationsspannen und Pausenbedürfnisse. Die Stoppuhr (und auch jede andere Uhr) aus dem Sichtfeld zu verbannen oder zuzudecken und dann festzustellen, wann schaue ich das erste Mal auf die Zeit? Vielleicht ist die gefühlte halbe Stunde nur 17 Min. lang, oder es ist umgekehrt. Wann sind erlaubte Pausen eingeplant und wie lang dürfen sie sein? So entwickeln sie nach einiger Zeit eine realistische Einschätzung für die Arbeitszeiten und das Einplanen von Pausen fällt ebenfalls leichter.

Noch einen Satz zur Dokumentation: Haben sich die Kinder und Jugendlichen auf das Experiment Arbeitstagebuch eingelassen, ist es beeindruckend, mit welcher Akribie und Ehrlichkeit sie ihre Eintragungen vornehmen. Es tauchen nie irgendwelche Phantasiezeiten auf.

Wenn das Arbeitstagebuch zum Einsatz kommt, legt immer die zu coachende Person die Zeiten und Zielvorgaben fest. Die Kinder und Jugendlichen hören meistens nach einigen Monaten auf, ihre Eintragungen vorzunehmen. Wenn das Instrument des Arbeitstagebuches passt, ist es etwas, worauf sie in der Zukunft wieder zurückgreifen können. Passt es nicht, wird nach anderen unterstützenden Methoden gesucht.

4.5.3. Das Vokabelnlernen

Das Lernen von Vokabeln gilt für viele Schülerinnen und Schüler als absolute Fleißaufgabe. Es ist allgemein bekannt, dass das Erlernen einer Fremdsprache mit der einsetzenden Pubertät für die meisten Kinder und Jugendlichen schwieriger wird. Nun kommt gerade in dieser Phase an den weiterführenden Schulen die zweite Fremdsprache hinzu. Meistens schaffen sie es im ersten Jahr noch, irgendwie mit sehr wenig Aufwand einen gewissen Stand zu halten. Hinzu kommt, dass in der Schule keine Techniken zum Erlernen von Vokabeln vermittelt werden.

Manche prägen sich die aktuellen 25 Vokabeln für den anliegenden Test kurzfristig ein und kommen so weiter. Die Vokabeln werden danach wieder vergessen und gelangen nicht ins Langzeitgedächtnis. Die Lücken werden im Laufe der Schuljahre immer gravierender. Es gibt eine Reihe von Möglichkeiten Vokabeln zu lernen:

- durch wiederholtes lautes Lesen der Vokabeln
- durch Abschreiben in ein Vokabelheft, das bei sich getragen werden kann
- die Vokabeln im Buch nach einer ersten Lernphase zudecken und überprüfen
- sich die Vokabeln abfragen zu lassen
- mit den Vokabeln Sätze bilden und sich das Wort im Kontext einprägen
- Vokabeltrainer für den PC
- Karteikartensystem mit festgelegter Abfolge von Wiederholungen

Manche Kinder und Jugendliche haben keine Idee, wie sie sich die Vokabeln langfristig einprägen können. Die flüchtigen Lernerinnen und Lerner meinen, die Vokabeln zu lesen reiche aus, weil jedes Mal etwas hängen bleiben müsste. Es bleibt zu wenig hängen, und die Noten in den Fremdsprachen bestätigen das. In einem ersten Schritt gilt es, zu überprüfen, mit welcher Methode bisher Vokabeln gelernt worden sind. Als zweites gilt es, die Schülerinnen und Schüler zu ermutigen, neue Methoden auszuprobieren und gegebenenfalls Zuhause Unterstützung einzufordern. Wenn es einen vereinbarten Termin gibt, an dem Vokabeln abgefragt werden, sollte das schriftlich erfolgen. Denn ein Phänomen, das häufiger von Eltern beschrieben wird, ist, dass die Kinder zu Hause beim mündlichen Abfragen fast alle Vokabeln konnten, ihnen im Test aber nur die Hälfte einfiel. Meistens wird der Kontext mitgelernt, sowie die Reihenfolge der Abfrage. Nun halten sich Vokabeltests nicht an die gewohnte und damit gelernte

Reihenfolge und zeigen damit, wie tief sich die Wörter eingeprägt haben. Robert sagte, er könne noch sagen welche Vokabel neben der gesuchten Vokabel im Buch stehe, aber die gefragte Vokabel sei wie weg. Solche Erfahrungen sind beim Lernen zu berücksichtigen.

Auch beim Vokabelnlernen geht es um Zieldefinition und Zielvereinbarung. Wenn sich die Kinder und Jugendlichen einen Lernplan erstellen und sich an ihre vorgegebenen Zeiten halten, z.B. täglich 10 Minuten für jede Fremdsprache stellt sich nach einigen Wochen ein erster Erfolg ein. Nach einer Zeit kontinuierlichen Engagements die erste 1 oder 2 in einem Vokabeltest zu schreiben schafft Freude. Diese Erfolgserlebnisse helfen den Kindern und Jugendlichen weiter ihrem Plan zu folgen.

4.5.4. Die Fleißaufgaben

Fleißaufgaben, dazu gehören für die Kinder und Jugendlichen in erster Linie alle Arten von Hausaufgaben und das leidige Thema Mappenführung. Fragen der Arbeitsorganisation tauchen immer wieder auf. Vor allem die Jungen haben damit öfters Schwierigkeiten als die Mädchen. An vielen Schulen wird im Fachunterricht auf Schulbücher verzichtet, und es wird jede Stunde eine kleine Sammlung von losen Papieren verteilt, die den Ranzen verstopfen, den Schreibtisch füllen und teilweise bei Bedarf unauffindbar sind. Eine Mutter äußerte die Vermutung, dass ihr Sohn diese Blätter auf dem Weg nach Haus in einem Altpapiercontainer zwischenlagert.

Mangelhafte Mappenführung wird dann zum Problem, wenn die Mappen die Grundlage für die nächste anstehende Arbeit bilden und wenn sie am Ende des Halbjahres benotet werden und die mündliche Note nach unten ziehen können.

Die Eltern sind immer wieder von der Unordnung erschüttert und haben das Gefühl, im Zimmer ihres Kindes herrsche generell Chaos. Genauer nachgefragt ergibt sich ein anderes Bild. Es gibt immer einen kleinen Bereich, der wohl sortiert und aufgeräumt ist. Es kann die Steinsammlung, die Ecke mit den Büchern über Reptilien, die Comicsammlung oder die Laborecke sei. Dort funktioniert die Ordnung, weil es den Kindern wichtig ist. Die gleiche Wichtigkeit den täglich eingesammelten Zetteln zukommen zu lassen, fällt den Kindern und Jugendlichen schwer. Hier herrscht das lieber-später-Prinzip. Problematisch wird es erst richtig, wenn vor einer anstehenden Arbeit herumtelefoniert wird, um sich schnell eine Mappe auszuleihen und die fehlenden Seiten zu kopieren. Dies geschieht natürlich gerne auf den letzten Drücker und nervt alle.

Einige Kinder und Jugendliche haben zu diesem Zweck schon Ablagekörbe auf ihrem Schreibtisch, und dies funktioniert nur bedingt. Hilfreich ist die goldene simplify-Regel für Papierstapel: „Drehen! Bauen Sie Stapel ab, indem Sie sie um 90 Grad kippen und die einzelnen Arbeitsgebiete in eine Hängeregistratur (mit nach oben offenen Mappen) einsortieren. Aus dem undurchsichtigen Stapel wird so ein transparentes Gebilde." (Küstenmacher / Seiwert 2002, S.30) Die Kinder und Jugendlichen werden zusätzlich aufgefordert jeden Zettel gleich mit einem Datum zu versehen und wenn es sinnvoll ist, die Blätter zu nummerieren. Außerdem gibt es eine Vereinbarung darüber, in welchem zeitlichen Abstand die Blätter in die Mappen eingeheftet werden.

Alternativ zur Einführung des Registers gilt das lieber-gleich-Prinzip. Genauer betrachtet ist der zeitliche Aufwand die Blätter sofort in die dafür vorgesehene Mappe abzuheften, sehr gering. Es ist zu ermitteln, welches Systems am Besten zu wem passt.

Die Hausaufgaben sind ein leidiges Thema für viele der hochbegabten Kinder und Jugendlichen. Auch hier könnte das lieber-gleich-Prinzip greifen. Manchmal dürfen die Schülerinnen und Schüler bereits am Ende der

Stunde mit den Hausaufgaben beginnen. Wenn schnell gearbeitet wird, kann schon ein großer Teil erledigt werden. Zuhause wären noch 10 oder 15 Minuten nötig zur Fertigstellung und trotzdem verschieben einige diese Arbeit auf den Tag vor der nächsten Fachstunde. Wird dann nach einigen Tagen wieder ins Heft geschaut, muss Zeit zur Orientierung eingeplant werden. Was war genau die Fragestellung? So geht Zeit verloren. Viele Eltern sind ständig dabei, ihre Kinder an Hausaufgaben und andere Pflichten zu erinnern.

Eine Mutter berichtete: *„Mein Sohn Jason streitet sich mit mir fast täglich eine Stunde um die Hausaufgaben, obwohl er sie in 15 Minuten erledigt haben könnte. Ich möchte, dass er mehr Eigenverantwortung übernimmt. Aber ich habe die Befürchtung, wenn ich mich zurückziehe, macht er gar keine Hausarbeiten mehr."* Allem Anschein nach macht es Jason mehr Spaß, mit seiner Mutter zu streiten als Hausaufgaben zu machen. Das Ärgerliche für beide ist, dass dann die Zeit woanders fehlt, z.B. um Freunde zu treffen oder zu spielen. Ein Zeitsparbuch ist da eine gute Möglichkeit, die Situation genauer zu beleuchten. In dem Heft wurde notiert, wie viel Zeit für die ganze Aktion mit Auseinandersetzung und Hausaufgaben benötigt wurde. Dann schauten wir alle gemeinsam auf die Frage, was in der Zeit alternativ hätte stattfinden können. Vielleicht hätte Jason mit seiner Zeit etwas Besseres anfangen können, als mit seiner Mutter zu streiten. Überraschend war auch, dass die Hausaufgaben manchmal sehr schnell und zügig erledigt wurden. Hatte Jason eine Verabredung für den Nachmittag getroffen, erledigte er seine Hausaufgaben wesentlich disziplinierter. Daraus könnte sich die Hypothese bilden, dass Jason seine freie Zeit (wenn er keine Verabredung für den Nachmittag getroffen hat) lieber mit seiner Mutter im Streit verbringt, als allein etwas für die Schule zu tun. Ein Blick in das Zeitsparbuch bestätigte diese Idee. Diese neue Perspektive auf die Hausaufgabensituation führte zu einer schnellen Entlastung. Das Thema tauchte im weiteren Verlauf des Coachings nicht mehr auf. Jason verabredete sich öfters oder nutzte die gewonnene Zeit für seine anderen Interessen. Seine Mutter war erleichtert über das Verschwinden der fast täglich stattfindenden Streitereien.

Hat sich eine andere Herangehensweise etabliert, und können die Kinder und Jugendlichen gute Gründe für ihre neu erworbenen Strategien benennen, schaffen sie es langfristig eine Veränderung herbeizuführen. Als Coach und als Mensch wissen wir um die optimistische Formulierung von Zielen und um deren realistische Umsetzung.

4.6. Zusammenfassung

Im Wesentlichen hat es sich als nützlich erwiesen, die Kinder und Jugendlichen in ihrer Autonomie als Lernende wahrzunehmen, sie zu klaren Zielformulierungen anzuregen, und bei der Umsetzung zu unterstützen und das Vertrauen für den Satz zu schaffen: *„Ich kann lernen."* Es gibt kein richtiges Lernen, sondern nur ein passendes, individuell auf die jeweiligen Lerninhalte zugeschnittenes Lernen. Der eine kann besser mit Musik arbeiten, der andere braucht einen absolut störungsfreien Raum. Wieder andere brauchen im Lernen einen Dialogpartner, um ihren Verstehensprozess anzuregen. Sich selbst in den individuellen Bedürfnissen wahrzunehmen und sich danach zu richten, verändert die Lernhaltung der Kinder und Jugendlichen grundlegend. Im Coachingprozess geht es häufig darum, gemeinsam mit den Kindern und Jugendlichen Ziele zu finden, für die es sich lohnt selbstverantwortlich zu lernen. Gelingt dieses Unterfangen, stellen sich wiederholt Erfolgserlebnisse ein, steigt die Zufriedenheit der Kinder und Jugendlichen und die ihrer Eltern.

II. Teil – Die Praxis

5. Das Coaching von hochbegabten Kindern und Jugendlichen

Warum Coaching für hochbegabte Kinder und Jugendliche? Während meiner langjährigen Tätigkeit als langjährige Beraterin am Kinder- und Jugendtelefon tauchte das Thema Hochbegabung immer wieder auf. Besonders das Schicksal einer 18jährigen Hochbegabten, die wiederholt das Gespräch suchte, hatte mich zutiefst berührt. Die Telefonate waren intensiv und brachten mich mit dem Thema Hochbegabung in Berührung. Daraus entstand die Idee, ein Coaching für hochbegabte Jugendliche anzubieten. In der Anfangsphase liefen ständig die Fragen nebenher: „Ist es ein nützliches Angebot?" „Wie kann ein Coaching für hochbegabte Jugendliche erfolgreich sein?" „Was kann im Coaching mit Jugendlichen bewirkt werden und was nicht?" „Welche Intervention ist nützlich oder sinnvoll?" Über Versuch und Irrtum kristallisierten sich bestimmte Vorgehensweisen als brauchbar heraus. Heute, nach einer Vielzahl von Gesprächen, kann mit größerer Sicherheit etwas dazu gesagt werden. Von Anfang an war ganz klar, es handelt sich nicht um eine besondere Form von Nachhilfe, sondern um ein Beratungsangebot, dass auf einer Metaebene greift. Gut ist es zu verdeutlichen an dem Punkt Lernen (siehe Kap. 4). Dieses Thema zieht sich durch fast alle Fälle. Jugendlichen zu vermitteln, wie Lernen funktionieren kann und dabei die individuelle Ausprägung im Auge zu behalten, verändert die Perspektive auf ihre Situation.

5.1. Die Anlässe für das Coaching

Die Anlässe für die Kontaktaufnahme sind in erster Linie Probleme in der Schule, Motivationsschwierigkeiten oder Langeweile. Bevor über Beratung oder Coaching nachgedacht und externe Hilfe in Anspruch genommen wird, haben die Eltern schon einiges versucht. Wenn die Familien kommen, besteht ein Wunsch nach positiver Veränderung. Der Leidensdruck in den Familien hat ein bestimmtes Maß erreicht. Aus den anfangs noch recht diffusen Anliegen entstehen unterschiedliche Aufträge. Die Dreieckskonstellation Eltern, Kind und Coach führt dazu, dass die Auftragsklärung nur gelingen kann, wenn alle Beteiligten kooperieren. Die Eltern als Erziehungsberechtigte und Initiatoren der Erstgespräche werden gebeten sich zurückzuhalten, damit die Zusammenarbeit gelingt. Die Anliegen der Kinder und Jugendlichen stehen im Mittelpunkt. Trotzdem gibt es Aufträge, die stärker von den Eltern formuliert werden, z.B. wenn die Kinder noch jünger sind. Der Vorschlag der Eltern zum Coaching zu gehen, wird dann von den Kindern und Jugendlichen angenommen, wenn sie eine ähnliche Sicht auf die Problematik haben.

Zur Verdeutlichung ein Beispiel: Die Noten eines 12Jährigen hatten sich so verschlechtert, dass er unter Umständen die Klasse wiederholen sollte. Nun waren alle seine Freunde in dieser Klasse und die Vorstellung, in eine andere Klasse oder sogar Schule zu wechseln, war für ihn schrecklich. Daraus ergab sich für beide Seiten - Eltern und Sohn - der Auftrag, die Lernhaltung zu verbessern, um in der Klasse bleiben zu können. Die Motivation der Mutter war, dass ihr Sohn wieder bessere Noten schreiben sollte, und die Motivation des Sohnes bestand darin, alles zu tun, um mit seinen Freunden weiterhin in eine Klasse gehen zu können.

Die Aufträge aus den letzten Jahren lassen sich wie folgt auflisten, wobei zwei Punkte *Aktuelles hat Vorrang* und *Spaß,* bereits vorgegeben waren:
- Lern- und Arbeitsstrategien
- Selbstdisziplin
- Die Schule erfolgreich abschließen
- Motivation

- Lebensplanung
- Handwerkszeug für die Zukunft
- Berufsfelder und Berufsorientierung
- Bessere mündliche Leistungen
- Verbesserung der schulischen Leistungen
- Die Langeweile zu reduzieren
- Begabung - was bedeutet das?
- Mutiger werden und leichter in die Schule gehen
- Selbstbewusstsein und Selbständigkeit stärken
- Soziales Verhalten reflektieren
- Soziale Kompetenz erweitern
- Begleitung während einer Prüfungsphase
- Entscheidungshilfe
- Selbstreflexion - mein Potenzial kennen und nutzen

Aktuelles hat Vorrang, bzw. Störungen haben Vorrang ist eine Aussage, die generell für Beratung gilt. Nehmen wir an, es sitzt ein 13jähriges Mädchen im Coaching, das sich gerade mit ihrer besten Freundin gestritten hat. Nun soll sie sich im Gespräch auf das Thema Lernstrategien konzentrieren. Ihre Aufmerksamkeit und ihre Gefühle sind aber noch bei dem Konflikt. Da ist es sinnvoll, erst auf die aktuelle Situation einzugehen und dadurch für eine Entlastung zu sorgen. Danach kann an dem geplanten Thema weiter gearbeitet werden.

Spaß heißt, Zeit einzuplanen zum Lachen und zum Spielen und dadurch eine anregende Atmosphäre zu schaffen. Gerade die Jüngeren finden Gefallen an der Kombination aus Spiel und Gespräch.

Auch Angebote zu Rollenspielen oder Rollentausch gehören dazu (z.B. „Du bist jetzt der Coach, was rätst du dir als Coach?" „Du bist jetzt deine Englischlehrerin, wie sieht sie dich als Schüler?") Manchmal wird ein Gespräch mit einem Spaziergang im Park verbunden. Ein Teil der Zeit wird dazu genutzt, über Dinge zu reden, die Spaß machen. Immer wenn Kinder oder Jugendliche über die Dinge reden dürfen, die ihnen Spaß machen, wird dadurch eine entspannte und gutgelaunte Atmosphäre geschaffen. Auf dieser Basis fällt die Zusammenarbeit leichter, z.b. werden Ideen und Vorschläge, die im Coaching entstehen, besser aufgenommen und umgesetzt.

Außerdem können wir davon ausgehen, dass wenn sich in einem Gespräch im Kontext von Beratung ein Gefühl der Langeweile beim Coach breit macht, sich das Gegenüber ähnlich fühlt. Ein gelangweilter Mensch kann kein wacher, anregender oder aufmerksamer Gesprächspartner sein - für niemanden. Also sobald der Eindruck entsteht, dass eine gepflegte Langeweile Einzug gehalten hat, wird dies thematisiert oder auch über die Beendigung der Maßnahme in Erwägung gezogen. Gerade hochbegabte Kinder und Jugendliche haben meisten schon ausreichend Erfahrung damit gemacht. Aber viel wichtiger ist die Erkenntnis: ein gelangweilter Coach kann kein guter Coach sein. Auch aus diesem Grund steht Spaß im Kontrakt. Es geht nicht um eine „Bespaßung" sondern, wie bereits erwähnt, um ein anregendes Lernumfeld.

Langeweile im Coachingprozess ist das Eine, aber Langeweile ist per se nicht nur negativ zu bewerten. Wenn ein bestimmtes Maß davon überschritten wird, kann daraus auch etwas Neues oder Kreatives entstehen. Der Alltag unserer Gesellschaft bietet wenig Raum für Stille. Immer gibt es Betriebsamkeit, und Eltern, aber auch Erzieherinnen und Erzieher, fühlen sich verpflichtet zu reagieren, sobald ein Kind mit nölender Stimme: „Mir ist langweilig" von sich gibt. Manchmal rate ich in so einer Situation zu einem 1000 Teile Puzzle zu greifen. Dahinter steckt das Wissen, dass den meisten Kindern und Jugendlichen, während sie sich konzentriert über die Puzzleteile beugen, eine bessere Idee in den Sinn kommt, die sie dann viel lieber verfolgen.

5.2. Die Ziele

Die oben erwähnte Liste der Auftragsformulierungen zeigt die Vielfalt der Ziele, die im Coaching mit den hochbegabten Kindern und Jugendlichen in den letzten Jahren verfolgt wurden. Die Bedeutung von Zielen ist für das Coaching so elementar, dass hier ein kleiner Exkurs zum Thema notwendig erscheint.

Mit dem Begriff Ziel ist ein in der Zukunft liegender Zustand gemeint, der für die meisten Menschen mit einer positiven Veränderung verbunden ist. Um Ziele zu erreichen, ist es sinnvoll, sie so konkret wie möglich zu beschreiben, ein inneres Bild davon zu entwickeln und sich darauf zu konzentrieren. Ziele sind so individuell wie die Menschen, die sie formuliert haben. Der Weg dorthin lässt sich in Etappen oder Teilziele unterteilen und sollte mit einer Zeitschiene versehen sein. Aussagen wie „Irgendwann mache ich einen Segelschein" sind zu vage und haben dadurch eine geringere Chance umgesetzt zu werden.

Stellen wir uns einen Raum voll junger Menschen vor, die folgende Anweisung erhielten: „Bewegt Euch durch den Raum, aber schaut dabei nicht in die Richtung, in die ihr geht." So erleben viele Jugendliche nach eigener Aussage die Schule. Man geht halt hin, etwas planlos und durchläuft die Schule. Schülerinnen und Schüler werden nicht in einem persönlichen Gespräch gefragt, was sie in dem laufenden Schuljahr lernen wollen oder erreichen wollen und welche Schritte sie dafür unternehmen möchten und an welchen Punkten Unterstützung benötigt wird. Jetzt könnte das Argument auftauchen, es gibt doch detaillierte Lehrpläne mit klaren Vorgaben für das Schuljahr. Schülerinnen und Schüler erleben Schule als einen Raum mit wenig Selbstbestimmung. Natürlich gibt es gewisse Spielräume, aber die sind mit jeder Schulreform und dem eingeführten verkürztem Abitur weiter geschrumpft.

Da stellen wir uns doch die Frage, warum es in Schulen keine Zielvereinbarungsgespräche wie in Betrieben gibt. Wir alle kennen den Unterschied zwischen selbstgesteckten Zielen und Zielvorgaben von außen und die damit verbundene Motivation.

Coaching wirkt gerade in Hinblick auf Ziele wie ein Katalysator. Die Gespräche mit einem Coach unterstützen anfangs die Zielsuche und Zielformulierung und begleiten die gecoachte Person bei der Umsetzung, helfen über mögliche Stolpersteine hinweg, feiern Etappenziele und feuern die Kinder und Jugendlichen auf der Zielgerade an. Jedes erreichte Ziel ist ein Erfolg. Je öfter Kinder und Jugendliche (aber auch Erwachsene) Erfolgserlebnisse haben, desto lebensfroher und zufriedener fühlen sie sich. Da es sich bei der Zielgruppe um Kinder und Jugendliche in der Pubertät handelt, dürfen wir nicht vergessen, dass die hormonelle Entwicklung dazu führt, dass zur Ausschüttung des Neurotransmitters Dopamin, des Belohnungs- oder Wohlfühlneurotransmitters, stärkere Reize erforderlich sind als bei Kinder vor oder jungen Erwachsenen nach der Pubertät. Ziele zu haben kann in der Zukunft zum Erfolg führen. Brian Tracy (2004) beschreibt als die wichtigsten Faktoren für den Erfolg: das Ziel zu kennen, Leistungsbereitschaft und Ausdauer bei der Umsetzung. Außerdem hat sich gezeigt, dass Menschen, die ihre Ziele positiv und im Präsens formuliert schriftlich festgehalten haben, eine größere Chance zum Erfolg in sich tragen. Deshalb werden die Kinder und Jugendlichen aufgefordert, ihre Ziele so konkret wie möglich zu nennen und dann aufzuschreiben. Ein Coaching ohne klar formulierte Ziele kann nicht gelingen. Wenn die Familien im Coaching sitzen, wird in erster Linie über die Probleme gesprochen. Aus der Problemformulierung eines Jugendlichen: *„Ich will die Schule unbeschadet überstehen"* wurde im Gespräch die positivere Zielformulierung: *„Ich schließe erfolgreich die Schule ab"*. Daran anknüpfend redeten wir viel über den Erfolg und wie genau er messbar wird z.B. in einer bestimmten Note oder einem Aha-Erlebnis. Wenn es gelingt, das Wort „Problem" durch das Wort „Herausforderung" zu ersetzen, hat das Gegenüber die Wahl, ob sie oder er die Herausforderung annehmen möchte oder nicht.

5.3. Die Altersgruppe

Das Coachingangebot richtet sich an Kinder in der beginnenden Pubertät, d.h. ab dem 12. Lebensjahr und Jugendliche bis in junge Erwachsenenalter. „Warum nicht 8jährige Kinder?" werden Sie sich fragen. Die Entscheidung für diese Altersgruppe fiel eher intuitiv. Aber die Erfahrung der letzten Jahre hat gezeigt, dass ein Gesprächsangebot wie Coaching mit der beginnenden Pubertät von den Kindern stärker angenommen wird als von jüngeren Kindern. Während der Pubertät verändert sich sehr viel im Leben von Kindern und Jugendlichen, so auch ihre Reflexionsbereitschaft über sich und die Welt. Durch die hormonelle Entwicklung wird auf verschiedenen Ebenen etwas angestoßen, und die Offenheit für Veränderungen und neue Erfahrungen ist größer. Der Einfluss der Eltern lässt etwas nach und die Orientierung richtet sich stärker an die Gleichaltrigen, die Peergroup. Gleichzeitig beginnen bei einigen der hochbegabten Kinder die ersten Schulprobleme in etwa zu diesem Zeitpunkt. Dafür gibt es verschiedene Ursachen: Erstens haben einige hochbegabte Kinder bis zu diesem Zeitpunkt *noch nie gelernt*, d.h. sie haben den Inhalt einfach aufgenommen und sich nicht um Wiederholungen und Lernen kümmern müssen, und zweitens ist das Gehirn mit dem pubertätsbedingtem Umbau beschäftigt. Nun sind ein Teil der Kinder sogar gesprungen und hatten einen guten Start in der 5. Klasse. Plötzlich sind sie in der 6., 7. oder 8. Klasse und schreiben schlechte Noten. Einerseits wird der Lernstoff komplexer, andererseits fehlen eine Arbeitshaltung bzw. Lernstrategien, die sich andere Kinder bereits aneignen mussten. Das Erarbeiten von Themen fällt ihnen besonders schwer, wenn der Inhalt für sie nicht interessant ist. Dem gegenüber verfügen fast alle hochbegabten Kinder über ein sehr profundes Wissen innerhalb ihrer Domäne. Auch in Gesprächen mit hochbegabten Erwachsenen taucht immer wieder die Aussage auf, dass sie für die Schule nie etwas bewusst gelernt hätten. Um zu verdeutlichen, was hier geschieht, wählen wir die Metapher des Fliegens. In der Grundschule konnten ein Teil der hochbegabten Kinder fliegen, und nun, mit der beginnenden Pubertät, kommen sie auf einmal nicht mehr von der Startbahn hoch. Da sie ihr ganzes Leben lang schon fliegen konnten, verstehen sie plötzlich die Welt nicht mehr. Die Frustration, die daraus entsteht ist unermesslich (wer würde nicht gerne fliegen können). Das Fliegen war leicht, ohne jede Anstrengung, die Maschine musste nie gewartet werden, alles funktionierte immer perfekt. Gleichzeitig stehen auf dem Flugplatz Menschen, die immer wieder rufen „Du kannst das doch" – trotzdem, der Flieger kann sich nicht vom Boden lösen.

Bleiben wir beim Alltag. Schön lässt es sich am Beispiel von Vokabeln verdeutlichen. Das Lernen von Vokabeln setzt eine gewisse Kontinuität voraus, ein Wiederholen und Überprüfen des Wortes, Aussprache und Schreibweise berücksichtigend. Das fällt vielen Schülerinnen und Schülern in der Pubertät schwer. Nun sitzt mir aber ein 13jähriger Junge gegenüber, der die Selbstwahrnehmung hat, er kann die Vokabeln, wenn er sie einmal gelesen habe. Die Noten sagen aber etwas anderes. Die aktuellen Vokabeln für den anstehenden Test behält er wirklich durch einmaliges Durchlesen. Aber in den Klassenarbeiten fallen ihm die Vokabeln der vorherigen Lektionen nicht ein. Dabei gerät er unter Druck und steigert sich während der Arbeit in einen Blackout hinein. Durch die absolute Leere im Kopf sitzt er wie gelähmt da und wartet das Ende der Stunde ab. Wenn das einmal passiert ist, denkt er, es könnte wieder passieren. Also ist der innere Druck vor der nächsten Arbeit noch höher. Diese Art von Stress baut sich nach und nach auf. Wir wissen, dass Menschen unter Stress - egal wie alt sie sind - nicht den optimalen Zugang zu ihren Ressourcen haben. Hochbegabte

Kinder und Jugendliche setzten hier ihre kognitiven Fähigkeiten unter Umständen kontraproduktiv ein und verfangen sich in selbst erzeugten negativen Gedankenkreisen. Gleichzeitig wird zu Hause nun öfters über die Schulprobleme geredet, und die Stimmung sinkt mit jeder mittelmäßigen bis schlechten Note weiter ab. Die Sorgen der Eltern konzentrieren sich stärker auf die Probleme und plötzlich dreht sich alles nur noch darum, was nicht klappt.

Jetzt könnten wir denken, ja, dann ist die Schülerin oder der Schüler nicht fürs Gymnasium geeignet, die Anforderungen sind zu hoch. Aber dieses Buch handelt von den hochbegabten Schülerinnen und Schülern, die in der Vergangenheit bereits getestet wurden und einen IQ-Punktwert über 129 erreichten und von denen ein Teil auch noch problemlos gesprungen ist.

Ein weiteres Argument, das von Eltern, Kindern und Jugendlichen immer wieder ins Feld geworfen wird, ist, dass alles zu leicht war und ohne Anstrengung lief - jedenfalls für eine gewisse Zeit. Lernen ist in den meisten Köpfen mit Anstrengung verbunden. Obwohl alle Eltern Situationen beschreiben konnten, in denen ihre Kinder ein eigenes Projekt leicht, aber mit hohem zeitlichen Aufwand und Ehrgeiz erfolgreich umgesetzt haben.

Dann haben wir auch noch die Gruppe der Underachiever bzw. der Minderleister mit fehlender Leistungsbereitschaft und geringer Selbstmotivation. Das betrifft z.B. die Schülerinnen und Schüler, die sich nur für ein Fach interessieren und die anderen Fächer und deren Inhalte überflüssig finden und dafür überhaupt kein Verständnis aufbringen können; und Schülerinnen und Schüler, deren Fragen schon als zu weit reichend in der Grundschule abgeblockt wurden und die sich in einer Art Wach-Schlaf-Zustand in der Schule befinden. Anstrengungsvermeider, deren Kriterium für Erfolg bedeutet jeder Anforderung weiträumig aus dem Weg zu gehen. Und die sensiblen, introvertierten oder schüchternen Kinder und Jugendlichen, die viel wissen, sich aber im Unterricht kaum mündlich beteiligen. Auch für diese Gruppe wird die Schulsituation während der Pubertät schwieriger.

Interessant ist die Beobachtung in eigener Praxis, dass 90% der hochbegabten Jugendlichen, die ein Coaching in Anspruch nehmen, männlich sind, d.h. dass die Mädchen andere Wege für sich nutzen können als die Jungen.

5.4. Die Rahmenbedingungen für das Coaching

Die Rahmenbedingungen, die generell für das Coaching gelten, haben auch ihre Gültigkeit in der Arbeit mit Kindern und Jugendlichen. Zu nennen sind:
- Freiwilligkeit
- Kooperationsbereitschaft
- Transparenz

5.4.1. Freiwilligkeit

Dieser Punkt ist für das Coaching zentral. Da die Kinder und Jugendlichen im Alter zwischen 12 und 18 Jahren sind, werden sie natürlich von ihren Eltern geschickt. Bei den Jüngeren findet das Erstgespräch fast immer in Beisein der Eltern statt.
Freiwilligkeit heißt, dass die Kinder und Jugendlichen selbst entscheiden, ob sie ins Coaching kommen wollen. Die Eltern werden gebeten, sich bei dieser Entscheidung zurückzuhalten. Es geht um einen Nutzen für das Kind bzw. den Jugendlichen. Nur auf der Basis von Freiwilligkeit kann es zu einer erfolgreichen Zusammenarbeit kommen. Wenn der Wunsch des Kindes nicht mit dem Wunsch der Eltern deckungsgleich ist und die Zusage aus Loyalität zu den Eltern gemacht wird, dann passiert eventuell Folgendes: Das Kind kommt wahrscheinlich, redet ein wenig über dies und das

und sitzt die Zeit irgendwie ab. Die Basis für eine Zusammenarbeit fehlt und es werden nur Ressourcen verschwendet; die Zeit der Beraterin und das Geld der Eltern. Entsteht dieser Eindruck, finden keine weiteren Termine mehr statt.

Um eine Entscheidung zu treffen, benötigen die Kinder und Jugendlichen Informationen darüber, was sie erwartet. Am Ende des Erstgesprächs haben sie eine erste Idee, wie Coachinggespräche ablaufen können. Da schon bei diesem Treffen oft sehr persönliche Dinge erzählt werden, ist es nützlich, sich für das Vertrauen und die Offenheit zu bedanken. So baut sich schneller ein gutes Vertrauensverhältnis auf, das der Arbeit sehr förderlich ist. Es werden Eindrücke und die Themen aus der Sitzung zurückgemeldet und falls es einen Auftrag gibt, dieser am Flipchart notiert.

Bevor die Entscheidung an den Gegenüber abgegeben wird, sollte der Coach für sich geklärt haben, ob eine Zusammenarbeit in Frage kommt. Erst nach dieser Überprüfung des Bedarfs kann ein konkretes Angebot über Anzahl der Sitzungen und nächste Schritte erfolgen. Einen 19jährigen zu begleiten seine Bewerbungen zu optimieren oder mal über seinen Berufswunsch zu reflektieren, kann in 1 oder 2 Gesprächen abgeschlossen sein. Wohingegen Themen wie Arbeitsstrategien eine längere Begleitung erforderlich machen. Situationsabhängig entsteht ein konkreter Vorschlag über die Anzahl der möglichen Treffen (z.B. eine Vereinbarung über 10 Sitzungen in einem Abstand von 2 Wochen).

Zeichen auf der Seite des Coaches sind, dass im Erstgespräch ein Auftrag ermittelt werden konnte, der ins Coaching passt, und dass es zeitlich zu realisieren ist. Beide Seiten treffen für sich die Entscheidung, ob eine Zusammenarbeit zustande kommt. Wenn sich im Gespräch kein Beratungsbedarf abzeichnet, finden keine weiteren Termine statt. Im Kontext von Beratung gibt es den Status des Besuchers: eine Person, die einmal kommt, um zu schauen wie Coaching funktioniert und nicht in den Prozess einsteigt.

Bei den jüngeren Kindern hat sich als nützlich erwiesen, mit einem imaginären Karton zu arbeiten, in den alle Argumente für und gegen eine Entscheidung zum Coaching gepackt werden, z.b. über Dinge zu reden, die dich bedrücken; gemeinsam lachen und Spaß haben; helfen in der Schule wieder Erfolgserlebnisse zu haben; aber auch ein weiterer Termin in der Woche; mit einer fremden Person reden müssen. Dann überreichte ich das Paket dem Kind und sage: „Nimm das Paket mit nach Hause und packe alle Argumente noch mal aus, schau sie Dir an und treffe in Ruhe die Entscheidung, ob du wieder kommen möchtest oder nicht. Falls du dir das nicht zutraust, bitte deine Eltern, dir dabei zu helfen."

Bei den Jugendlichen, die allein zum Erstgespräch kommen, gibt es ebenfalls ein Feedback über das, was ich im Gespräch über sie erfahren habe und was mir besonders aufgefallen ist. Sie werden mit der Bitte entlassen, sich innerhalb einer Woche zu melden und nicht während der Sitzung eine Entscheidung zu treffen.

Ein Beispiel für eine nicht zustande gekommene weiterführende Beratung: Hier fand nur ein einmaliges Familiengespräch statt. Der 12jährige Lars erzählte im 4-Augen-Gespräch von seinem Wunsch, mit seinen Eltern, die beide berufstätig sind, mehr Zeit zu verbringen. Dafür hätte er zugestimmt, dass sich die Eltern für einige Stunden mit ihm und seiner Schwester ins Auto setzten, um die Sitzungstermine wahrzunehmen. Diesen Wunsch des Jungen den Eltern im letzten Teil des Gesprächs mitzuteilen und zu schauen, ob es nicht andere Möglichkeiten der gemeinsamen Freizeitgestaltung gäbe, machte eine weitere Beratung überflüssig. Sowohl Lars als auch seinen Eltern war das Bedürfnis nicht klar gewesen.

Freiwilligkeit heißt auch, dass die gecoachte Person an jedem Punkt des Prozesses sagen kann, ich möchte nicht mehr kommen. Dann ist es sinnvoll, eine letzte Sitzung, ein letztes Gespräch zum Abschluss zu vereinbaren. Die Erfahrungen der letzten Jahre haben gezeigt, wenn eine Beratung auf der Basis der Freiwilligkeit zustande kommt, trägt sich das durch große Zuverlässigkeit von seiten der Kinder und Jugendlichen. Manchmal kann es auch sein, dass die Eltern Beratungsbedarf anmelden und weitere Familiengespräche mit oder ohne Kind stattfinden.

5.4.2. Die Kooperationsbereitschaft der Kinder und Jugendlichen

Eine Zusammenarbeit kommt nur zustande, wenn beide Seiten ihre Zustimmung dazu geben. Das Erstgespräch kreist meistens um die Frage, wofür mein Gegenüber diese Gespräche sinnvoll nutzen möchte. Beide Seiten sollen durch die Kooperation miteinander letztendlich voneinander profitieren – es handelt sich folglich um win-win-Situationen bzw. Plus-Spiele. Als Zeichen für Kooperationsbereitschaft gelten:
- in den Dialog kommen
- sich auf die Fragen einlassen
- Ziele zu benennen bzw. über die individuellen Ziele in den Austausch kommen
- miteinander lachen
- Geschichten erzählen
- aber auch die Möglichkeit für alle beteiligten Personen, jederzeit aus dem Coachingprozess auszusteigen

Wenn das erste Treffen mit der ganzen Familie oder der Mutter und ihrem Kind stattfindet, wird ein Teil der Sitzung (ca. 30 Min.) mit dem Kind oder Jugendlichen allein verbracht.

Manchmal ist es schon der erste Blick, der es erlaubt eine Auskunft darüber zu geben, wie sich der Kontakt gestalten wird. Wie kann so ein erster Blick der Kinder und Jugendlichen beschrieben werden: neugierig, gespannt und manchmal wissbegierig. Als Coach und als Mensch werden wir einer genauen Begutachtung unterzogen. Im Gespräch wird sehr genau zugehört und gelauscht. Das Agieren der Beraterin oder des Beraters sollte immer authentisch sein, denn jede Unstimmigkeit wird sofort erkannt.

Ein weiterer Aspekt ist die gegenseitige Sympathie. *Wenn die Chemie stimmt*, fällt vieles leichter. Die Aufgabe der Beraterin oder des Beraters besteht darin, eine respektvolle und professionelle Haltung zu den Familien und deren Kinder zu finden. Im Erstgespräch geht es auch um die Herstellung von Nähe, ohne dem Gegenüber zu nahe zu treten.

Die Eltern nutzen das Gespräch für das Erzählen der biographischen Daten. Die Kooperationsbereitschaft der Eltern muss an dieser Stelle nicht weiter diskutiert werden, weil sie ja diejenigen sind, die den Kontakt gesucht haben.

In der Beratung haben es die Kinder und Jugendlichen wie bereits erwähnt mit professionellen Fragestellerinnen und Fragestellern zu tun. Es besteht per se ein Ungleichgewicht. Mit offenen Fragen wird das Gespräch strukturiert. Wie die Kinder und Jugendlichen auf Erzählaufforderungen eingehen, ist hochgradig individuell. Ein schüchterner Junge benötigt mehr Rücksichtnahme und Distanz als ein routinierter Geschichtenerzähler.

Bei den ruhigeren und schüchternen Jungen und Mädchen lege ich ein Spiel (Halbedelsteinspiel) auf den Tisch und erkläre die Regeln, und wir fangen an zu spielen. Mit einem Spiel kann das Schweigen gut überbrückt werden und durch das gemeinsame Tun entsteht Nähe. Zwischen den Spielzügen kommt es zu erneuten Erzählaufforderungen, die dann leichter angenommen werden. Dabei findet eine Themensuche statt. Es wird über Interessen und Vorlieben gesprochen, über den Freundeskreis und die Schule.

Gemeinsames Lachen kann gut über überraschende Wendungen im Gesprächsverlauf hergestellt werden. Die Frage an mein Gegenüber: *„Was darf oder soll hier nicht geschehen?"* löst oft eine erste Irritation aus und führt häufig zu der Antwort „*Ich weiß nicht.*" Pointiert wird diese Antwort aufgegriffen und neu formuliert: „*Ich darf wirklich alles mit dir machen? Bist du sicher?*" Sofort entsteht vor meinem Augen das Bild eines lachenden Jungen, der mit „*naja,...*" einen Rückzieher macht. Er wähnt sich an einem sicheren Ort, Kannibalismus ist unwahrscheinlich, Aufforderungen zu Straftaten schließt er aus, und er hat das Vertrauen, dass ihm nichts Furchterregendes im Beratungszimmer passiert. Lachen ist ein Phänomen, das auf dem kurzen Weg Gemeinsamkeit herstellt.

Es hat sich in den letzten Jahren gezeigt, dass die Geschlechterverteilung in der Praxis wie folgt aussieht: ca. 90% Jungen und 10% Mädchen. Jungen in der Pubertät mögen es meistens nicht, auf das Thema Mädchen angesprochen zu werden. Es ist frech dies zu tun, aber trotzdem ist es eine Möglichkeit in den Kontakt zu kommen, mit Aussagen wie: „Na, sind die Mädchen schon hinter dir her?" oder „Hast du schon eine Freundin?" Beim Erröten und Zusammenzucken wird deutlich, dass jetzt die volle Aufmerksamkeit da ist. Die Frage dann entschuldigend als blöde Frage oder zu persönliche Frage wieder zurückzunehmen ist nützlich. Gleichzeitig wird damit signalisiert, dass auch persönliche Themen im Rahmen der Sitzungen angesprochen werden können. Solche Fragen bewegen sich an der Grenze zwischen Nähe herstellen und jemanden zu nahe treten. Erfahrene Beraterinnen und Berater sind sich meistens dieser Grenze bewusst und können das Überschreiten der Grenze als Intervention gezielt einsetzen.

5.4.3. Die Transparenz

Im Erstgespräch werden die Regeln für das Coaching kommuniziert. Gesprächsdauer (45 Min.), das Intervall zwischen den Sitzungen, Schweigepflicht, Vertraulichkeit, Offenheit und Ehrlichkeit.
Schweigepflicht und Parteilichkeit wird häufig von den Kindern und Jugendlichen nachgefragt. Anfragen vor Äußerungen wie „Sie stehen doch

unter Schweigepflicht, oder?" kommen immer mal wieder in Gesprächen vor. Meistens geht es dann um sehr persönliche Fragen, über die ein Austausch gewünscht wird.

Im Laufe der Jahre entwickeln Beraterinnen und Berater eine Intuition, die es ihnen ermöglicht schnell zum Punkt zu kommen. Im Erstgespräch mit Alex (13j.), fragte ich aus dem Bauch heraus, ob er denn oft der Schule fern bliebe. Nach einem Moment des Zögerns erzählte er mir haarklein, wie er seine Mutter und die Lehrer so austrickst, dass sein Schwänzen bis jetzt noch niemandem aufgefallen war. Plötzlich hielt er inne, schaute mich überrascht an. Aus der Befürchtung heraus, er hätte sich gerade um Kopf und Kragen geredet, fragte er: *„Sie erzählen das doch nicht meiner Mutter?"* Anscheinend hatte er während des Gesprächs schon Vertrauen gefasst. Die verbleibende Zeit sprachen wir darüber, ob und wie das Schwänzen Einfluss auf seine Noten hat und welche Gründe zu dem Fernbleiben der Schule führten. Ein anderer Aspekt dieser kleinen Episode kann auch sein, dass der Coach getestet wird. Es geht um Loyalität und deren Grenzen. Die Schweigepflicht muss gewährleistet sein. Die Ausnahme bilden Situationen, in denen eine Fremd- oder Selbstgefährdung vorliegt.

Manchmal gibt es aber auch Anlässe, wo das Gespräch mit den Eltern erforderlich ist. Da gilt es zu insistieren und den Jugendlichen zu stärken, das Thema Zuhause selbst anzusprechen oder sich die Erlaubnis abzuholen, mit den Eltern darüber zu sprechen. Einige Hochbegabte fanden es peinlich sich selbst und ihren Eltern einzugestehen, dass sie Unterstützung in Form von Nachhilfe brauchten. Bei einem kurzen Telefonat mit den Eltern eine Empfehlung für Nachhilfe auszusprechen, kann die Jugendlichen stark entlasten.

5.5. Das Erstgespräch

Das erste Treffen gibt häufig Aufschluss über den Verlauf des ganzen Prozesses. Vor dem Erstgespräch gibt es meistens einen telefonischen Kontakt, bei dem die Eltern Fragen zum Coaching stellen und Antworten erhalten. Dabei wird einiges an Hintergrundinformation geliefert. Dazu gehört meisten das Alter, eine kurze Schilderung des schulischen Werdegangs bis zum aktuellen Zeitpunkt, die Entdeckung der Hochbegabung, Information über die Geschwisterkinder und eine kurze Problemschilderung.

Ein Teil des Erstgesprächs wird genutzt, um die bereits erwähnten Rahmenbedingungen für eine Zusammenarbeit zu kommunizieren. Zentraler Punkt in der ersten Sitzung ist die Anliegen- und Auftragsklärung. Am Ende soll der Kontrakt erarbeitet sein.

5.5.1. Anliegen- und Auftragsklärung im Familiengespräch

Coaching ist eine soziale Dienstleistung und damit an einen Auftrag gebunden. Darüber wird der Sinn der Gespräche konstituiert. Zwischen den Anliegen der Eltern und denen ihrer Kinder zu differenzieren, gewährleistet die Kooperation der Kinder und Jugendlichen und bildet das Fundament für die Zusammenarbeit.

Das Anliegen ist manchmal diffus und hat die Überschrift „Helfen Sie uns das Problem X zu lösen." Wenn das Problem schlechte Noten sind, wird genauer gefragt, was damit gemeint ist. Es ist sehr unterschiedlich, so kann ein Notenabfall von 1en und 2en auf 4en schon für einige der Auslöser für eine Kontaktaufnahme sein, während andere Familien sich erst zum Gespräch anmelden, wenn die Versetzung gefährdet ist und einige 5en im Halbjahreszeugnis stehen.

Es ist unerlässlich, so genau wie möglich nachzufragen und sich den Ist-Zustand differenziert schildern zu lassen. Die Sondierung der Ausgangslage findet mit der ganzen Familie statt, wohingegen der Auftrag von den Kindern und Jugendlichen erteilt wird.

Eine Familie kam mit dem Wunsch, die aktuell entstandenen Probleme mit den Schulnoten zu beheben. Im Gespräch mit ihrem Sohn formulierte der Junge sein Anliegen wie folgt: *„Ich will, dass meine Eltern mich nicht wegen der Schule nerven und mich in Ruhe lassen."* Auf die Frage, was er denn dafür tun könnte, kam als Antwort: *„Wenn ich meine Hausaufgaben regelmäßiger und selbständiger erledige und mich besser auf die anstehenden Arbeiten vorbereite."* Daraus entstand der Auftrag die Selbstdisziplin und die Motivation zu stärken. Und in einem zweiten Schritt über die vorhandenen Lernstrategien zu reflektieren und diese zu überprüfen. Er hatte die Vorstellung, dass ihm die Coachingsitzungen helfen könnten. Zum einem würden ihn seine Eltern in Ruhe lassen, da er an den Gesprächen teilnehme, und zum anderen hatte er die Vorstellung, sich durch die Kontrolle einer außen stehenden Person selber besser disziplinieren zu können.

Wenn Kinder oder Jugendliche nur aus Loyalität zu ihren Eltern kommen, selbst keine eigenen Anliegen haben oder sich nicht trauen ihre Themen anzusprechen, hat das Einfluss auf den ganzen Verlauf des Coachings. Die Erfahrung zeigt, dass die Dauer des Coachings sich dadurch stark verkürzt. Meistens wird das Coaching dann nach 2 - 3 Gesprächen beendet. Überraschenderweise gab es in den ganzen Jahren nur sehr wenige solcher Fälle.

Generell beginnt die Arbeit erst, wenn der Auftrag klar formuliert ist und in schriftlicher Form als Kontrakt vorliegt. In den Fallgeschichten zeigt sich die individuelle Ausprägung der erarbeiteten Aufträge. Es gibt natürlich auch Aufträge, die nicht ins Coaching gehören. Dazu gehören Nachhilfe, Psychotherapie und Diagnostik. Falls für irgendeinen dieser Punkte ein Bedarf sichtbar wird, gibt es Unterstützung bei der Suche.

Im Coaching gibt es häufig die 3er Konstellation bestehend aus Auftraggeber, Coachee und Coach. Es gilt die Regel, dass sich der Auftraggeber nicht in den Coachingprozess einmischen darf. In der systemischen Familientherapie wird mit dem Konzept der Allparteilichkeit gearbeitet. Eine gute Kooperation mit den Eltern ist eine Bedingung für das Gelingen der Beratung. Trotzdem gehört die Parteilichkeit im Coaching in erster Linie den Kindern und Jugendlichen. Wird der Coach zum verlängerten Arm der Eltern instrumentalisiert, kann das die Vertrauensbasis untergraben und die Zusammenarbeit gefährden. Vertraulichkeit ist ein bedeutender Aspekt in den Gesprächen. Die Sicherheit, in einem geschützten Rahmen alles aussprechen zu dürfen, muss gewährleistet sein.

5.5.2. Die Fragen, die im Erstgespräch gestellt werden

Das Erstgespräch ist entscheidend für den gesamten Prozess. Es werden ausführliche Gesprächsnotizen erstellt. Wenn die Eltern daran teilnehmen, wird mehr Zeit eingeplant, um sich den Werdegang aus elterlicher Sicht anzuhören. In den meisten Fällen gibt es schon eine Reihe von Hintergrundinformation aus dem vorangegangenen Telefonat, an die im persönlichen Gespräch angeknüpft werden kann. Als Coach scheint mir die Rollendefinition der Besucherin sehr geeignet. Die Familie bietet einer außenstehenden Person die Möglichkeit, als Besucherin mit Auftrag durch ein kleines Seitenfenster Einblicke zu erhalten. Der Auftrag für das Erstgespräch lautet zu klären, ob die Situation, wie sie gerade ist, einen Beratungsbedarf darstellt und wenn, ob ein kurzes Gastspiel oder ein längeres Engagement erforderlich ist.

Es gibt Fragen, die nur an die Kinder und Jugendlichen gerichtet sind und andere Fragen an alle Familienmitglieder.

Folgende Fragen strukturieren das Erstgespräch:
- *„Was hast du für eine Idee, warum du heute hier bist?"*
- *„Stell dir vor, du gehst nach diesem Gespräch aus meiner Praxis und denkst, das war ein nützliches oder hilfreiches Gespräch. Woran würdest du das merken?"*
- *„Was schätzen sie besonders an ihrem Kind?"*
- *„Was kann ich von dir lernen?"*
- *„Was macht dir Spaß?"* oder *„Worin bist du richtig gut?"*
- *„Was sollte ich unbedingt über dich wissen?"*
- *„Woran würdest du merken, dass ein Coaching überflüssig geworden ist?"*
- *„Was wäre für dich eine herausragende Leistung?"*

Hinzu kommen noch allgemeine Informationsfragen zur Schule und zum sozialen Umfeld.

„Was hast du für eine Idee, warum du heute hier bist?"

Mit dieser Frage wird das Kind oder der Jugendliche aufgefordert, den Anlass für dieses Treffen aus ihrer Sicht zu schildern. Häufig findet nach dieser Frage eine Beschreibung des Problems statt. Wenn die Kinder oder Jugendlichen zurückhaltend und unsicher sind, wiederholen die Eltern gerne, was sie ihnen vorher bereits mitgeteilt haben. Dadurch wird deutlich, welche Informationen schon bekannt sind. Der Anlass des Erstkontakts ist in erster Linie mit dem Wunsch nach einer positiven Veränderung verknüpft. Es gibt ein Problem und meistens gab es schon eine Reihe von Lösungsversuchen innerhalb der Familie. Wer externe Hilfe in Anspruch nimmt, stellt das Thema in einen anderen Rahmen. Da der Erstkontakt meist durch die Eltern erfolgt, ist eine der häufigsten Antworten: *„Meine Eltern glauben, dass sie mir helfen können, mein Problem zu lösen."* Die

Antworten geben Auskunft über erste Vorannahmen und Erwartungen, die mit dem Coaching verbunden sind.

„Stell dir vor, du gehst nach diesem Gespräch aus meiner Praxis und denkst, das war ein nützliches oder hilfreiches Gespräch. Woran würdest du das merken?"

Diese Frage ist stark ressourcen- und lösungsorientiert und als konstruktive Frage ungewöhnlich und eine Frage, die Kindern und Jugendlichen so noch nie gestellt wurde. Sie richtet sich sowohl an die Kinder und Jugendlichen als auch an die Eltern. Es findet eine Projektion auf ein zukünftiges positiv und zeitlich bestimmtes Bild statt. Gerne antworten die Kinder und Jugendlichen schulterzuckend mit einem *„Ich weiß nicht."* Es ist wichtig dann zu insistieren mit Äußerungen wie: „Schwere Frage, denke ruhig einen Moment darüber nach."

Es lohnt sich an diesem Punkt etwas hartnäckiger zu sein. Die Antworten auf die Fragen, die wir uns noch nie gestellt haben, führen neuen Sinnzusammenhang ein und geben die Richtung des weiteren Gesprächsverlaufes vor.

Zur Verdeutlichung einige der erhaltenen Antworten aus den Erstgesprächen:

- *„Ich weiß dann, wie Coaching funktioniert."* (Marcel 12 J.)
- *„Vielleicht verstehe ich meine Probleme in der Schule dann besser."* (Phillip 13 J.)
- *„Wir haben die Idee, dass diese Gespräche unserem Sohn in seiner Weiterentwicklung helfen könnten."*
- *„Ich merke dann zu Hause, ob es meinem Kind gut getan hat."*
- *„Wir haben dann mehr Klarheit."*

An jede dieser Antworten kann mit einer weiteren Frage angeknüpft werden (z.B. „Worin gibt es nach der Sitzung mehr Klarheit?"). Fragen führen eine Differenz ein, einen Unterschied, der einen Unterschied macht.

Die Kinder und die Jugendlichen sind die Experten für ihr Leben. Die Frage lautet daher nicht „Was ist richtig oder falsch?", sondern „Was ist für dich nützlich oder hilfreich?"

Am Ende des Gesprächs die erhaltenen Antworten wieder aufzugreifen und so einen Bogen zum Beginn der Sitzung zu schlagen, schafft einen guten Gesprächsabschluss.

„Was schätzen sie besonders an ihrem Kind?"

Da Beratungsgespräche häufig mit einer Problemschilderungen starten, nimmt diese Frage die Ressourcen des Kindes in den Fokus. Sie hilft, das Problem für eine Weile außer Acht zu lassen und sich vorhandenen positiven Aspekten zuzuwenden. Mit den Antworten etabliert sich ein indirektes Lob der eigenen Kinder in Anwesenheit einer dritten fremden Person. Die Kinder werden zu Lauschern, in einer Situation, in der gezielt das Verbot „nicht über andere Personen zu reden, sondern mit ihnen" aufgehoben wird. Es ist noch nie vorgekommen, dass Eltern nichts eingefallen ist. Die Kinder und Jugendlichen hören ihren Eltern sehr genau zu. Über Positives zu reden, setzt ganz andere Energien frei. Die Stimmung verändert sich schlagartig und es wird viel gemeinsam gelacht. Hinzu kommt, dass durch das Wort „besonders" in der Frage, nach den außergewöhnlichen positiven Aspekten gefragt wird. Eine Mutter sagte: *„Ich schätze viel an meinem Sohn, aber was ich besonders an ihm schätze, darüber muss ich noch einen Moment nachdenken."*

Die Antworten kreisen um die individuell vorhandenen Fähigkeiten, Kompetenzen und Charaktereigenschaften. Gerne werden kurze Episoden oder Begebenheiten aus dem Leben der Kinder und Jugendlichen erzählt.

„Was kann ich von dir lernen?"

Diese direkt an das Kind oder den Jugendlichen gerichtete Frage basiert auf der Annahme, dass es sich beim Coaching um eine *offene Lernpartner-*

schaft handelt. Es sprechen dreierlei Gründe für diese Intervention. Erstens werden Kinder und Jugendliche sehr selten von Erwachsenen so etwas gefragt. Diese Frage setzt die übliche Hierarchie zwischen Lehrer und Schülern oder Eltern und deren Kinder außer Kraft. Den meisten Kindern und Jugendlichen wurde erzählt, dass ihnen eine Expertin gegenüber sitzt. Daraus ergibt sich per se ein soziales Gefälle. Diese Frage schafft einen Ausgleich.

Zweitens führt es zur Irritation, d.h. hier passiert etwas Unerwartetes, ganz anderes als in der Schule oder sonst wo. Darum ist die beliebteste Antwort auf diese Frage: *„Ich weiß nicht."* Irritation bindet die Aufmerksamkeit, weckt die Neugierde und setzt übliche Erwartungsmuster außer Kraft. In der systemischen Beratung wird dafür der Begriff „heilsame Verstörung" verwandt. Geschieht etwas Unerwartetes oder Unvorhergesehenes, können dadurch ganz neue Perspektiven sichtbar werden.

Als Drittes ist zu nennen, dass diese Frage impliziert, es gibt etwas, in dem mein Gegenüber besser ist als ich. Dahinter steckt die feste Überzeugung, dass jeder Mensch vom anderen lernen kann. Im Coaching sitzt dem Coach ein Kind oder ein Jugendlicher gegenüber, der bestimmt irgendetwas besonders gut kann und davon kann dieser doch nur profitieren. Coaching kann auch zu einer wechselseitigen Lernsituation führen. Gerne präsentieren Kinder und Jugendliche ihr Spezialwissen, erklären ein neues Spiel oder berichten von ihren sportlichen Erfolgen.

Außerdem lernen Beraterinnen und Berater etwas über die Art und Weise, wie Kinder und Jugendliche ihren Alltag bewältigen, ihre Probleme lösen, wo sie Unterstützung benötigen und unter welchen Bedingungen sie ihre Ressourcen optimal nutzen.

Hier einige Beispiele, die genannt wurden:
- *„Ich spiele Hockey und trainiere jüngere Kinder." (Melanie 14 J.)*
- *„Ich weiß viel über Ökosysteme und Insekten, da kann ich Ihnen etwas drüber erzählen." (Marcel 12 J.)*

- *„Ich bin ganz gut im Golf, sagen alle." (Christian 12 J.)*
- *„Ich erkenne überall Muster." (Judith 18 J.)*
- *„Ich spiele Klavier und Schlagzeug." (Phillip 13 J.)*
- *„Ich zeichne und male ganz viel, aber das kann man nicht lernen." (Knuth 12 J.)*
- *„Erwachsene haben mehr Lebenserfahrung. Deshalb glaube ich, für Erwachsene ist es schwierig von Kindern zu lernen." (Gabriel 12 J.)*

Gerade aus der letzten zitierten Antwort des 12jährigen Gabriel entstand eine anregende Diskussion über seine Auffassung. Wenn wir uns im Kontakt mit anderen Menschen die Frage stellen, was wir von unserem Gegenüber lernen können, nehmen wir Situationen noch mal auf eine ganz andere Weise wahr. Begegnungen können so zu einem Lernfeld werden. Durch diese Art der Reflexion unserer Erfahrungen erhalten wir neue Verhaltensoptionen.

5.5.3. Die Fragen im 4-Augen-Gespräch

Von den Eltern werden meistens klare Wünsche formuliert, darum ist es wichtig, den Kindern und Jugendlichen eine eigene Zeit einzuräumen, um ihre Anliegen und Aufträge zu erfragen. Das Gespräch unter 4 Augen wird mit der Frage gestartet: *"Was macht dir Spaß?"* oder *„Worin bist du richtig gut?"*

Die Antworten kreisen häufig um Lieblingsfächer und außerschulische Aktivitäten. Die Interessenlage ist sehr individuell geprägt. Viele von den Kindern und Jugendlichen verfolgen mit großem Eifer ihre Hobbys, egal ob das ein bestimmtes Fachgebiet, eine Sportart oder ein Musikinstrument ist. Daraus entspinnt sich ein Gespräch über die Interessen der Kinder und Jugendlichen. Sichtbar werden die Begeisterung und das Engagement für eine Sache, die über Jahre weiter verfolgt wird. Manche Kinder halten kurze Vorträge über ihre Domäne.

Durch das Reden über positive Ereignisse wird der Beziehungsaufbau sichtlich erleichtert. Die Kinder und Jugendlichen sind dabei gut mit sich selbst und ihren Ressourcen im Kontakt und fühlen sich in ihrer Individualität gesehen.

Der 12jährige Knuth sagte, er interessiere sich für moderne Kunst. Daraus entstand im Erstgespräch die Idee, einen Termin gemeinsam im Museum zu verbringen, was später auch umgesetzt wurde. Filmfreunde erzählen ausführlich ihre Lieblingsfilme und geben Empfehlungen für Kinobesuche ab. Die 15jährige Mimi lieferte folgende Antwort: *„Ich bin meinen Freundinnen eine gute Freundin und helfe immer, wenn eine von ihnen Probleme hat."*

Die Antworten eröffnen ein Feld und zeigen so einen Lebensbereich, der für die Kinder und Jugendlichen von großer Bedeutung ist.

„Was sollte ich unbedingt noch über dich wissen?"

Bei dieser Frage geht es darum zu hören, ob irgendetwas übersehen worden ist, was aber im Leben des Kindes oder des Jugendlichen wichtig ist. Als Antworten werden gerne Vorlieben als auch Abneigungen thematisiert. Hier einige Antworten auf diese Frage:

- *„Ich reagiere allergisch auf Besserwisserei."* (Julia 14 J.)
- *„Ich mag es nicht, wenn sich alles wiederholt."* (Kevin 13 J.)
- *„Ich habe 2 Katzen."* (Kai 14 J.)
- *„Mein kleiner Bruder nervt mich oft."* (Felix 13 J.)
- *„Wenn ich etwas mache, muss es immer 100prozentig sein."* (Lisa 15 J.)
- *„Ich mag keine Hunde."* (Samuel 12 J.)

Diese Informationen wirken manchmal wie Nebenschauplätze und werden doch im weiteren Verlauf der Gespräche durchaus relevant. Die Beraterin oder der Berater hat immer die Möglichkeit, auf diese Themen zum passenden Zeitpunkt zurückzukommen.

„Woran würdest Du merken, dass ein Coaching überflüssig geworden ist?"
Mit dieser Frage werden der Auftrag und die Zielvorgabe für das Coaching präzisiert. Sie löst im 4-Augen-Gespräch Irritation aus, weil das Kind oder der Jugendliche zu diesem Zeitpunkt noch nicht mal entschieden hat, ob es zu weiteren Sitzungen kommt. Hier erfolgt meistens noch der Hinweis: „Ein guter Coach macht sich überflüssig." Coaching als Hilfe zur Selbsthilfe soll die Autonomie und die Selbstverantwortlichkeit des Gegenübers stärken.

Hier eine kleine Liste mit erhaltenen Antworten:

- *„Wenn ich in allen Fächern gute Noten habe." (Samuel 12 J.)*
- *„Ich bin dann zufriedener mit meiner Schulsituation und auch in meinem Leben." (Lilli 13 J.)*
- *„Ich schaffe dann alles alleine." (Robert 13 J.)*
- *„Meine mündlichen Leistungen haben sich erheblich verbessert und dadurch habe ich bessere Noten." (Leon 15 J.)*
- *„Ich hätte keine Lust mehr herzukommen." (Max 16 J.)*

Diese Antworten fordern einen geradezu auf weiter zu fragen, was ist dann ganz genau passiert. Im Gespräch wird so die mögliche Zukunft konstruiert. Eine Perspektive wird erdacht. Diesen Bildern zu folgen fällt leichter, je konkreter sie sind.

Um den Verlauf einer Auftragsabfrage bei den Kindern und Jugendlichen darzustellen, soll hier ein Dialogausschnitt aus einem Erstgespräch mit dem 13jährigen Jan wiedergegeben werden:

C.: *„Also habe ich das richtig verstanden, das Coaching wäre überflüssig, wenn Du in allen Fächern wieder gute Noten hast."*

Jan: *„Ja, dann brauche ich keine Hilfe mehr."*
C.: *„Wobei genau brauchst du im Moment Hilfe?"*
Jan: *„Ich habe nie Lust, etwas für die Schule zu machen und würde das gerne ändern."*
C.: *„Gibt es denn Zeiten, in denen du etwas für die Schule machst?"*
Jan: *„Nicht so oft, aber bei der letzten Projektarbeit habe ich viel Lob von der Lehrerin erhalten."*
C.: *„Was war daran anders?"*
Jan: *„Ich hatte mir das Thema mit einem Freund selbst gewählt und wir durften entscheiden, wie wir das Ergebnis in der Klasse präsentieren. Aber ansonsten mache ich eigentlich nie etwas für die Schule."*
C.: *„Glaubst du, dass unsere Gespräche dir helfen könnten, wieder mehr Zeit in deine Schularbeiten zu investieren?"*
Jan: *„Vielleicht..."*
C.: *„Was glaubst du, wie viel Zeit nötig wäre, um wieder ein besserer Schüler zu sein?"*
Jan: *„Wenn ich jeden Tag mindestens eine halbe Stunde für die Schule arbeiten würde."*
C.: *„Wie kann ich dich bei der Umsetzung dieser Idee unterstützen?"*
Jan: *„Wenn sie in den Gesprächen nachfragen und mich darin erinnern, dass ich mehr Zeit in die Schularbeiten stecken möchte."*
C.: *„Also, ich habe gehört, dass meine Aufgabe in unseren Gespräche darin besteht, dich bei deiner Planung der Arbeitszeiten zu unterstützen und dich bei unseren Sitzungen an deinen Plan zu erinnern und nachzufragen."*
Jan: *„Ja, das könnte helfen."*

In diesem Dialogausschnitt zeigt sich, wie aus einem Anliegen ein Auftrag wird. Der Wunsch von Jan seine Arbeitshaltung zu verändern, tauchte im Kontrakt unter den Begriffen „Selbstdisziplin und Arbeitsorganisation" auf. Im Verlauf des Coaching sprachen wir dann über optimale Lernorte und

Lernzeiten, erstellten gemeinsam einen Plan, den Jan dann selbständig verfolgen konnte und setzen ein Arbeitstagebuch zur Selbstkontrolle ein.

„Was wäre für dich eine herausragende Leistung?"

Das Thema Hochbegabung wird damit zum Gesprächsgegenstand. Doch ein hohes Potenzial kann, muss aber nicht, zu außergewöhnlichen Leistungen führen. Diese Frage ist für viele Kinder und Jugendliche schwierig zu beantworten, und es gibt zwei weitere Fragen, die dazu gehören: *„Wie definierst du eine herausragende Leistung?"* und *„Willst du überhaupt eine herausragende Leistung erbringen?"*

Der anschließende Diskurs dreht sich vorwiegend um die verschiedenen Facetten von Erfolg, wie persönlicher Erfolg, finanzieller Erfolg, einen Beitrag zur Gesellschaft leisten, privates Glück und Lebenszufriedenheit. Es gibt Kinder und Jugendliche, die sich diese Frage noch nie gestellt haben und bei denen im Gespräch etwas angestoßen wird. Wer nie so etwas gefragt wird, denkt unter Umständen auch nicht darüber nach. Die Bereitschaft und der Wille für eine herausragende Leistung sind nur ein erster Schritt. Ins Handeln zu kommen und mit Ausdauer das formulierte Ziel zu verfolgen, verschafft Menschen die Möglichkeit über sich selbst hinaus zu wachsen. Eine herausragende Leistung führt zu Flow-Erlebnissen, die zu einer größeren Lebenszufriedenheit führen können. Über diese Frage kommen die Kinder und Jugendlichen auch auf Dinge zu sprechen, für die sie sich begeistern. Sie erzählen von ihren vergangenen Flow-Erlebnissen in ihrer Domäne. Mihaly Csikszentmihalyi (1992) beschreibt in seinem Buch „Flow" die Bedingungen für Flow-Erlebnisse. Dabei scheint außerordentlich wichtig zu sein, dass das angestrebte Ziel nicht zu leicht zu erreichen ist. Flow-Kanal verläuft zwischen Angst und Langweile, zwischen Überforderung und Unterforderung. Das Ereignis sollte auf verschiedenen Ebenen das Wachstum der Person fördern.

Eine herausragende Leistung zu erreichen, besteht aus folgenden Komponenten: hohe Anforderungen an die persönlichen Fähigkeiten, Wille, Zielstrebigkeit, Ausdauer und eine hohe Frustrationstoleranz bei Rückschlägen. Die Antworten können sich auf kurzfristige oder langfristige Ziele beziehen. Einige der erhaltenen Antworten der Jugendlichen sollen hier zitiert werden:
- *„Wenn alle in meiner Familie glücklich sind." (Felix 13 J.)*
- *„Wenn ich ein neues PC-Spiel entwickelt habe und damit richtig viel Geld verdiene." (Jonas 16 J.)*
- *„Wenn ich mit 30 Jahren Geschäftsführer einer Firma bin." (Kevin 13 J.)*
- *„Wenn es mir gelingt eine Idee zu entwickeln, die die Menschheit weiterbringt." (Laura 17 J.)*

Im Rahmen des Workshops „Quo vadis? Karriere- und Lebensplanung" im Auftrag der Schulbehörde und der Beratungsstelle besondere Begabungen Hamburg (BbB) erhielten die Teilnehmerinnen und Teilnehmer, alles Schülerinnen und Schüler der Jahrgangsstufen 12 und 13, Einzelcoaching. Allen wurde die Frage nach den herausragenden Leistungen gestellt. Exemplarisch auch hier einige der Antworten:
- *„Wenn ich ein erfolgreicher Regisseur und Autorenfilmer werde." (Tobias 17 J.)*
- *„Wenn ich es schaffe, mich für das Turnier Long Beach (Karate) International (Kalifornien - USA) zu qualifizieren." (Florian 17 J.)*
- *„Wenn ich etwas Tolles in der Technikbranche oder Unterhaltungsindustrie schaffe." (Julian 18 J.)*
- *„Eine herausragende Leistung wäre für mich, etwas ganz Neues im technisch-naturwissenschaftlichen Bereich zu entwickeln (z.B. in der Energieforschung)." (Georg 17 J.)*

- *„Wenn ich es erreiche, Geschäftsführerin meiner eigenen Firma zu sein." (Karin 18 J.)*
- *„Wenn ich den Mann fürs Leben finde, mit dem ich eine Familie gründen kann." (Paula 18 J.)*

Als ein weiterer Aspekt, der im Rahmen dieser Frage auftaucht, zeigt sich, dass Jugendliche etwas aussprechen, was sie eventuell schon gedacht, erträumt haben oder sich gewünscht, aber sich noch nicht getraut haben auszusprechen. Im Coaching erhalten sie Bestätigung und ein Forum über nächste Schritte nachzudenken.

Im Einzelgespräch mit dem 17jährigen Georg, einem stark naturwissenschaftlich ausgerichtetem Schüler, kamen wir auf die Frage zu sprechen, welche Universität für ihn die besten Chancen bieten würde. Dabei überlegten wir, an welcher Universität die international bekanntesten Physiker und Nobelpreisträger studiert oder gelehrt hatten. Unsere Suche brachte uns auf die Princeton University (New Jersey - USA). Bei der Vorstellung, irgendwann in seinem Leben in Princeton zu studieren oder zu lehren, ging von Georg ein Strahlen aus. Es entstand vor seinem Auge eine Vision, die genauer betrachtet zu werden lohnte. Wir sprachen darüber, welche Schritte in den nächsten Jahren erforderlich sein könnten, um sich den Weg dorthin zu ebnen. Es war ein Pfad gelegt worden, unabhängig davon, ob er ihn gehen wird oder nicht.

Nun könnte der Eindruck entstehen, von hochbegabten Kindern und Jugendlichen seien per se hohe Leistungen zu erwarten. Da Herausforderungen sowohl im privaten als auch im beruflichen Bereich liegen können, geht es um individuell gestaltete Ziele. Mihaly Csikszentmihalyi (1992) vertritt in seinem Buch die These, dass die Menschen, die Herausforderungen suchen und annehmen, dadurch zu mehr Lebenszufriedenheit und Glück gelangen. Das trifft auf alle Menschen zu.

Auch die Kinder und Jugendlichen, die für sich noch keine Antwort auf diese Frage gefunden haben, profitieren letztendlich davon. Sie beschäftigen sich damit und gelangen zu einem späteren Zeitpunkt zu einer Erkenntnis. Wenn daraus eine bewusste Entscheidung für oder gegen etwas entsteht, erhöht das die Selbstverantwortung für ihr Handeln. Gleichzeitig beginnt eine Selbstreflexion um die Fragen: „Entsprechen meine vorhandenen Fertigkeiten und Fähigkeiten der Aufgabe?" oder „Welche Kompetenzen und welches Wissen sind noch zu erlernen?"
Die Frage nach der herausragenden Leistung führt häufig zu anregenden Diskussionen mit den Kindern und Jugendlichen.

5.5.4. Zusammenfassung zum Erstgespräch

Die ausführliche Darstellung der Fragen aus dem Erstgespräch zeigt den stark ressourcenorientierten Charakter dieser Begegnung. In der Sitzung wird viel über die Stärken und Fähigkeiten der Kinder und Jugendlichen gesprochen. Mit den vorgegebenen Fragen werden sehr unterschiedliche Aspekte im Leben der Kinder und Jugendlichen betrachtet. In der Bereitschaft, diese Fragen zu beantworten, zeigt sich der Wunsch, sich mitzuteilen und in ihrer Individualität gesehen zu werden. Außerdem ist immer genug Zeit, auf die Fragen der Kinder und Jugendlichen einzugehen. Am Ende des Gesprächs herrscht häufig eine positive Stimmung.
Kann im Erstgespräch ein Auftrag für das Coaching ermittelt werden, werden die damit verbundenen Ziele aufgelistet und ein Vorschlag über die Anzahl und die Frequenz der Sitzungen gemacht. Die Entscheidung, ob es mit dem Kind oder dem Jugendlichen zu weiteren Terminen kommt, wird nicht im Erstgespräch selbst getroffen, sondern innerhalb der darauf folgenden Woche. Das Kind oder der Jugendliche soll in Ruhe zu einer Entscheidung kommen, damit die Freiwilligkeit der Teilnahme gewährleistet ist.

5.6. Der Coachingprozess

Mit dem ersten Gespräch beginnt der Beziehungsaufbau. Kommt es zu einer Entscheidung für eine Zusammenarbeit, wird eine Reihe von Terminen festgelegt. Anfangs findet, neben der Arbeit an den Themen, ein gegenseitiges Kennenlernen statt.
Bei manchen Kindern und Jugendlichen ist die Zeit des Vertrauens- und Beziehungsaufbaus sehr kurz. Das Reden über ihre Interessen und Hobbys verschafft einen schnellen Zugang. Die Zurückhaltenden, Schüchternen oder Introvertierten benötigen etwas mehr Zeit. In der Anfangsphase finden die Termine in kürzeren Abständen statt, z.B. in den ersten drei Monaten 14tägig. Danach vergrößert sich der Abstand je nach Bedarfslage auf 3 - 8 Wochen. Schon in der Aufwärmphase wollen die Kinder und Jugendlichen zeigen, wer sie sind und erzählen auch einiges über ihre Erfolge im schulischen oder außerschulischen Bereich.

5.6.1. Schon mitten drin

Das Coaching läuft - schon befinden wir uns mittendrin und beide Seiten haben jetzt einiges Wissen über einander. Der Übergang von der Anfangsphase zum Mittelteil ist fließend. Mit der wachsenden gegenseitigen Vertrautheit verändern sich die Gespräche. In dieser Phase tauchen häufig persönlichere Themen und Fragen auf. Dazu gehören die Selbstzweifel und häufig die Frage „*Woran merke ich, dass ich hochbegabt bin?*" Es findet eine ernsthafte Auseinandersetzung mit sich selbst und den Erwartungen anderer statt. Die Fallbeschreibungen zeigen eindringlich, auf welche Weise dies geschieht und erste Fragen von neuen abgelöst werden. Alles, was gesagt wird, hat den richtigen Zeitpunkt.

Wenn es Probleme mit den Schulnoten gibt, taucht immer die Frage auf: *"Wie konnte ich als Hochbegabte oder Hochbegabter so ein schlechter Schüler werden?"* Diese Frage und die kritische Selbstreflexion werden von den Kindern und Jugendlichen nicht in der ersten Phase des Gesprächs selbst thematisiert. Selbstzweifel stellen auch immer im Sinne des Soziologen Irving Goffman (1967) eine Gesichtsbedrohung dar und können das Selbst beschädigen. Um über Schwächen zu reden, benötigen die Kinder und Jugendlichen die Gewähr eines sicheren Rahmens, dass sie in ihren Zweifeln auch ernst genommen werden. In dieser Phase werden dem Jugendlichen auch häufiger aus den Sitzungen entwickelte Hausaufgaben mitgegeben. Kleine Veränderungen führen zu einer ersten Entlastung bei den Kindern und Jugendlichen. Lasse (17 J.) formulierte das so: *"Ich weiß nicht, was geholfen hat, aber irgendwie ist der Druck geringer geworden und ich gehe wieder motivierter zur Schule. Vielleicht können wir uns jetzt dem Thema Berufsorientierung zuwenden?"* Damit leitete Lasse selbst den nächsten Themenblock, Berufsorientierung, ein.

Der Kontrakt besteht in den meisten Fällen aus 3 - 5 Unterpunkten. Manchmal hängen die einzelnen Punkte auch miteinander zusammen. Aber es kann auch passieren, dass etwas in den Hintergrund tritt. Die Kinder und Jugendlichen direkt auf das Thema anzusprechen ist sinnvoll. Sie können dann selbst entscheiden, ob dieser Punkt für sie noch zu besprechen ist oder nicht. Manche Dinge geraten einfach in Vergessenheit und verlieren unter Umständen an Bedeutung.

Es gibt verschiedene Möglichkeiten, den Start der Sitzungen zu gestalten. Es kann nach Resten aus dem letzten Gespräch gefragt werden oder eine noch offene Frage aus der letzten Sitzung zu Beginn des nächsten Termins aufgegriffen werden.

Eine Möglichkeit ist auch, nach den Erfolgen zu fragen. Einige Kinder und Jugendliche starten schon automatisch die Sitzung mit einer Erfolgsmeldung. Dabei zeigt sich schnell, welche Ideen und Strategien von den

Kindern und Jugendlichen umgesetzt werden konnten, und welche als nicht tragfähig aussortiert wurden.

Manchmal kommen die Kinder und Jugendlichen mit einer konkreten Frage, die sie gerne in der Sitzung ausführlich erörtern möchten. Anton (13 J.) startete seine Gespräche immer mit der Aussage: *„Was mir auf dem Herzen liegt."* Dabei handelte es sich häufig um Fragen, die das Thema Freundschaft oder Familie betrafen. Danach arbeiteten wir an den Schulthemen. Wenn eine Frage schnell geklärt sein sollte, besteht die Möglichkeit, mit einem Spiel (z.B. Halbedelsteinspiel) die Sitzung fortzusetzen. Zwischen den Spielzügen wird ein wenig geplaudert und so das Gespräch auf eine andere Art und Weise fortgesetzt. Es ist ein wenig wie die Gespräche, die zwischen Eltern und Kindern beim Autofahren entstehen können. Durch das Fehlen eines direkten Blickkontaktes bei gleichzeitiger räumlicher Nähe kann etwas Neues entstehen.

Im Verlauf des ganzen Prozesses finden je nach Bedarf und in Absprache mit den Kindern und Jugendlichen Telefonate mit den Eltern oder den Lehrerinnen und Lehrern statt. In erster Linie geht es darum, die Einschätzungen und Wahrnehmungen zu erfragen. Hat sich zu Hause oder in der Schule etwas verändert? Von den Eltern kommt häufig als Antwort, dass sich die Stimmung positiver geworden ist, ihr Kind wieder mehr lacht und offener ist. Vor den Telefonaten mit den Eltern oder der Schule ist immer mit den Kindern und Jugendlichen zu klären, ob und welche Informationen aus den Gesprächen kommuniziert werden dürfen.

Für Coaching gilt die Regel: „Ein guter Coach macht sich überflüssig." Bei der Beendigung des Coachings wird die Freiwilligkeit der Kinder und Jugendlichen, die schon zu Beginn thematisiert wurde, berücksichtigt. Ist das Kind oder der Jugendliche zu der Einschätzung gekommen, dass für ihn kein Redebedarf mehr besteht, wird der Prozess abgeschlossen.

Das Ende des Coachings kündigt sich auf unterschiedliche Art und Weise an. Anzeichen für eine nahe Beendigung sind:
- die Anzahl der im Kontrakt vereinbarten Termine ist erreicht und eine Verlängerung nicht sinnvoll, weil die formulierten Ziele ganz oder teilweise erreicht wurden;
- vom Coachee kommen nach einigen Sitzungen keine Themen mehr, sondern Aussagen wie: *„ich weiß nicht, worüber ich reden soll."*

Es ist wichtig den passenden Zeitpunkt für die Beendigung zu finden, bevor das Coaching zu einer Pflichtveranstaltung wird.

Es gibt immer eine letzte Sitzung, denn ein Coachingprozess, der einfach so abbricht, ist unbefriedigend. Ein Abschluss heißt auch, sich voneinander zu verabschieden und dafür eine geeignete Form zu finden. Es sollte immer die Zeit für einen gemeinsamen Rückblick und eine kurze Prozessanalyse eingeplant werden.

Beide Seiten können zu jedem Zeitpunkt eine Beendigung des Coachings thematisieren. Es gibt dann verschiedene Möglichkeiten den Abschluss durchzuführen: Erstens kann der nächste Termin als Abschlusssitzung deklariert; zweitens kann ein Abschlussgespräch mit den Eltern gemeinsam vereinbart werden (dies gilt vor allen Dingen bei den Jüngeren); oder drittens wird ein Abschlusstermin nach einer längeren Pause von 2 - 3 Monaten angeboten. Bei der letzten Variante steht die Frage im Vordergrund, ob sich die positive Entwicklung fortgesetzt hat.

Fast alle Kinder und Jugendlichen, deren Fallgeschichten in dieses Buch eingegangen sind oder in kurzen Beispielen zitiert werden, erhielten ca. ein halbes Jahr nach der letzten Sitzung eine Einladung zu einem Reflexionsgespräch. Bei diesem Treffen wurde noch mal die Nachhaltigkeit des Coachings erfragt: Hatte sich die positive Entwicklung fortgesetzt? Außerdem wurden bei diesem Treffen die Genehmigungen der Eltern und der Kinder zur Veröffentlichung der Gespräche eingeholt. Alle Coachees erhielten so die Chance, mit einem zeitlichen Abstand noch einmal von sich zu berichten.

5.6.2. Das Abschlussgespräch

Wir kennen das: Lose Enden oder Abbrüche lassen uns unzufrieden zurück. Den angemessenen Rahmen für das Ende der Zusammenarbeit zu finden und die Kinder und Jugendlichen gut auf den Weg zu bringen, gehört auch zu den Aufgaben der Beraterin oder des Beraters. Coaching kann wie ein Katalysator wirken und Entwicklungsprozesse beschleunigen. Den passenden Zeitpunkt für die Beendigung zu finden, stärkt auch die Selbstverantwortung der Kinder und Jugendlichen. Im letzten Gespräch ist Zeit und Raum für einen Rückblick auf dem Prozess und einen Ausblick auf die mögliche Weiterentwicklung. Als Coach haben wir den Status eines Begleiters oder Gastes mit einem klar definierten Auftrag im Leben der Kinder und Jugendlichen.

In den vergangenen 10 Jahren hat sich ein leicht ritualisierter Ablauf herausgebildet. Rituale markieren in allen Gesellschaften Übergänge. Wenn etwas zu Ende geht, wird oft zurückgeblickt und gefeiert.
Die folgenden Fragen strukturieren die letzte Sitzung:
- *„Welche Themen wurden im Rahmen der Sitzungen angesprochen?"*
- *„Welche Ziele konnten wir umsetzen?"* oder *„Was konnte erreicht werden?"*
- *„Was war für dich im Coaching besonders nützlich oder hilfreich?"*

Neben diesen Fragen, die sich an die Kinder und Jugendlichen richten, gibt es auch ein Feedback der Beraterin bzw. des Beraters.

„Welche Themen wurden im Rahmen der Sitzungen angesprochen?"
Hier findet eine inhaltliche Rückschau auf die vergangenen Gespräche statt. Dabei kommen die Kinder oder Jugendlichen zuerst zu Wort.
Die ausführlichen Gesprächsnotizen aus den Sitzungen liefern detaillierte Informationen über den Verlauf des Coachings. Verbale Kommunikation hat, im Gegensatz zum schriftlich Fixierten, immer den Aspekt der Flüchtigkeit. Die Gesprächsprotokolle dokumentieren das Geschehen und sind im Rückblick für beide Seiten besonders aufschlussreich.
Um den Kindern und Jugendlichen die Rückschau zu erleichtern, steht eine Kiste im Praxisraum, die verschiedene Gegenstände enthält (Bauklötze, Tiere und kleine Spielzeuge). Es können Gegenstände ausgewählt und symbolisch für ein Thema eingesetzt werden.
Die Kinder und Jugendlichen gehen dann meistens zurück zur Ausgangslage und nennen noch einmal das Problem, mit dem sie ins Coaching gestartet sind. Daran anschließend kommen meistens noch einige Themen zur Sprache, die ihnen besonders präsent sind: z.B. Lerntechniken, Prüfungsvorbereitung, soziale Kontakte, Schulwechsel oder Berufsorientierung.
Manchmal gibt es einen roten Faden, der sich durch alle Gespräche zieht, und dann gibt es Prozesse, die sich gut in Themenkomplexe unterteilen lassen.
Marc (13 J.) wählte als Symbol für die Konflikte mit seinem Lehrer einen Elefanten, und für die Schwierigkeiten mit den Hausaufgaben nahm er verschiedenfarbige Holzklötze, die für die unterschiedlichen Schulfächer standen.
Die Arbeit mit Lasse (17 J.) konnte in der Rückschau grob in die Themenblöcke Schulsituation und Berufsorientierung unterteilt werden, die sich aber noch weiter differenzieren ließen (siehe Fallbeschreibung).

„Welche Ziele konnten wir umsetzen?" oder „Was konnte erreicht werden?"

Während bei der ersten Frage nur grob nach Themen sortiert wurde, wird nun ein weiteres Mal auf den Kontrakt geschaut. Wurde zu allen Punkten auch gearbeitet, oder ist etwas in den Hintergrund getreten? Wurden die im Kontrakt vereinbarten Ziele erreicht? Hier treffen die verschiedenen Perspektiven aufeinander: die Sicht des Kindes oder des Jugendlichen, die Sicht der Beraterin oder des Beraters und - falls sie anwesend sind - die Sicht der Eltern auf das Geschehen. Bei den jüngeren Kindern nehmen die Eltern fast immer am letzten Gespräch teil. Sie berichten von der Situation zu Hause und in der Schule.

Die folgenden Beispiele aus der Praxis verdeutlichen den Ablauf eines solchen Gespräches wahrscheinlich am Besten.

Bei einem Abschlussgespräch mit der Familie des 13jährigen Marc gab die Mutter Auskunft, dass die Hausaufgaben inzwischen selbständiger und regelmäßiger von ihrem Sohn erledigt werden, aber die Mappenführung war von der Klassenlehrerin zu Ende des Schuljahrs kritisiert worden. Waren zu Beginn des Coachings vor allem die oft vergessenen Hausaufgaben das Thema, wird hier deutlich, dass nicht alles gleichzeitig geht. Für Marc war offensichtlich, dass die vergessenen Hausaufgaben ihm mehr Ärger in der Schule bereiteten als seine sporadisch geführten Mappen.

Wenn es um die Verbesserung der schulischen Leistungen und die Lernbereitschaft geht, wird dies häufig an den Noten festgemacht.

Im letzten Gespräch mit Gabriel (12 J.) und seiner Mutter wurde sein aktuelles Zeugnis mit seinem Wunschzeugnis und dem vorhergehenden Zeugnis verglichen. Die Noten hatten sich verbessert - alle 4en waren weg, aber sein Wunschzeugnis hatte er noch nicht ganz erreicht. Trotzdem war er sehr zufrieden damit, wie er sich in 5 Monaten Coaching verbessert hatte. Er sah voll Zuversicht in die Zukunft und war der Überzeugung, dass er es jetzt allein schaffen würde.

Lena (13 J.) hatte nach einem halben Jahr im Coaching ihre mündlichen Leistungen kontinuierlich gesteigert und dadurch in einigen Fächern bessere Noten erhalten.

Phillip (13 J.) war selbstbewusster geworden und hatte sich getraut, vor der Klasse ein Referat zu halten. Damit erhielt er Extrapunkte für mündliche Beteiligung und verbesserte die Note in seinem Problemfach.

Schon bei der Zielfindung und Zielvereinbarung im Erstgespräch ist darauf zu achten, die Ziele so zu formulieren, dass sie realistisch und realisierbar sind. Es ist unwahrscheinlich, eine Schülerin oder einen Schüler von einer 4er Benotung innerhalb eines halben Jahres auf eine 1 zu bekommen - da spielen auch die Lehrerinnen und Lehrer nicht mit. Ein Teil der Schülerinnen und Schüler, die ins Coaching kommen, haben eine Reihe von Misserfolgen hinter sich. Würden sie ihr Ziel nicht erreichen, käme es einem erneuten Scheitern gleich. Jede Verbesserung und noch so kleine Veränderung kann als Etappenziel auf der Wegstrecke betrachtet werden. Nicht zu vergessen ist, dass Jugendliche ihre Ziel sehr optimistisch formulieren und in der Umsetzung dann zu realistischen Ergebnissen kommen.

„Was war für dich nützlich und hilfreich?"

Die Annahme der Beraterin oder des Beraters darüber, was hilfreich war und was nicht, kann stark von dem abweichen, was die Kinder und Jugendlichen als nützlich erlebt haben.

Hier möchte ich einige Antworten zitieren:

- *„Ich wusste vorher nicht, dass es Lernorte gibt, die mir helfen mich zu konzentrieren." (Phillip 13 J.)*
- *„Ich bin überrascht, mit wie wenig Zeitaufwand ich meine Noten verbessern konnte. Eigentlich dachte ich, dass ich jeden Tag 2 Stunden lernen müsste. Außerdem hat es mir sehr geholfen mein Wunschzeugnis*

aufzuschreiben und in meiner Federtasche immer dabei zu haben."
(Gabriel 12 J.)
- *„Mir hat das Arbeitstagebuch geholfen, auch wenn ich es nicht regelmäßig geführt habe." (Kai 15 J.)*
- *„Mir hat es gut getan mich über das Thema Hochbegabung auszutauschen." (Judith 18 J.)*
- *„Ich fand es gut, mir im Rahmen des Coachings meine Berufswünsche anzuschauen und mir Klarheit über meine Fähigkeiten zu verschaffen." (Nils 18 J.)*
- *„Mir hat am Besten gefallen, wenn wir das Halbedelsteinspiel gespielt haben." (Samuel 12 J.)*

In den Antworten zeigt sich die Individualität der Kinder und Jugendlichen, die genau benennen können, was ihnen geholfen oder was ihnen gut getan hat.

Das Feedback

Das Feedback kann entweder ins Gespräch mit einfließen oder als Abschlusskommentar vorgetragen werden.

Wird auf den Abschlusskommentar zurückgegriffen, sollte der vor dem Treffen schon in Ruhe fertig ausgearbeitet sein. Entweder liegt er dann als Text oder als Stichwortsammlung vor. Es besteht auch die Möglichkeit, den Kommentar in schriftlicher Form an die Kinder und Jugendlichen auszuhändigen. Für den Vortrag sollten zwischen 5 - 10 Min eingeplant werden. Folgende Punkte werden im Abschlusskommentar erfasst: Erstens die Ausgangslage oder Problembeschreibung, zweitens der Auftrag, so wie er im Kontrakt steht, aber auch wie er sich in den Sitzungen verändert hat, und drittens die Umsetzung der Ziele. Dabei werden die positiven Eigenschaften der Kinder und Jugendlichen lobend hervorgehoben. Durch die Form des Vortrages wird der Gegenüber in der Hörerrolle gebunden, und die Kinder und Jugendlichen hören noch mal anders hin. Es wird das

Besondere oder Einzigartige aus der gemeinsamen Arbeit wiedergegeben, kleine Geschichten werden in Erinnerung gerufen und Erfolge zusammengefasst.

Einige Fragmente aus den Kommentaren sollen exemplarisch zitiert werden:
- *„Ich bin sehr überrascht gewesen, auf welche Art und Weise du Ideen und Vorschläge umgesetzt hast. Dabei war auch sehr schön zu sehen, wie du bei der Umsetzung durch kleine Veränderungen individuelle Wege gegangen bist."*
- *„Kai, ich sehe wie schwer dir das soziale Miteinander fällt und habe aber den Eindruck, dass sich deine Einstellung dazu verändert hat. Es wird weiterhin schwierig sein, aber trotzdem findest du einzelne ausgewählte Freunde, mit denen du gut im Kontakt sein kannst."*
- *„Marc, immer wenn du wieder vor einem Problem stehst, erinnere dich daran, wie du in der Vergangenheit ähnlich schwierige Situationen als Herausforderung angenommen und bewältigt hast."*

Zum Schluss noch eine Geschichte aus dem Arbeit mit Knuth, die ganz besonders war. Der 12jährige Knuth kam ins Coaching, weil er für sich und seine Schularbeiten mehr Selbstverantwortung übernehmen sollte. Ein Schritt in die Richtung, selbständiger und erwachsener zu werden. In der ersten Sitzung erhielt er die Aufforderung, sich auf ein Rollenspiel einzulassen. Dabei durfte Knuth sein Lebensalter selbst festlegen. Er könnte einen 18jährigen spielen, der gerade seine Mutter überreden will, ihm den Wagen zu leihen, er könnte ein 16jähriger sein, ein Grundschüler oder ein Kindergartenkind. Er erhielt die Erlaubnis, auch jederzeit wieder aus dem Spiel aussteigen zu können. Knuth überlegte eine Weile und sagte, für ihn sei es einfacher, sich in ein jüngeres Kind hineinzuversetzen, als in ein älteres. Um den Rahmen für das Spiel zu schaffen, waren verschiedene Requisiten im Raum. Er entschied sich für die Rolle eines 4jährigen Jungen und baute eine Holzkugelbahn auf, um damit zu spielen. Es waren fast 45

Min., in denen er total in sein Spiel vertieft war und Freude daran hatte. Wir redeten kaum, er baute auf, baute um und ließ die Murmeln über das Holz flitzen. Niemand wollte etwas von ihm, er konnte einfach Kind sein und spielen. Es herrschte eine entspannte Ruhe im Beratungszimmer, die wir beide genossen. Zu Hause hatte Knuth nicht erzählt, wie die erste Sitzung war. Also fragte ich ihn in der vorletzten Sitzung, ob ich es im letzten Gespräch erwähnen dürfte. Er sagte „ja". Einige Wochen später, im Abschlussgespräch mit Mutter und Sohn, wurde der Verlauf der erste Stunde erzählt und im Kommentar eingebaut und die Hypothese aufgestellt, dass, wenn Knuth zu schnell erwachsen werden würde, etwas von seiner spielerischen Seite, seiner Phantasie und Kreativität verloren gehen könnte. Es war offensichtlich, die Entwicklung in die Selbständigkeit würde sich nur in kleinen Schritten realisieren lassen.

Wenn wir gemeinsam im Coaching etwas erreicht haben, stellt sich auf beiden Seiten ein Gefühl von Zufriedenheit und Dankbarkeit ein. Als Coach bin ich dankbar dafür, das Kind oder den Jugendlichen kennen gelernt zu haben, sein Vertrauen gewonnen und mit ihm gemeinsam gearbeitet zu haben.
Ab und zu taucht auch die Frage auf: *„Darf ich wiederkommen?"* Dann wird zuerst die Frage geklärt: *„Woran würdest du merken, dass du wieder Unterstützung brauchst?"* Die Kinder und Jugendlichen dürfen sich im Bedarfsfall per Telefon oder E-Mail melden. Ganz am Ende der letzten Sitzung wird jedem Kind und Jugendlichen ein individuelles Abschiedsgeschenk überreicht. Ein kleiner Gegenstand, der an die gemeinsame Zeit erinnern soll.

5.7. Abschließende Bemerkungen

In diesem Kapitel konnte gezeigt werden, wie die praktische Arbeit mit den Kindern und Jugendlichen konkret aussieht. Wie die Bedingungen sind, welche Themen auftauchen und welche Methoden zum Einsatz kommen. Zum Schluss noch ein paar Sätze zur Frage: „Wie sollte eine Beraterin oder ein Berater für hochbegabte Kinder und Jugendliche sein?" Erste Voraussetzung ist, Spaß und Freude an der Arbeit mit Kindern und Jugendlichen zu haben. An zweiter Stelle ist Authentizität und Ehrlichkeit zu nennen. Hochbegabte Kinder haben ein gutes Gespür, ob wir das auch meinen, was wir sagen. Gerade in den Gesprächssituationen, in denen sich Kinder und Jugendliche einen Austausch über die Fragestellung „Wie funktioniert die Welt?" wünschen, ist es wichtig sich ihre Vorstellungen offen und vorbehaltlos anzuhören. Es sollte die Bereitschaft bestehen, über alle noch so abwegigen Themen zu reden.

Das Thema „Umgang mit Wissen" ist in der Arbeit mit den hochbegabten Kindern und Jugendlichen zentral. Entweder haben wir ein bestimmtes Wissen und können eine Frage beantworten, oder wir haben es nicht. Fatal ist es, so zu tun, als ob wir etwas wissen oder Halbwissen von uns zu geben, weil die andere Seite unsere Unsicherheit spürt und wir als Beraterinnen oder Berater dann an Glaubwürdigkeit verlieren.

Von Kai habe ich gelernt, was nicht passend ist. Er hatte immer wieder Schwierigkeiten, seine Hausaufgaben zu erledigen. Daraus entstand die Idee, eine paradoxe Intervention einzusetzen. Also erhielt er die Aufforderung, bis zum nächsten Treffen überhaupt keine Hausaufgaben zu machen. Er überlegte eine Weile und kam zu dem Fazit: *„Das ist ein Trick."* Aus dieser Erfahrung ergab sich, für die Zukunft generell auf paradoxe Interventionen zu verzichten. Hochbegabte Kinder und Jugendliche möchten nicht durch Tricks manipuliert werden.

Jede positive und noch so kleine Veränderung, die im Coaching erreicht wird, kann Einfluss auf den weiteren Lebensweg haben. Wenn wir diese Arbeit mit ganzem Herzen tun und uns an den Erfolgen der Kinder und Jugendlichen erfreuen, dann können sie ihr Potenzial besser annehmen und nutzen.

6. Die Fallgeschichten

In den nachfolgenden Fallbeschreibungen spiegelt sich die Lebenswelt hochbegabter Kinder, Jugendlicher und junger Erwachsener wider, die aus unterschiedlichen Gründen ein Coaching für sich nutzten. Jede Person, die ins Coaching kommt, erzählt ihre ganz persönliche Geschichte. Die Beschreibung der Fallgeschichten basiert auf detaillierten Gesprächsnotizen der durchgeführten Sitzungen. Alle Fallgeschichten sind anonymisiert, d.h. persönliche Daten wie Namen oder Orte wurden entfernt, damit die Personen nicht identifiziert werden können. Alle Klientinnen und Klienten wurden ausführlich über das Buchprojekt informiert. Es liegt eine schriftliche Einverständniserklärung der Jugendlichen und ihrer Eltern, bzw. der jungen Erwachsenen selbst, vor.

Die Auswahl der Fälle erfolgte exemplarisch nach den Kriterien Altersspanne, Geschlechterverteilung und abgeschlossene Prozesse mit einem Nachhaltigkeitsgespräch nach 6-12 Monaten. Die Arbeit mit einem 12jährigen Jungen gestaltet sich anders als die mit einem Schulabgänger. Die Verteilung der Geschlechter hielt sich in den ganzen Jahren stabil bei 90% Jungen und 10% Mädchen. Es ist immer noch so, dass hochbegabte Mädchen seltener diagnostiziert werden und sich auch stärker im Kontext von Schule anpassen, während die Jungen durch schlechte Noten oder ihr Verhalten auf sich aufmerksam machen. Alle Kinder und Jugendlichen waren Gymnasialschüler. Mimi, Kai und Jonas gelten nach den bereits beschriebenen Kriterien als Underachiever. Bei Samuel dagegen kann eher von einer schlechten Phase gesprochen werden kann. Lasse und Judith konnten ihr Potenzial im schulischen Kontext nutzen und brachten häufig andere Themen ins Coaching.

Der Aufbau der Fallbeschreibungen ist chronologisch angelegt. In der ersten Phase geht es ums Kennenlernen, um Beziehungs- und Vertrauensaufbau, dann folgt der Mittelteil des Coachingprozesses und danach die

Abschlussphase, in der sich zunächst der Abstand zwischen den Sitzungen verlängert und schließlich ein Endpunkt mit einem Abschlussgespräch gesetzt wird.

Die Bedeutung der systemischen Beratung liegt in der *Unmöglichkeit instruktiver Interaktion*. Nun mag es bei der Lektüre der folgenden Fälle so scheinen, als ob hier doch eine Instruktion stattgefunden hat. Etwas zu beschreiben, heißt immer auf Sprache zurückzugreifen. Mit jedem Satz, ja sogar mit jedem Wort, wird eine Entscheidung getroffen, die letztendlich zu einer Geschichte führt. Sprache, vor allem geschriebene Sprache, macht immer den Eindruck der Objektivität. Die Basis der Zusammenarbeit mit den Kindern und Jugendlichen war immer die Kooperation und die Autonomie des Gegenübers – zentrale Begrifflichkeiten der systemischen Haltung. Was hier steht, könnte so, aber auch anders beschrieben werden. Es tauchen als-ob-Kausalitäten auf, die sich in der Beschreibung der Fälle als nützlich erwiesen haben.

Die Geschichten zeigen deutlich auf, was im Coaching geleistet werden kann und worin aber auch die Grenzen dieser Arbeit liegen.

6.1. Lasse

Lasse: *„Ich bin noch nie an meine intellektuelle Grenze gestoßen."*

Lasse (17 J.) rief mich an, weil seine Eltern von dem Coachingangebot erfahren hatten. Er sagte, dass seine Mutter eigentlich immer ganz gute Ideen habe, wenn er nicht weiter wüsste. Wir vereinbarten einen Ersttermin zum Kennenlernen.
Am Telefon ergaben sich folgende Hintergrundinformationen. Lasse war schon in der Grundschule als Hochbegabter diagnostiziert worden und hatte die 2. Klasse übersprungen. Das Springen war für ihn erfolgreich, da er sich immer gut in der Klassengemeinschaft integriert fühlte und zu den besten Schülern der Klasse gehörte. Das 11. Schuljahr hatte er in den USA verbracht und war voller Elan und Zuversicht zum 12. Schuljahr wieder zurückgekommen. Jetzt in der Mitte des 12. Schuljahrs wollte er am liebsten die Schule abbrechen.

Das Erstgespräch
Im Erstgespräch saß mir ein vielseitig interessierter, selbstbewusster, sportlicher und politisch engagierter Jugendlicher gegenüber. In seiner Art wirkte er überlegt extrovertiert. Er hatte eine sympathische und offene Ausstrahlung, war sehr redegewandt und neugierig. Mit seinem Mitschülerinnen und Mitschülern war er gut im Kontakt und hatte eine Reihe von sehr guten Freunden.
Der Anlass für dieses Treffen war Lasses „trostlose" Schulsituation. Seine Noten waren gut, ohne dass er sich großartig anstrengen musste. Die Überlegung, die Schule zu verlassen, war ein Ergebnis der ständigen Unterforderung und Langeweile, die seine Anwesenheit in der Schule begleitete. Er war inzwischen stark frustriert über seine Situation und hatte die Befürchtung, dass er bei Verbleib in der Schule mental Schaden nehmen würde.

„Ich möchte die Schule unbeschadet überstehen" war eine seiner Aussagen. Es lagen zu diesem Zeitpunkt noch ca. anderthalb Jahre Schule vor ihm.

Das Niveau in seinem Englischleistungskurs empfand er als viel zu niedrig. Obwohl zwei Drittel der Schüler ein Jahr in einem englischsprachigen Land verbracht hatten, forderte die Lehrerin die Kursteilnehmer auf, die Verben aus einem Text zu benennen. Solche Aufforderungen ignorierte er generell, was zu einer mittelmäßigen Note im Mündlichen führte.

Lasse engagierte sich politisch in der Schule. Er war Schulsprecher und Mitglied der Schulkonferenz. Er übte verschiedene Sportarten aus und trainierte für einen Sportverein eine Jugendmannschaft. Seine Woche war voll belegt mit den verschiedenen Aktivitäten, trotzdem machte er stets einen gelassenen und entspannten Eindruck.

Im Erstgespräch tauchte Lasses Hypothese auf: *„Die Lehrer haben Angst vor mir."*

Am Ende des Erstgesprächs lautete der Auftrag für das Coaching:
- Die Schule erfolgreich abschließen
- Motivation
- Lebensplanung
- Handwerkszeug für die Zukunft
- Berufsfelder und Berufsorientierung

Es kamen über einen Zeitraum von 20 Monaten 13 Sitzungen zustande.

Schulwechsel?

Die Schulsituation empfand Lasse für sich als unerträglich. So nutzte er die ersten Treffen dazu, das Thema eines möglichen Schulwechsels zu besprechen. Nach seiner Einschätzung würden die Noten auch an einer anderen Schule nicht erheblich besser oder schlechter werden, aber vielleicht wäre er zufriedener. Lasse hatte Spaß am Besuch der Schule, nur nicht am Unterricht. Nun ist die Zeit in der Schule eindeutig stärker durch die Unterrichtsstunden dominiert, auch wenn das Beste in den Pausen passieren mag. In der Schule zu bleiben oder zu gehen, mit dieser Frage quälte sich Lasse schon fast ein halbes Jahr. Um eine Entscheidung zu treffen, schauten wir uns alle Optionen an:

1. ich bleibe
2. ich gehe - Schulwechsel
2.a) an das andere Gymnasium im Stadtteil   *Tetralemma*
2.b) an eine Schule mit einem anderen Konzept
2.c) Schulabgang nach der 12. Klasse mit Fachhochschulreife

An der Schule zu bleiben wäre bequem, aber weiterhin langweilig. An die Nachbarschule zu wechseln würde seiner Einschätzung nach keinen großen Unterschied machen. An ein Gymnasium mit einem anderen Konzept zu wechseln wäre neu und spannend, aber auch mit längeren Fahrtzeiten verbunden. Er war sich unsicher, ob er das in Kauf nehmen wollte. Es gab auch die Möglichkeit, die Schule nach der 12. Klasse mit der Fachhochschulreife zu verlassen. Aber die damit verbundene Einschränkung bei der späteren Studienwahl ließ diese Möglichkeit nur als letzten Ausweg erscheinen.

Für die Entscheidungsfindung wurden alle Alternativen mit pro und kontra versehen. Lasse wünschte sich einen Ort, an dem er für seine Fähigkeiten und Aktivitäten Anerkennung erhalten würde und an dem es intellektuelle Herausforderungen gibt, die ihn wachsen lassen würden. Im Gespräch wurde offensichtlich, dass weder seine Schule, noch wahrscheinlich eine andere Schule, für ihn jetzt, in der 12. Klasse, zu diesem Ort werden konnte. Diese Erkenntnis war Lasse in dieser Deutlichkeit noch nicht bewusst gewesen. Seine Erwartungen konnten nur enttäuscht werden.

Eine Entscheidung zu treffen ist immer ein Prozess, also gab es über einen Zeitraum von 2 - 3 Wochen die folgende Hausaufgabe: Jeden Morgen sollte er eine Münze werfen. Kopf bedeutet *„ich bleibe"*, und Zahl *„ich* _gehe."_ Dabei sollte er sich tagsüber immer wieder daran erinnern und der Entscheidung nachfühlen. Würde die Münze auf Zahl fallen, konnte er so tun, als ob dies sein letzter Tag an seiner Schule sei. Nach einer mehrwöchigen Phase des Schwankens fiel die Entscheidung gegen einen Schulwechsel. Lasse fühlte sich erleichtert, und es kam zu einer ersten Entlastung.

Den Schulalltag bewältigen - die Langeweile reduzieren
Ein Themenblock „Schulwechsel" wurde so von dem Thema „Bewältigung des Schulalltags" abgelöst. Schon auf dem Weg zur Schule fühlte sich Lasse oft müde und erschöpft. Die nun übergeordnete Fragestellung lautete: _„Wie kann ich mein Leben an der Schule am Besten gestalten?"_ Dafür unternahmen wir eine Ist-Analyse. Erfolgreich in der Schule zu sein definierte Lasse nicht über gute Noten, sondern über die folgenden Punkte:
- Inhalte lernen
- Vorbereitung auf die Zukunft
- Spaß

Seine Erfahrungswerte sahen so aus: Von den 10 Fächern, die er belegt hatte, konnte er Positives aus den Fächern Philosophie, Physik, Mathe und Sport berichten. In beiden Leistungskursen, Englisch und Gemeinschaftskunde, langweilte er sich massiv. Lasse unterschied zwei Formen des Umgangs mit der Langeweile. Die passive Art zeichnete sich dadurch aus, dass er vor sich hindöste, seinen Gedanken nachhing oder lesend im Unterricht ausharrte. Der aktive Umgang sah so aus, dass Lasse anfing, mit den Lehrerinnen und Lehrern auf Konfrontationskurs zu gehen. Er kritisierte sie direkt, suchte Fehler in ihrem Unterricht und ging sie häufig (nach eigener Aussage) aggressiv an. Aus der Unterforderung entstanden so Scheingefechte mit dem Lehrkörper. Sein Ruf als unbequemer Schüler war dementsprechend. Zusätzlich saß er in allen Schulgremien und mischte auch auf dieser Ebene viel mit.

Um die Situation genauer zu betrachten, bat ich Lasse, sich auf einen Rollentausch mit seiner Englischlehrerin einzulassen. Aus der Lehrerperspektive kam es zu folgenden Aussagen über den Schüler Lasse: *„Er nervt mich und stört den Unterricht. Er könnte durchaus ein besserer Schüler sein, wenn er sich mündlich stärker beteiligen würde. Da Lasse in allen Gremien sitzt, wünschte ich mir manchmal, ihn weniger zu sehen. Ich kenne ihn schon viele Jahre und finde, er hat auch positive Eigenschaften wie die Klarheit seiner Gedanken, sein Engagement und seinen Humor. 15 Punkte werde ich ihm nie geben. Er ist nicht konzentriert dabei, mündlich zu schwach und nimmt die Schule und den Unterricht überhaupt nicht ernst."*

Im Rollentausch wurde die permanente Verärgerung seiner Lehrerin deutlich. Sein Verhalten reizte sie. Lasse hatte im Erstgespräch die Hypothese aufgestellt, die Lehrer hätten Angst vor ihm. An diesem Beispiel wurde deutlich, dass er sie nicht einschüchterte oder ängstigte, sondern sie mit seiner Art und Weise und den ständigen Scheingefechten eher nervte.

Er hatte diese Lehrerin zur Aufbesserung der mündlichen Note um ein Referatsthema gebeten. Sie hatte es mit der Begründung abgelehnt, dass er vorher im Mündlichen durch Beteiligung am Unterricht auf 15 Punkte kommen sollte. Diese Aussage empfand Lasse als äußerst paradox. Er steckte in einem Dilemma. Würde er seiner Lehrerin sagen, dass er ihren Unterricht und ihre Fragen zu banal fand, würde er sie und ihren Unterricht direkt kritisieren. Das hätte unter Umständen Auswirkungen auf die Einstellung der Lehrerin zum Schüler Lasse.

Nach dem Rollenwechsel zurück in sein Schüler-Ich blieb die Frage offen, warum eine Lehrerin, die sah, dass er den Unterricht bzw. die Schule nicht ernst nahm, ihm 15 Punkte geben sollte. Auf die Frage: *„Nimmst du die Schule wirklich nicht ernst?"*, kam von Lasse als direkte Antwort ein überzeugendes: *„Ja, eigentlich nie."* Die nachfolgende Diskussion kreiste um die Frage: Was passiert eigentlich mit meinem Gegenüber, wenn ich ihn nicht ernst nehme, merkt der das nicht? Es ist anzunehmen, dass die Lehrerinnen und Lehrer den Unwillen von Lasse spürten und sich zu recht angegriffen und kritisiert fühlten. Neben der offen geäußerten Kritik im Unterricht kam auch seine innere negative Einstellung beim Lehrkörper an. Da Lasse trotz seiner negativen Einstellung gute Noten schrieb, gab es von meiner Seite den Vorschlag, ab und zu gezielt dem Unterricht fern zu bleiben und die Zeit sinnvoll anders zu nutzen (z.B. für Lektüre,). Ja, wir reden hier über Schwänzen, obwohl es ja ein entschuldigtes Fehlen sein würde. Manche Eltern treffen mit ihren Kindern so eine Vereinbarung: „Wenn du mal absolut nicht willst, bleibst du zu hause." Auf diese Idee war er noch nie gekommen und wollte das zunächst mit seinen Eltern besprechen. Seine Mutter, selbst Lehrerin, fand die Idee gut, da sie sah, wie unzufrieden er oft aus der Schule nach Hause kam. Aber sein Pflichtgefühl und die Tatsache, dass er wirklich jeden Tag einen Grund nennen konnte, wofür es sich lohnen würde hinzugehen, führten zur Ablehnung des Vorschlags.

Diese Erkenntnis erhöhte seine Selbstverantwortung. Lasse hatte für sich entschieden, dass er am Unterricht weiterhin im vollen Umfang teilnehmen würde. Jede Entscheidung, die wir bewusst treffen, gibt uns die Möglichkeit, unsere Spielräume anders wahrzunehmen. So hatte er im ersten halben Jahr des Coachings zwei wichtige Entscheidungen für sich getroffen: an der Schule zu bleiben und den Unterricht zu besuchen.

Es war nur noch ein knappes Jahr durchzuhalten. Lasse schätzte bei seinem aktuellen Leistungsniveau seine Abiturnote auf 1,9.

In einer der nächsten Sitzungen wurde Lasse aufgefordert, differenziert über die positiven Seiten des Schulbesuchs zu reflektieren. Es fiel ihm natürlich erheblich leichter die negativen Seiten zu benennen. Trotzdem konnte er die folgenden positiven Aspekte des Schulalltags ausfindig machen:
- Seine Noten waren ohne jede Anstrengung gut
- Literaturarbeit (auch wenn ihm das Buch nicht gefällt)

- Fundierte Diskussionen (vorwiegend in Philosophie)
- Interaktionen mit den Mitschülerinnen und Mitschülern
- Neue Fakten lernen und selbst weiter recherchieren
- Anstöße bekommen
- Andere überzeugen und seinen Gerechtigkeitssinn in der Gremienarbeit einsetzen können
- Die Schule vereinnahmte ihn nicht mit Anforderungen, die ein zeitliches Engagement nach Schulschluss erfordert hätten.

So gelangten wir zu der Hypothese, dass die Langeweile der Preis für die Nicht-Vereinnahmung der Schule sei. Der Schulbesuch beeinträchtigte in keiner Weise seine Freizeitgestaltung. Wäre er an einer Schule, die für ihn Herausforderungen bieten würde, hätte er nach der Schule bestimmt noch einige Zeit mit Lernen und Arbeiten zu verbringen. So konnte er mit Schulschluss den Feierabend einläuten und sich seinen anderen Interessen widmen. Seine verschiedenen sportlichen und politischen Aktivitäten füllten fast jeden Nachmittag in der Woche.

Begleitend arbeiteten wir in den folgenden Gesprächen mit der Skalierungsfrage zur Schulzufriedenheit. Auf einer Skala von 1 - 10 bedeutete 1 Punkt, die Schule ist sterbenslangweilig, und 10 Punkte hieße, der Unterricht sei spannend oder interessant, und seine Langeweile sei komplett verschwunden. Lasse bewertete seine aktuelle Zufriedenheit in der Schule mit einem Punktwert von 7 - 8. Der Sport- und Kunstunterricht hatten einen aktuellen Wert von 10 Punkten. Die Sitzung mit der Punktabfrage zu starten, die entweder für den Tag oder die vorangegangene Woche benannt werden konnte, war der Einstieg in das Thema. Die Gespräche kreisten um die Frage, was er selbst dazu beitragen könnte, kontinuierlich einen hohen Punktwert zu erhalten. Daraus entstand die Beobachtungsaufgabe, nach Momenten Ausschau zu halten, in denen Lasse in seiner Leistung anerkannt und gesehen wird.

Drei Situationen konnte er konkret benennen:
- *Konstruktive Kritik:* „Ich werde wahrgenommen, und es findet ein intensiver Dialog zwischen mir und einem Lehrer statt."
- *Momente, in denen ich etwas Neues lerne*
- *Selbstgewählte Aufgaben:* „Ich suche mir Referatsthemen, die mich interessieren und erhalte dafür meistens positives Feedback."

Dieser ganzen Themenkomplex kann mit dem Bild des halb vollen oder halb leeren Glases beschrieben werden. Es liegt im Auge des Betrachters. Die Schule, die Lasse besuchte, war die gleiche Schule wie immer, nur er hatte seine Perspektive nach und nach verändert und wir hatten gemeinsam nach den Aspekten gesucht, die ihm die Schulzeit erträglich machten.

Die Abiturvorbereitung

Im Leistungskurs Englisch lautete das Motto für die mündlichen Noten „Quantität statt Qualität". Lasse bekam 8 oder 9 Punkte im Mündlichen, weil er sich nicht an den „dummen" Fragen beteiligen wollte. Diese Strategie ist zwar nachvollziehbar, führte aber letztendlich zu einer Selbstbeschädigung. Ihm im Gespräch das Für und Wider aufzuzeigen und über eine mögliche Verhaltensänderung nachzudenken, war ein erster Schritt. Lasse war sich durchaus der selbstbeschädigenden Auswirkungen seiner Verhaltensweisen bewusst. Nun kam er an den Punkt, entweder alles so laufen zu lassen wie bisher oder etwas zu verändern und die Abiturnote noch ein wenig zu verbessern. Er entschied sich für den zweiten Weg. Wir erarbeiteten in den Gesprächen zwei Strategien, die ihm helfen sollten. Seine Vorschläge waren, die Lehrerinnen und Lehrer nicht mehr so verletzend zu kritisieren, sowie im mündlichen Bereich über seinen Schatten zu springen und sich auch mal an „dummen" Fragen zu beteiligen.

Dabei wurde das Coaching als Kontrollinstanz eingesetzt. Der Auftrag an den Coach lautete, bei jedem Treffen nachzufragen, ob Lasse seine Pläne umsetzen konnte und welche Erfahrungen er damit machte. Das Nachfragen ergab, dass sich Lasse konsequent an seinen Plan hielt und sich im Englischunterricht häufiger meldete. Nach einiger Zeit war diese Verhaltensänderung auch der Lehrerin aufgefallen, die ihn direkt darauf ansprach und lobte. Ein Teil von ihm fand sein Meldeverhalten eher lächerlich und albern, aber er hielt bis zum Ende der Schulzeit durch und verbesserte auf diese Weise seine mündliche Note im Englisch-Leistungskurs noch um 3 - 4 Punkte.

Mathe als 3. schriftliches Prüfungsfach machte ihm ebenfalls Probleme. Lasse verstand die Aufgaben während des Unterrichts sofort, konnte es aber in der Klausur nicht umsetzen. Er schrieb in den Arbeiten Punktwerte im 4er-Bereich. Als er seinen Mathelehrer einmal auf einen Rechenfehler an der Tafel hinweisen wollte, wurde er mit dem Spruch abgekanzelt: *„Schreib erst mal bessere Noten, bevor du hier den Mund aufmachst."* Er war enttäuscht, weil Mathe zu den Fächern gehörte, die ihm eigentlich Spaß machten. Ihm den Unterschied zwischen Verstehen und Lernen zu erklären, schien hier angebracht. Lernen durch Wiederholung, dafür bestand in seiner ganzen Schulzeit absolut keine Notwendigkeit. Das Durchrechnen von Übungsaufgaben schien ihm total abwegig, deshalb schien es angeraten, ihm den Sinn von Übungs- und Trainingsphasen zu erklären. Die Frage lautete: Sollte Lasse jetzt, in der 13. Klasse, sein Lernverhalten ändern?

Da ein niedriger Punktwert im 3. Prüfungsfach seine Abiturnote erheblich drücken würde, war er zugänglich für den Vorschlag, jede Woche 30 Min. Rechenaufgaben zu lösen. Die Einsicht, dass ihm die Transferleistung schwer fiel, weil er die Rechenwege bis zur Klausur teilweise wieder vergessen hatte, veranlasste ihn, den Vorschlag anzunehmen und umzusetzen. Auch hier wurden die Treffen als Kontrollinstanz eingesetzt. Er hielt sich an seinen Plan und schrieb in der Mathe Abiklausur 14 Punkte. Mit diesem Ergebnis überraschte er sich und seine Umwelt.

Seine Motivation bestand darin zu zeigen, dass er seine Note sogar in der 13. Klasse noch verbessern konnte.

Coaching als Kontrollinstanz zu nutzen ist durchaus legitim. Aber dabei ist zu bedenken, dass es keine Sanktionsmaßnahmen gibt. Als Coach kam mir die Aufgabe zu, nachzufragen und den Stand der Dinge zu dokumentieren. Im Kontrakt ist dies den Überschriften *Motivation* und *Handwerkszeug für die Zukunft* zuzuordnen.

Bewundernswert ist, dass Lasse, sobald er sich entschieden hatte, sein Verhalten zu verändern, zielstrebig daran festhielt und sich durch nichts davon abbringen ließ.

Berufsorientierung und Zukunftsvision

In der 13. Klasse rückte der Themenblock „Berufsorientierung" ins Zentrum der Gespräche. Mit Hilfe eines Kompetenzenspiels verschafften wir uns einen Überblick seiner Fähigkeiten. Lasse erhielt die Aufforderung, alle seine Kompetenzen auf Karten zu schreiben. Dabei kamen ungefähr 20 Karten zusammen. Die wurden gemischt, und er wählte in 3 Durchgängen 4 Begriffe blind aus. Daraus ergaben sich folgende Kombinationen:

1) Kritisch, hochbegabt, eloquent und Trainer
= Lehrer
2) Politisch, menschlich, sportlich und schnelle Auffassungsgabe
= Projektarbeit zur Förderung der Völkerverständigung durch Sport
3) Zielstrebig, vertrauensvoll, kommunikativ und humorvoll
= Beratung, z.B. als Troubleshooter für Unternehmen

Alle drei Wege waren für ihn denkbar. Aber sein Traumberuf war eine Tätigkeit im diplomatischen Dienst. Dem konnten viele seiner Fähigkeiten zugeordnet werden, und er würde im Laufe der Studienzeit seine Kompetenzen noch auf verschiedene Art und Weise erweitern.

Zukunftsvision

Lasse fand die Idee, eine Zukunftsvision zu entwickeln, sehr reizvoll. Sinn und Zweck einer Zukunftsvision ist es, ein so lebendiges und konkretes Bild wie möglich von seiner Zukunft zu erschaffen, dem er folgen könnte. Wir einigten uns auf einen Zeitraum von 20 Jahren. „Wo wollte er in 20 Jahren stehen?" und „Welche Bedeutung würde die aktuelle Schulsituation aus dieser zeitlichen Entfernung für ihn haben?"

Lasse entwarf das folgende Bild einer möglichen Zukunft. Er hatte BWL, Philosophie und Soziologie studiert - alle 3 Fächer im Hauptfach, was an der Universität anfangs schwierig durchzusetzen war. Im Alter von 24 Jahren hatte er seine Studien abgeschlossen. Nach dem Studium ging er ins Ausland und sammelte in verschiedenen Unternehmen Berufserfahrung. Mit Anfang 30 wurde er etwas sesshafter und gründete eine Familie. Durch seine interdisziplinäre Aufstellung konnte er sich gut in der Dienstleistungs- und Wissensgesellschaft platzieren. Er galt innerhalb seiner Branche als *troubleshooter*. Er lacht über seine Sorgen und Nöte aus der Schulzeit. Bereits zu Beginn seines Studiums hatten sie an Bedeutung verloren und waren so nach und nach in Vergessenheit geraten.

Es machte ihm sichtlich Spaß, eine Zukunftsvision von sich zu entwickeln.

Studienwahl

Durch die Vielseitigkeit seiner Interessen und Fähigkeiten gab es auch sehr viele Möglichkeiten für die Studienwahl. Die Frage war, welche Anforderungen er sich für die Zukunft wünschte. Es sollte nicht zu einseitig sein, hohe Anforderungen und Leistungsniveau haben und ihn intellektuell herausfordern. Gleichzeitig hegte er den Wunsch, weiterhin Zeit für seine privaten Interessen (z.B. Sport, Politik) zu haben. Als übergeordnete Schlagwörter bei der Studienfachwahl tauchten im Gespräch die Begriffe: „Komplexe Fragestellungen" und „Interdisziplinarität" auf. Die folgenden

Studienfächer kamen in die nähere Auswahl: BWL, VWL, Philosophie, Geschichte, Jura, Politologie, Soziologie und Kulturwissenschaften.
Mit seiner Abiturnote würde er für alle diese Studienfächer eine Zusage erhalten. Lasse fuhr in verschiedene Städte, schaute sich gezielt Universitäten an, sprach vor Ort mit den Studentinnen und Studenten, um so einen besseren Eindruck zu bekommen. Er wollte soviel Information wie möglich sammeln, um die „richtige" Entscheidung zu treffen. Die Stadt sowie die Universität sollten zu einem Ort werden, an dem er gerne studieren und leben würde.

Die Entscheidung für etwas ist zwangsläufig eine Entscheidung gegen alle anderen Möglichkeiten. Interessant ist, wie es dann zu einer Entscheidung kam. Lasse hatte sehr umfangreiche Informationen eingeholt, sich an allen Universitäten beworben und schon einige Universitäten aussortiert. Als von einer Universität, die er aus verschiedenen Gründen aussortiert hatte, eine Zusage für einen Studienplatz kam, entschied er spontan, diesen anzunehmen. Alle Argumente, die dagegen gesprochen hatten, waren wie weggewischt. Es war eine klare Bauchentscheidung. Die ausschlaggebenden Gründe konnte er nur sehr vage benennen. Außerdem sagte er, er würde schon im ersten Semester merken, ob seine Entscheidung tragfähig sein würde. Im Zweifelsfall würde er schnell zu einer neuen Entscheidung kommen.

„Ich bin noch nie an meine intellektuelle Grenze gestoßen"
Auf Lasses Aussage soll hier gesondert eingegangen werden. Was bedeutet das, wenn ein inzwischen 18jähriger Schüler diese Aussage macht? Lasse erklärte es so: Er hatte immer alles gleich verstanden, und nie fiel ihm etwas schwer. Das Gefühl sich nie für eine intellektuelle Leistung angestrengt zu haben, zog sich durch seine ganze Schulzeit. Bemerkbar machte es sich z.B. im Fach Philosophie. Dort bestritt er häufig die Diskussion über die philosophischen Texte allein mit dem Lehrer.

Die Aussage, seine intellektuelle Grenze noch nie erreicht zu haben, wirkt unter Umständen auch arrogant, aber darin verbirgt sich der Wunsch, intellektuell herausgefordert zu werden und an die Grenzen der eigenen Möglichkeiten zu stoßen.

Lasse würde sich aufgrund seiner sozialen Kompetenz niemals vor eine Gruppe stellen und dies vor anderen sagen. Das Coaching gab den sicheren Rahmen, über die Bedeutung einer solchen Aussage zu sprechen. Er war sich in anderen Bereichen durchaus seiner Grenzen bewusst, z.B. im Sport, er hatte nicht das Talent, ein Profisportler zu werden, oder in der Musik. Er hatte zwar viele Jahre ein Musikinstrument gespielt, aber nie das Gefühl gehabt, „das ist es" - dass es ihn erfüllte. Sein Interesse an Kunst und Literatur war auch sehr ausgeprägt. Aber seine stärkste Kompetenz sah er in seinen intellektuellen Fähigkeiten und dem analytischen Denken. Lasse war ein erfolgreicher Schüler auf der Suche nach einem Ort, an dem er intellektuell herausgefordert wird, um wachsen zu können.

Der Abschluss

Wir trafen uns im Herbst vor Beginn seines BWL Studiums. Aus Lasses Sicht hatte er im Coaching einen Ort außerhalb von Schule und Familie zum Reden gefunden. Schon nach einigen Sitzungen fühlte er sich erleichtert, als ob ein Druck von ihm abgefallen war. Die Ziele des Coachings hatte er alle erreicht.

Als hilfreich erlebte er die verschiedenen Methoden, mit denen gearbeitet wurde. Er hatte brauchbare Tipps erhalten, die er für sich umsetzen konnte und in der Zukunft nutzen würde. Seine Abiturnote hatte er auf einen Durchschnitt von 1,7 angehoben und war sehr zufrieden mit dieser Leistung. Wenn er daran dachte, wie schulmüde er zu Beginn unserer Gespräche war, konnte er viele Veränderungen benennen. Er hatte sogar eine recht versöhnliche Abiturrede gehalten und damit einen guten Abschluss für die Schulzeit finden können.

Das Studium würde im Herbst beginnen, er war gespannt und freute sich auf den neuen Lebensabschnitt.

Ausblick

Zum Zeitpunkt der Niederschrift seiner Fallgeschichte befand sich Lasse bereits in der Endphase seines Studiums. Er war mit seiner Wahl sehr zufrieden und fand das Studium anspruchsvoll und zu ihm passend. Neben dem Studium verfolgte er weiter seine Interessen und Hobbys. Die Idee, in der Zukunft eine diplomatische Karriere einzuschlagen, hatte noch Bestand. Er war seiner intellektuellen Grenze im Studium näher gekommen, hatte sie aber noch nicht erreicht und hoffte, im Examen weiter herausgefordert zu werden.

6.2. Mimi

Mimi: *"Was heißt denn hier hochbegabt, davon merke ich nichts."*

Das Telefonat mit der Mutter ergab die folgenden Hintergrundinformationen: Mimi (15 J.) war die Tochter eines Iraners und einer Deutschen. Nach der Scheidung der Eltern blieb sie bei der Mutter. Es bestand ein guter und regelmäßiger Kontakt zum Vater. In der Grundschule war sie eine ausgezeichnete und aufgeweckte Schülerin gewesen. Die 4. Klasse hatte sie übersprungen und hatte bis zur 6. Klasse auch weiter ein hohes Leistungsniveau gezeigt. Ab der 7. Klasse wurde es schwieriger für sie. Ihre Noten rutschten nach und nach ab. Nun, in der 10. Klasse eines humanistischen Gymnasiums, war die Versetzung gefährdet. Ihre Mutter äußerte, dass Mimi die Schule nicht mehr ernst nahm und ihr Engagement komplett eingestellt hatte. Im Halbjahreszeugnis gab es fast nur noch 4en. Die Schule hatte der Mutter gerade mitgeteilt, dass die Versetzung ihrer Tochter durch die 5en in Chemie und Biologie gefährdet sei. Neben den beiden Problemfächern erbrachte sie in den anderen Fächer auch nur noch mittelmäßige Leistungen. Mit einem Blick auf ihren Zeugnisspiegel wurde deutlich, dass die Möglichkeit, schlechte Noten durch gute auszugleichen, fehlte.

Das Erstgespräch

Mimi war ein farbenfroh gekleidetes und vor Energie strahlendes Mädchen. Ihre Ausstrahlung wurde noch durch ihre Redegewandtheit verstärkt. Sie beschönigte nichts und war sehr ehrlich mit sich und ihrer Schulsituation. Sie wusste, was auf dem Spiel stand und war bereit etwas zu verändern.
Sie beschrieb ihre Schulsituation als belastend und unerfreulich. Seit der 8. Klasse hatte sie ihr Engagement für die Schule so gut wie komplett eingestellt. Sie fühlte sich sowohl von den Lehrerinnen und Lehrern als auch von den Mitschülerinnen und Mitschülern abgelehnt. Für ihre Art sich zu

kleiden erntete sie häufig abwertende Blicke ihrer Mitschülerinnen und Mitschüler. Sie beschrieb das Verhalten ihrer Klassenkameraden als asozial und diskriminierend.

Mimi hatte die Erfahrung gemacht, dass die Lehrerinnen und Lehrer an der Schule nicht an ihr interessiert waren. Ihre Klassenlehrerin, die sie über einige Jahre hatte, fragte jedes Jahr erneut nach, warum Mimi so jung sei. Und jedes Jahr wirkte sie aufs Neue überrascht, dass ihre Schülerin gesprungen war, obwohl diese Information ihr eigentlich präsent sein sollte. Das ärgerte Mimi und wurde von ihr als Indiz des Desinteresses an ihrer Person gelesen. Auch die Mutter brachte ihre Enttäuschung zum Ausdruck, da ihr diese Schule gerade wegen des besonderen Blicks auf Hochbegabte empfohlen worden war. In den ganzen Jahren seit der 5. Klasse gab es keine speziellen Förderangebote oder Hinweise auf andere Maßnahmen (wie z.B. Wettbewerbe und Akademien).

Alles, was Mimi an der Schule bis zur 6. Klasse Spaß gemacht hatte, gefiel ihr nicht mehr. Die ganze Kindheit hindurch hatte sie Bücher verschlungen. Mit der beginnenden Pubertät gab sie das Lesen auf und veränderte sich stark. Die Mutter beschrieb den Umgang als konfliktreich und schwierig. Sie empfand ihre Tochter als launisch und hochemotional.

Auf die Frage, wann Mimi das letzte Mal ein Erfolgserlebnis in der Schule hatte, konnte sie sich nicht erinnern, weil es so weit in der Vergangenheit lag. Trotzdem ging sie noch regelmäßig hin.

Mimi bestätigte die Einschätzungen ihrer Mutter, aber einen Grund konnte sie nicht benennen. Es gab weder einen Auslöser noch einen Vorfall.

Mimi wollte mit Hilfe des Coachings ihr Leistungstief überwinden und es kam im Kontrakt zu den folgenden Punkten:
- Motivation
- Lern- und Arbeitsstrategien
- Berufsorientierung

- Mündliche Leistungen verbessern
- Selbstreflexion Hochbegabung

Über einen Zeitraum von ca. einem Jahr fanden 12 Sitzungen statt.

Die erste Hürde – die Realschulabschlussprüfungen

Bei unserem nächsten Treffen wurde schon deutlich, dass schnell etwas passieren musste. Für die Vorbereitung auf die Realschulprüfung gab es nur noch ein Zeitfenster von 5 Wochen. Die Fächer Deutsch, Englisch, Mathe und Latein wurden mündlich und schriftlich abgeprüft. Mimi hatte sich überhaupt noch nicht damit beschäftigt. Es waren ein Roman zu lesen, das Thema und die Texte für die Englischprüfung durchzuarbeiten und eine Reihe von Übungsaufgaben in Mathe zu lösen. Sie beschrieb sich als Lerntyp *immer auf den letzten Drücker*. Damit war sie immerhin bis in die 10. Klasse gekommen. Aber nun konnte es auch bedeuten, die Prüfungen nicht zu schaffen. Die Ist-Analyse ihres Wochenplans ergab klare Zeitfenster, in denen sie sich vorbereiten könnte. In der Vergangenheit hatte sie schon einmal versucht, ihre Chemienote durch Lernen vor der anstehenden Arbeit zu verbessern. Da sie trotzdem eine 5 geschrieben hatte, kam sie zu dem Rückschluss, *„Lernen bringt auch nichts"* und führte diesen Misserfolg bei jeder Lernaufforderung ihrer Mutter ins Feld. Zunächst galt es zu prüfen, wie hoch die Motivation aktuell war. Mimi wollte die Prüfungen unbedingt schaffen. Sie konnte zwischen den anstehenden Prüfungsfächern und Chemie differenzieren, da sie Chemie nie wirklich verstanden hatte. Es fehlte ihr auch nicht an Zuversicht. Sie verpflichtete sich selbst, die erarbeiteten Vorschläge umzusetzen. Es gab eine Vereinbarung zwischen uns, von der sie nur abweichen durfte, um den Plan zu verbessern, wenn es sich passender anfühlte. Der erstellte Plan belegte Zeiten, die sich in der Woche boten, mit klaren Aufgaben (z.B. Montag 1 Std. Mathe; Mittwoch 2 Std. Mathe mit Nachhilfe; Freitag Lektürearbeit 1 Std. Englisch und 1 Std. Deutsch). Hinzu kam die Vereinbarung, einen Tag vor der jeweiligen Prüfung eine

Einheit *Powerlernen* einzulegen, d.h. den gesamten Stoff an einem Nachmittag noch mal mit hoher Intensität durchzuarbeiten. Für diesen Tag verbot sich Mimi, ihre Freundinnen zu treffen, um jede Art von Ablenkung zu vermeiden.

Dann schauten wir, welche Bedingungen für sie ein optimales Lernen ermöglichten. Sie benötigte Ruhe und konnte als besten Lernort das Wohnzimmer benennen. In ihrem Zimmer fielen ihr alle möglichen Dinge ein, die sie ablenken würden. Für die Vorbereitung auf die Matheprüfung wollte sie mit einer Freundin lernen, die eine hervorragende Matheschülerin war. Mimi fühlte sich nach dem Gespräch motiviert, den Plan sofort umzusetzen.

Beim nächsten Treffen berichtete sie, wie sie ihren Plan auch verfolgt hatte und wie es ihr gelungen war, Ablenkungen zu vermeiden oder ihnen aus dem Weg zu gehen. Um das Ziel so konkret wie möglich zu fassen, schrieb sie die Wunschnoten der einzelnen Fächer auf. Sie absolvierte erst die mündlichen und dann die schriftlichen Prüfungen. Mimi hatte zwar nicht ganz ihre Wunschnoten erreicht, war aber mit dem Gesamtergebnis zufrieden. Sie hatte in Deutsch eine 2, in Latein eine 3 und in Mathe und Englisch eine 4. Sie hatte ihren Plan umgesetzt. Bereits 4 Wochen später spielte sie die Prüfungen als sehr leicht herunter. Im Erstgespräch hatte Mimi auf die Frage; *was ein erstes Anzeichen wäre, dass sich die Schulsituation verbessert,* geantwortet: „Mal endlich wieder eine 2 zu schreiben". Die 2 in der Deutschprüfung hatte sie überrascht, und sie las es als deutliches Anzeichen der erhöhten Leistungsmotivation.

Die Versetzung in die Oberstufe und ihre Einstellung zur Schule

Das Coaching hatte auch Einfluss auf die Noten in anderen Fächern. Mimi schrieb bessere Noten. Sie fand, dass sie nur sehr wenig Zeit investiert hatte und schon den Effekt spürte. Sie war etwas besser geworden, und es kam ihr auf einmal wieder leichter vor. In Chemie blieb es problematisch, aber sie hatte aus der 5 eine 5+ machen können. Kurz vor Ende des Schuljahrs verschafften wir uns einen Überblick über die Noten der geschriebenen Arbeiten. Bei Mimi setzte eine erste Entlastung ein, und sie machte einen motivierten und zufriedeneren Eindruck.

Sich zu vergewissern worin die Ziele der Klienten wirklich bestehen ist ganz wichtig. Zu Beginn der Gespräche gab es als kurzfristiges Ziel die anstehenden Prüfungen, danach lag der Fokus auf einer allgemeinen Leistungsverbesserung, um die Versetzung in die Oberstufe zu schaffen, und das langfristige Ziel war, das Abitur zu erlangen. Mimi drückte es so aus: *„Das Abitur nicht zu schaffen sei doch peinlich, weil es eigentlich ganz leicht sei."*

Neben den dringenden Punkten, wie Vorbereitung auf die Prüfungen, thematisierten wir auch häufig ihre Einstellung zur Schule. Sie hatte bereits in der 8. Klasse innerlich gekündigt. Im Unterricht hatte sie häufig Konflikte mit den Lehrerinnen und Lehrern. Wenn etwas gegen ihr Gerechtigkeitsempfinden ging, brachte sie es sofort zur Sprache. Auch wenn Lehrer sich selbst widersprachen, konnte sie nicht an sich halten und kommentierte deren Verhalten. Dabei machte sie sich nicht nur für sich, sondern auch für ihre Freundinnen stark. Sie scheute keinen Konflikt und hatte aus diesem Grunde den Ruf einer unbequemen Schülerin. Überraschend war, dass sie bei diesem Unmut und Frust überhaupt noch zur Schule ging und bis zur 10. Klasse gekommen war.

Hinzu kam die Pubertät. Bei Mimi zeigte sich mit der beginnenden Pubertät ein hochemotionales Verhalten. Ihre Mutter beschrieb sie als eine Zeitbombe, und es gab fast täglich Streit zwischen ihnen. Sie war launisch und konnte sich kaum zurückhalten.

Verschiedene Aspekte in ihrer Schulsituation sprachen eigentlich für einen Schulwechsel. Sie fühlte sich dort schon lange nicht mehr wohl, bekam wenig Anerkennung und Beachtung von ihren Lehrerinnen und Lehrern. Die Situation demotivierte sie und hatte weiterhin einen negativen Einfluss auf ihre Noten. Sie fand den Vorschlag, über einen möglichen Schulwechsel nachzudenken, gut, und wir erstellten eine Liste mit den denkbaren Gymnasien. Die Schwierigkeit bestand darin, eine Schule zu finden, an der Griechisch unterrichtet wird. Die anderen humanistischen Gymnasien kamen für Mimi nicht in Frage, weil sie die Vorstellung hatte, vom Regen in die Traufe zu kommen. Das Ziel, Griechisch mit dem Graeccum abzuschließen, würde erst mit dem Ende der 11. Klasse erreicht werden. Im Griechischen sowie im Lateinunterricht erbrachte sie inzwischen wieder zufrieden stellende bis gute Leistungen. Ein Schulwechsel auf ein anderes nicht-humanistisches Gymnasium hätte bedeutet, auf das Graeccum zu verzichten. Nachdem Mimi so viel Zeit ins Griechische gesteckt hatte, gefiel ihr diese Idee gar nicht. Also recherchierten wir, ob sie die Prüfung zum Graeccum irgendwo extern ablegen könnte. Sowohl die Schulbehörde als auch die Universität boten keine Alternative an. Das Graeccum extern abzulegen war nur Studierenden vorbehalten. Keine Behörde ließ sich auf eine Ausnahmeregelung ein. Mimi war sehr enttäuscht und hatte die realistische Einschätzung, dass sie nach einer so langen Unterbrechung zuviel vergessen hätte, um die Prüfung dann zu bestehen.

Am Ende fiel die Entscheidung auf den Verbleib an der Schule und den Wechsel erst nach der 11. Klasse.

Das 11. Schuljahr

Die Versetzung in die 11. Klasse hatte Mimi geschafft. Sie hatte sich ein wenig mehr engagiert und ihre 5+ in Chemie ausgleichen können. Die zweite zu erwartende 5 war eine 4- geworden. Sichtlich erleichtert startete sie ins neue Schuljahr. Chemie hatte sie abgewählt. Die Klassen hatten sich verändert, weil ein großer Teil der Mitschülerinnen und Mitschüler für ein Jahr im Ausland war, darunter auch einige ihrer besten Freundinnen. Die neue Zusammensetzung des Jahrgangs fand Mimi schrecklich. Schon am ersten Schultag fühlte sie sich unwohl. Alle trugen teure Markenklamotten und lästerten über die, die da nicht mitmachten. Sie war von den Rahmenbedingungen total genervt, wich aber von ihrer Entscheidung, dort zu bleiben, nicht ab.

Um den nächsten Schritt zu schaffen, waren Lernbereitschaft und Motivation weiterhin das zentrale Thema. Auf die Frage, wie sie ihre Noten verbessern könnte, kam die Antwort von Mimi: *„Einfach mal Hausaufgaben machen und vielleicht mal ein paar gute Referate abliefern."* Mimi hatte über Jahre verschiedene Strategien entwickelt, ohne Hausaufgaben durchzukommen. Manchmal schrieb sie vor der Stunde von einer Freundin ab, oder sie machte die Aufgabe nur zur Hälfte und erweckte damit den Eindruck sie gemacht zu haben, hielt sich bedeckt bei der Abfrage oder gab es schlicht und einfach zu, sie nicht gemacht zu haben. Sie wechselte so zwischen den Strategien, dass die Lehrerinnen und Lehrer häufig den Eindruck hatten, die Hausaufgaben lägen vor. Dabei setzte sie ihre Intelligenz ein, um alle möglichen Spielräume auszuloten und zu nutzen. Mimi führte eine Art innere Statistik, bei welcher Lehrerin oder welchem Lehrer sie noch negativ auffallen durfte oder nicht. An diesem Beispiel zeigt sich, wie Intelligenz nicht im Sinne der Schule sondern zum Selbstmanagement eingesetzt wird.

Sich richtig anzustrengen, war Mimi fremd. Sie konnte sich an absolut keine Situation in den letzten zehn Schuljahren oder in ihrem Leben erinnern, in der sie sich bemüht oder angestrengt hätte. Mit Anstrengung verband sie die Vorstellung, 10km zu laufen. Dabei tauchte sofort ihr skeptischer Blick auf, und sie fragte sich, warum sie so etwas Verrücktes überhaupt tun sollte.

Fehlende Erfolgserlebnisse in der Schule wurden durch Erfolgserlebnisse in anderen Bereichen ausgeglichen. In ihrem Sozialpraktikum in einer Anwaltskanzlei fiel ihr alles zu. Sie verstand ihre Aufgaben schnell und lieferte stets die gewünschten Ergebnisse. Durch das Lob und die Anerkennung der betreuenden Anwältin hatte sie das erste Mal seit Jahren das

Gefühl, ein Erfolgserlebnis zu haben. Als sie nach dem Praktikum angefragt wurde, ob sie stundenweise in der Kanzlei aushelfen könnte, fand sie das natürlich spannender als den Schulalltag. Die Lebensfreude war ihr im Kontext von Schule total abhanden gekommen. Alle positiven Bestätigungen erfuhr sie durch ihre Clique.

Ihre Begabungen nutzen
Auf die Frage: *„Was kannst du besonders gut?"* wusste sie aus dem schulischen Bereich nichts zu berichten. Ihre Stärken sah sie ganz klar im privaten Bereich, wobei ihre Freundinnen einen entscheidenden Raum einnahmen. Sie beschrieb sich als sehr engagiert, wenn ihre Freundinnen ihre Unterstützung bei Problemen brauchten.

Mit der Aussage: *„Was heißt denn hier hochbegabt, davon merke ich nichts"* war sie in eines der Gespräche gekommen. Ihr war als Grundschülerin eine Hochbegabung diagnostiziert worden, sie war problemlos gesprungen, und trotzdem hatte sie keine Idee was „hochbegabt sein" für sie bedeutet oder bedeuten könnte. Darüber gab es einen regen Austausch. Wir sammelten Indizien, an denen sie ihre Hochbegabung festmachen konnte. Dazu gehörte, sich ihrer Fähigkeiten, wie z.B. ihrer schnellen Auffassungsgabe, bewusst zu werden. Als Vergleichgröße zogen wir ihre Mitschülerinnen und Mitschüler heran. Sie hatte die Vorstellung, mit dem Etikett „hochbegabt" müsste sie sich automatisch für nichts anstrengen. So hatte es auch über relativ viele Schuljahre funktioniert. Sie berichtete, dass viele ihrer Klassenkameraden jeden Tag stundenlang mit Schularbeiten und Lernen beschäftigt waren. Eine Mitschülerin hatte sich so unter Druck gesetzt, dass sie ihren ersten Tinnitus mit 15 Jahren bekam. Dafür hatte Mimi wenig Verständnis. In jedem Jahr wurden Schülerinnen und Schüler aussortiert, die bei weitem mehr Engagement als sie gezeigt hatten. Im Austausch darüber entstand ein erstes Verständnis davon, wie sich die

Hochbegabung in ihrem Leben zeigte. Lange Zeit war sie davon ausgegangen, dass ihre Mitschülerinnen und Mitschüler genauso schlau, schnell oder begabt seien wie sie, obwohl sie die Jüngste in der Klasse war.

Trotz ihrer intellektuellen Fähigkeiten waren ihr in der Schule Erfolgserlebnisse schon seit einigen Jahren verwehrt geblieben. An das letzte Erfolgserlebnis im Unterricht (vor Beginn des Coachings) konnte Mimi sich nicht mehr erinnern. Außerdem hatte sie sowohl an den Lehrerinnen und Lehrern als auch am Schulstoff viel auszusetzen. Z.B. wurde zu verschiedenen Phasen immer wieder der gleiche Schulstoff wiederholt. Manchmal hatte sie das Gefühl, bei bestimmten Themen in einer Endlosschleife festzustecken.

Die fehlenden Erfolgserlebnisse im schulischen Bereich belasteten das Selbstwertgefühl. Aus diesem Grunde entstand die Idee, über die Schulzeit hinaus zu schauen. Hatte Mimi in jüngeren Jahren ganz klar sagen können, sie würde Tiermedizin oder Jura studieren, war sie jetzt total unsicher und mochte keine Idee richtig anpacken. Aus diesem Grunde führte ich mit ihr das Kompetenzenspiel durch. Das Reden über Stärken hilft in schwierigen Situationen, die verschütteten Ressourcen wieder zugänglich zu machen. Anfangs war sie sehr zögerlich, aber nach einiger Zeit kam doch eine ansehnliche Liste zustande. Mimi war sichtlich überrascht, wie viele Kompetenzen sie benennen konnte.

Kompetenzen:

- Musik – Probleme lösen – kontaktfreudig – reiten – willensstark – führen – Schnelligkeit – intelligent – humorvoll – Sprachen – selbstbewusst – konfliktfähig – Individualistin – Mitgefühl – gestalten – modebewusst – Gerechtigkeitssinn – hilfsbereit – energievoll – zuverlässig – Durchsetzungsvermögen

Danach erhielt sie die Aufforderung, 4 Karten blind zu ziehen, aus denen wir Berufsfelder oder Berufsbilder konstruierten. Es gab zwei Durchläufe mit den folgenden Ergebnissen:

1) Führen – humorvoll – gestalten – konfliktfähig
= Chefin einer Firma

2) Individualistin – modebewusst – kontaktfreudig – durchsetzungsstark
= Modedesignerin

Sie fand es zum aktuellen Zeitpunkt noch zu früh, über ihre berufliche Zukunft nachzudenken, trotzdem machte es ihr großen Spaß sich als Geschäftsführerin einer Modefirma zu sehen. Es entstanden verschiedene Phantasien dabei und die Gewissheit, dass sie die Durchsetzungskraft und die Energie hätte, etwas Eigenes für sich aufzubauen. Vorrangig war für Mimi das Abitur zu schaffen, um auch die Option auf ein Studium zu haben.

Mimis häusliche Situation

Neben der Schule gab auch im privaten Bereich Unzufriedenheit. Bedingt durch ihre temperamentvolle Art und ihren starken Willen gab es fast täglich Streit mit der Mutter. Sie erlebte sich häufig als launisch, grundlos wütend oder sauer. Manchmal wusste sie gar nicht, wie sie es aushalten sollte. Wenn sie mit dieser Wut in einen Termin stürmte, war kein Platz für Schulthemen. Die meisten ihrer Freunde und Freundinnen waren älter als sie, und so gab es wiederholt Auseinandersetzungen um die Ausgehzeiten. Bei einem Gespräch mit der Mutter schätzte diese das „gefühlte Alter" ihrer 15jährigen Tochter auf 17 – 18 Jahre. Gleichzeitig war ihr klar, dass sie Mimi nicht die Freiheiten einer 17 oder 18jährigen einräumen konnte und durfte. Die Streitigkeiten entzündeten sich immer wieder neu an diesem Thema.

Hinzu kam ein Vorfall mit ihrem Freund, der Mimi stark belastete. Nach seinen Besuchen war wiederholt Geld weggekommen, und Mutter und Tochter hatten ihn in Verdacht. Mimi war darüber sehr aufgebracht und erwischte ihn dabei, wie er Geld und andere Gegenstände an sich nahm. Ihr Ärger über diesen Vorfall war so groß, dass sie beschloss ihren Freund anzuzeigen. Sie konnte diesen Vertrauensbruch nicht dulden. Ihre Beziehung zerbrach, und mit ihr setzte der Liebeskummer ein. Gleichzeitig setzte ihr Ex-Freund sie mit Vorwürfen unter Druck. Er hatte mit der Polizei zu tun und es würde eventuell ein Verfahren geben. Dafür gab er Mimi die Schuld. Sie war zwar nach außen souverän, aber innerlich total wütend. Sie sah es ganz klar. Er hatte einen Fehler, eine Straftat begangen, und dafür hatte er auch die Verantwortung zu übernehmen und nicht ihr die Schuld in die Schuhe zu schieben. Noch Monate später kamen SMS oder Anrufe von ihm, die sie immer wieder ärgerten. In diesem Vorfall zeigten sich Mimis Wertvorstellungen. Ehrlichkeit und Gerechtigkeitssinn gehörten zu ihren grundlegenden Werten. Trotz aller Streitigkeiten würde sie ihre Mutter niemals anlügen. Sie übernahm die Verantwortung für sich und war enttäuscht, dass ihr Ex-Freund dazu nicht in der Lage war.

Ob sie einen Freund hatte oder allein war, hatte einen erheblichen Einfluss auf ihre emotionale Grundstimmung. Das wurde in den Sitzungen offensichtlich und von ihrer Mutter bei einem Telefonat bestätigt. Diese kleinen und größeren Krisen im privaten Bereich hatten immer einen starken Einfluss auf ihre Arbeitshaltung. Hatte sie einen Freund wirkte sie im Ganzen ausgeglichener. Es schien ihr dann alles einfacher oder leichter zu fallen. Sie fühlte sich gut und unterstützt. Unabhängig davon, ob sie einen Partner hatte, nahmen ihre Freundinnen einen großen Platz in ihrem Leben ein. Sie waren ständig im Kontakt und verbrachten den Großteil ihrer Freizeit gemeinsam.

Abschluss
Kurz vor dem Halbjahreszeugnis zeichnete sich das Ende des Coachings ab. Mimi hatte ihr Ziel, die Versetzung in die 11. Klasse, erreicht und kam mit weniger Engagement zu unseren Terminen. Unter der Überschrift „ein guter Coach macht sich überflüssig" thematisierten wir das Ende des Coachings. Sie kam zu der Selbsteinschätzung eine Reihe von Anregungen erhalten zu haben, die sie weiter verfolgen wollte. Dazu gehörten das Planen von Lernaufgaben, das Wissen um Lernorte und die Lernstrategien. Ihr Ziel war deutlich formuliert: Die 11. Klasse so wie das LATINUM und GRAECCUM zu schaffen. Danach würde sie das Gymnasium wechseln. Ferner hatte sie in den Gesprächen auch Ideen zu dem Thema Hochbegabung erhalten, über die sie weiter nachdenken wollte.

Ein Jahr später
Ungefähr ein Jahr nach dem letzten Treffen nahm ich Kontakt zur Mutter auf und lud beide zu einem Gespräch ein. Mimi hatte ihr Ziel nur teilweise erreicht. Das LATINUM und das GRAECCUM waren erfolgreich abgeschlossen, aber die Versetzung in die 12. Klasse hatte sie nicht geschafft. Aus ihrer Klasse hatte fünf weitere Mitschülerinnen und Mitschüler das gleiche Schicksal ereilt. Jetzt, fast ein halbes Jahr danach, war wieder Ruhe in ihr Leben eingekehrt. Sie wiederholte den 11. Jahrgang an einem anderen Gymnasium. Der Neustart hatte ihr gut getan. Erst durch den Alltag an einer anderen Schule spürte sie, wie sie an ihrer alten Schule unerwünscht gewesen war. Diese Erkenntnis, und dass Mimi dort so viele Jahre unglücklich verbracht hatte, war ernüchternd.
Der Schulwechsel hatte ihr richtig gut getan. Ihre Noten waren sofort in fast allen Fächern besser geworden. Sie lernte selbständig für die Schule und hatte auch noch Spaß daran. Ihre Mutter sagte: *„Ich erkenne meine Tochter nicht wieder, sie ist wie ausgetauscht."*

Sie fand die neue Schule anstrengender, fühlte sich gefordert und sagte: *„Letztendlich lohnt es sich, weil etwas dabei raus kommt."* Ihre neuen Mitschülerinnen und Mitschüler sind alle sehr motiviert, und diese Stimmung überträgt sich auch auf ihre Arbeitshaltung. Sie erlebte die neue Schule als anregendes Umfeld und mochte ihre Mitschülerinnen und Mitschüler. Auch die multikulturelle Zusammensetzung der Schülerschaft entsprach ihr mehr. Sogar an Physik hatte sie plötzlich Gefallen gefunden. Sie stellte Fragen und erhielt Antworten und Erklärungen, anstatt abgewiegelt zu werden. Unter ihren Noten befanden sich wieder einige 2en. Die Schule hatte im Rahmen einer Projektwoche zur Berufsorientierung mit allen Schülerinnen und Schülern verschiedene Tests durchgeführt, und Mimi wurden eine sehr schnelle Auffassungsgabe und hohe kommunikative Fähigkeiten bescheinigt. Sie fühlte sich in ihren Fähigkeiten bestätigt und gesehen.

Die Lebensumstände hatten sich durch den Schulwechsel positiv verändert, und darüber hinaus hatte die Pubertät ihren Abschluss gefunden. Mimi berichtete von Erfolgserlebnissen im schulischen Bereich, hatte einen Freund und die familiären Streitigkeiten waren auch fast verschwunden. Diese Entwicklungen ließen sie positiv in die Zukunft schauen.

6.3. Samuel

S.: *„Für viele Menschen gehört zum Lernen Ausdauer und Geduld. Es gibt eigentlich keine Abkürzung. Außer mir, ich bin die Abkürzung."*

Seine Mutter rief an, weil sie sich Sorgen um ihren Sohn machte. Wir vereinbarten einen Termin nur mit ihr und dem damals 12jährigen Samuel. Am Telefon ergaben sich folgende Hintergrundinformationen: Die Familie hatte einige Jahre im Ausland gelebt und war nun wieder in Deutschland. Es gab noch einen jüngeren Bruder. Schon in der Grundschulzeit wurde Samuels Hochbegabung diagnostiziert. Sein jüngerer Bruder zeigte ebenfalls Anzeichen für eine Hochbegabung. Samuel besuchte zu Beginn des Coachings die 9. Klasse an einem Gymnasium. Es handelte sich um eine Springerklasse, so dass er inzwischen 2 Jahre gesprungen war. Die Mutter hatte den Eindruck, dass ihr Sohn an eine Grenze gekommen war und unzufrieden mit sich wurde. Vorher war es immer sehr gut für ihn gelaufen, ohne dass er sich in irgendeiner Weise anstrengen musste. Die Verschlechterung der Zensuren führte dazu, dass die Mutter ihren Sohn wieder täglich bei den Hausaufgaben beaufsichtigte und vor Arbeiten mit ihm lernte, was sie 2 Jahre zuvor aufgegeben hatte. Zusätzlich kam von der Klassenlehrerin Kritik an seinem Verhalten. Nach Aussage der Lehrerin war Samuel von dem Wunsch getrieben, ununterbrochen wahrgenommen zu werden. Die Mutter hatte die Kritik der Lehrerin gerade eine Woche vorher auf dem Elternsprechtag erfahren und war sichtlich besorgt.

Das Erstgespräch und die Anfangsphase

Samuel erzählte ein wenig von seiner Schule und der Klasse. Er war der jüngste Schüler, obwohl es eine Springerklasse war. Er hatte gute Freunde gefunden und den Umzug nach Deutschland sehr gut verkraftet. Seine vorrangige Sorge galt seinen Noten, die sich mit Ende des letzten Schuljahrs verschlechtert hatten. Würde sich diese Entwicklung fortsetzen, war sein

Verbleib in der Klasse gefährdet. Er würde dann zurückgestuft werden und in eine Regelklasse kommen. Diese Vorstellung schien ihn zu beunruhigen. Er hatte sich in seiner Grundschulzeit schon stark gelangweilt und wenig Verständnis für seine Mitschülerinnen und Mitschüler gezeigt. *„Die haben noch Kuscheltiere mitgebracht"* erzählte er aufgebracht. Die Schüler in der Springerklasse entsprachen seinem Niveau und seiner Lerngeschwindigkeit. Innerhalb seiner Jungenclique (bestehend aus 5 Mitschülern) fühlte er sich sehr wohl und akzeptiert. So etwas in einer anderen Klassengemeinschaft wieder neu aufzubauen, erschien ihm nicht so leicht möglich.

Neben dem Kennenlernen nutzten wir das Gespräch, um zu schauen, wie seine Selbsteinschätzung in Bezug auf das Lernen so sei.
Als Vergleichsgröße nahmen wir seine Mutter hinzu. Die Frage war, welche Lernbereiche er differenzieren konnte und wie er seine Fähigkeiten in den verschiedenen Bereichen einschätzte.
Es ging um die subjektive Wahrnehmung seiner Lernfähigkeit.
Als Ergebnis entstand die nachfolgende Liste:
- Logik nach 3 Wiederholungen abgespeichert
- Vokabeln: Nach 3 Wiederholungen sind ca. 50% der Vokabeln sicher gelernt
- Grammatik 3 Wiederholungen
- Allgemeinwissen: Der Inhalt eines Sachbuchs ist nach 1 Monat noch zu 85% abrufbar
- Bei einem Roman sind es nach einem Monat noch 80%
- Spielregeln zu einem neuen Spiel werden beim ersten Mal schon verstanden und behalten

Seine Mutter stimmte dem zu, sagte aber gleichzeitig, dass die Anzahl seiner Wiederholungen ihrer Einschätzung nach für das jetzige Leistungsniveau der Schule nicht ausreichen. Für den Mathematikunterricht erhielt er bereits seit einiger Zeit Nachhilfe. Neben der Schule war Samuel noch in verschiedenen Sportarten aktiv und ziemlich gut.

Seine schlimmste Befürchtung, die Klassengemeinschaft verlassen zu müssen, lieferte die Bereitschaft, am Coaching teilzunehmen.

Am Ende der Sitzung lautete der Auftrag:
- Verbesserung der Noten und Leistungen
- Eigenmotivation und Eigenverantwortung
- Selbstdisziplin
- Spaß

Das Coaching sollte ihn bei der Zielerreichung begleiten und unterstützen. So kamen 16 Termine in einem dreiviertel Jahr zustande.

Bei unserem nächsten Treffen berichtete er schon von kleinen Veränderungen. Er hatte seine tägliche Arbeitszeit für die Schule selbständig von 20 - 25 Min. auf 30 - 45 Min. erhöht und saß länger an den Schularbeiten. Gleichzeitig hatte er das Gefühl, gründlicher zu arbeiten. Seine Mutter schaute nicht noch ein zweites Mal auf seine Hausaufgaben, was er auch angenehm fand.

Wir redeten über das Thema Spaß, und Samuel kam zu dem Schluss, dass Schule und Spaß sich gegenseitig ausschließen. Er sah seine Erfolgserlebnisse vorwiegend im außerschulischen Bereich. Am Ende der Sitzung gab es als Hausaufgabe eine Beobachtungsaufgabe, die lautete: *„Achte bitte darauf, was Dir in der Schule oder im Unterricht Spaß macht."*

In der nächsten Sitzung konnte er doch einige Dinge benennen:
- PGW - wenn es um juristische Fragestellungen geht
- Gruppenarbeiten im Deutschunterricht
- Darstellendes Spiel - da hatten sie gerade einen Film gedreht

Im Darstellenden Spiel glänzte er durch seine schauspielerische Leistungen, und daraus resultierte einer seiner Berufswünsche, Schauspieler, neben einem Jurastudium oder einer kaufmännischen Laufbahn.

Für die Schule hart zu arbeiten, würde nach seiner Einschätzung heißen: alle Hausaufgaben komplett zu erledigen und zusätzlich 3 Std. am Tag zu lernen. Er wusste von seinen Mitschülerinnen und Mitschülern, dass die meisten von ihnen mindestens zwei Stunden täglich mit Hausaufgaben und Lernen beschäftigt waren. Samuel fand, er könnte etwas mehr Lernbereitschaft zeigen und deshalb seine Arbeitszeit auf 60 Min. erhöhen. Gemeinsam erstellten wir einen Wochenplan, um einen Überblick zu erhalten. An einem Nachmittag war er beim Sport, und die Wochenenden waren auch häufig mit Turnieren belegt. Bis auf einen Tag war er immer gegen 13:30 h Zuhause. Wir unterteilten die Lernzeiten in Lernfenster von 30 Min. Nach eigener Angabe schweiften nach 30 Min. seine Gedanken ab, und er geriet in einen Zustand von Dasitzen und Nichtstun, d.h., nach außen konnte er so noch den Anschein des Lernenden erwecken. Die meisten Kinder wissen sehr genau, welche Arbeit an welchem Lernort besonders gut geht. Über Lernumgebung und Lernorte zu reden, schafft ein Bewusstsein für die optimalen Bedingungen. Samuel wählte ganz unterschiedliche Orte als positiv zum Lernen aus. Stillarbeiten im Unterricht konnte er meistens nicht wahrnehmen. Er las dann etwas anderes und erledigte die Arbeit zu hause. Für Hausaufgaben und Nachhilfe fand er das Wohn- und Esszimmer optimal. Für die Vorbereitungen von Referaten nutzte er gerne das Arbeitszimmer seines Vaters. Wiederholungen konnte er auch gut abends auf dem Bett schaffen (z.B. 10 Min. Englischvokabeln).

An diesem Punkt kam der Vorschlag von meiner Seite, ein Arbeitstagebuch zu führen. Eine schlichte Chinakladde, die sich Samuel mit selbstausgewählten Motiven aus dem Film Herr der Ringe beklebte. Auf jeder Seite konnte er seinen Wochenplan einzeichnen, und darunter war noch Platz, um jeden Tag seine reale Lernzeit zu notieren. Ob es sich als Hilfsmittel nützlich erweist, zeigt sich meistens erst später. Aber es ist immer einen Versuch wert. Die Basis für die Einführung des Arbeitstagebuchs ist die Freiwilligkeit, eine Erklärung über den generellen Sinn und Zweck von

Arbeitstagebüchern, verbunden mit der freundlichen Bitte, es einfach mal zu versuchen. Die Dokumentation der Arbeitszeiten hat verschiedene Effekte. Erstens kommt der Schüler zu einer realistischeren Einschätzung, wie viel Zeit für das Lernen und die Fertigstellung bestimmter Aufgaben benötigt wird. Zweitens ermöglicht es einen Rückblick und einen Überblick über einen längeren Zeitraum, und drittens kann die Arbeitszeit vorausschauender geplant werden. Das hat häufig eine positive Wirkung auf das Arbeitsverhalten von Jugendlichen.

Schon mittendrin
Nach einer ausführlichen Ist-Situations-Analyse befanden wir uns schon mittendrin.
Im Laufe der Gespräche tauchte wiederholt die Frage auf: *„Wie konnte ich als Hochbegabter so viel schlechter werden?"* Einen Schuldigen zu finden ist ja für Schülerinnen und Schüler recht leicht. Aber Aussagen wie „blöde Lehrer" oder „die Lehrerin mag mich nicht" können nicht so stehen bleiben. So schauten wir im Detail die einzelnen Fächer an. In Französisch gab es unerwartete Schwierigkeiten. Durch den Auslandaufenthalt konnte Samuel diese Sprache perfekt. Er bekam einen französischen Aufsatz zurück (Note 4) mit der Bemerkung, er hätte zu viele Vokabeln verwandt, die der Klasse noch nicht vertraut waren. Samuels logische Reaktion war, den nächsten Aufsatz stärker am Wortschatz der Klasse zu orientieren. Die Arbeit kam zurück (Note 4) mit dem Vermerk *nicht besonders originell*. Es gab überhaupt keine Beanstandungen wegen Fehler oder Grammatik, weil kein Anlass dafür gegeben war. Samuel kam zu dem Schluss: *„Die Französischlehrerin mag mich nicht, egal wie ich mich anpasse."* Diese Episode zeigt sein Bemühen, den richtigen Weg zu finden. Er war ständig dabei zu reflektieren worin sein eigener Anteil an dieser Situation bestand und welche Erwartungen konkret an ihn gestellt wurden.

Natürlich schauten wir auch seinen Anteil an den Problemen an. Samuel klassifizierte drei Fehlertypen, die er im Unterricht an sich beobachtet hatte:
- Nicht gewusst
- Hätte ich gekonnt, habe ich aber nicht getan, weil ich keine Lust hatte
- War blockiert und mein Wissen war weg (vorwiegend in Mathe)

Die differenzierte Selbstwahrnehmung enthielt die Chance kleine Veränderungen einzuführen. Trotzdem war Samuel in dieser Phase des Coachings wiederholt sehr unzufrieden und ungeduldig mit sich. Daraus entstand die nachfolgende Durchhänger-Theorie.

Die Durchhänger-Theorie

Bei der Suche nach Antworten schien uns beiden die Hypothese, es handele sich um einen Durchhänger, plausibel. Hypothesen habe eine zentrale Funktion in der systemischen Arbeit. Eine Hypothese kann als Idee aufblitzen und dann wieder im Papierkorb landen, oder überprüft und weitergesponnen werden. Das Thema „Durchhänger" wurde von verschiedenen Seiten beleuchtet, mit Fragen wie: *„Darf ich überhaupt einen Durchhänger haben?" „Wie lange wird der noch anhalten?" „Warum jetzt?" „Ist es überhaupt ein Durchhänger oder eher eine Verschnaufpause?"*

Die Durchhänger-Theorie, die wir gemeinsam erarbeiteten, besagte, dass es eine Reihe von Indizien gab, die für einen Durchhänger sprachen. Einen Durchhänger definierten wir als ein Tal zwischen zwei Hochebenen und als etwas, das zeitlich befristet und somit endlich sei. Bei Sportlern wird in diesem Zusammenhang auch gerne von einem Leistungstief gesprochen, das durch Training wieder ausgeglichen wird. Viele Jugendliche erleben während der Pubertät eine solche Phase. Das Wissen über die Auswirkungen der hormonellen Veränderungen wurde eher am Rande angerissen, weil es Samuel eher peinlich war, über dieses Thema zu sprechen. Der

Körper und natürlich auch das Gehirn waren mit dem Umbau zum Erwachsenen beschäftigt.

Das lösungsorientierte Vorgehen in der systemischen Beratung, erlaubt es das Problem auszublenden und stärker die Lösung und den Lösungsweg zu fokussieren. So setzen wir unser Augenmerk auf den Endpunkt des Durchhängers und suchten Antworten auf die Frage, welche Anzeichen dafür sprechen, dass diese Phase vorbei ist.

Samuel lieferte eine Reihe von Antworten, bei denen die erste das stärkste Gewicht hatte:

- Eine „2" in einer der nächsten Englischarbeiten
- Bessere Noten, die nicht auf Glück beruhen, sondern auf Können
- Keinen Stress und keine Kritik wegen der Noten zu Hause

Nun kam das Arbeitstagebuch zum Einsatz. Samuel dokumentierte seine Arbeitszeiten und hatte dabei eine Idee, wie viel er definitiv für die Schule tat und ob es ausreichen würde, um aus der Talsohle herauszukommen. Wir errechneten die Durchschnittswerte der Wochen zwischen unseren Sitzungen und kamen so durchschnittlich auf 62 Min. tägliche Arbeitszeit. Offensichtlich hatte er seine Arbeitszeit kontinuierlich erhöht und behielt das dann bei. Mit durchschnittlich einer Stunde lag er aber immer noch unter den Lernzeiten seiner Mitschülerinnen und Mitschüler, von denen er annahm, dass sie 2 Stunden oder länger mit den Schulaufgaben beschäftigt waren. Parallel redeten wir viel über die Dinge, die zurzeit gut liefen, über Filme und spielten das Halbedelsteinspiel nebenher. Die Hälfte der 45 Minuten waren wir mindestens mit Spaß und Spiel beschäftigt.

Im weiteren Verlauf datierte Samuel das Ende des Durchhängers auf den Start für das 10. Schuljahr.

An dieser Stelle soll nochmals die Angst der Eltern thematisiert werden, dass aus einer schlechten Phase eine Dauersituation werden kann und ihr Kind sich zu einem Underachiever entwickelt. Samuel war immer sehr ehrlich und erzählte auch von jeder schlechten Note, dass keine Nachfragen bei den Eltern oder Lehrern erforderlich waren. Er kam zu der Auffassung, dass er seine Eltern über Jahre mit seinen guten Noten verwöhnt hatte. Wäre er ein mittelmäßiger Schüler gewesen, so seine Phantasie, wären alle in der Familie zufriedener. In der Zwischenzeit gab es Ausschläge nach oben (eine 1 in einem Mathetest) und nach unten (eine 6 in einer Geographiearbeit). Die positiven Ergebnisse wurden im Coaching gelobt und die Ausreißer nach unten mit Gelassenheit und Geduld behandelt. Die Noten pendelten sich so weit ein, dass seine Versetzung und sein Verbleib in der Springerklasse nicht mehr gefährdet waren.

Die Wunderfrage
Zu diesem Zeitpunkt schien die Wunderfrage angebracht. Diese Frage wird sehr gezielt eingesetzt und meistens mit einer kleinen Geschichte eingeleitet. *„Stell dir vor, über Nacht geschieht ein Wunder, und das Problem, wie auch immer es aussehen mag, verschwindet. Du hast geschlafen und wachst morgens auf, was ist dann anders? Wer würde es merken, dass ein Wunder passiert ist? Wie sieht das Wunder aus?"*
Samuel konnte das Wunder sofort benennen. Er hätte in allen Fächern 1en oder 2en. Die Situation in der Familie wäre entspannter, und es würde nicht mehr so viel über seine Leistungen in der Schule geredet. Implizit brachte er damit zum Ausdruck, dass viel mehr Kommunikation über die schlechten Noten - als Problemkommunikation - stattfand als über die guten Noten. Wäre das Wunder passiert, wären alle in seiner Familie glücklich und zufrieden.
Die Nachfrage, ob es ein solches Wunder in der Vergangenheit schon gegeben hatte, konnte er bejahen. Bis vor einem Jahr war das genau die Situation, in der er sich befand. Was hatte sich verändert? Er war noch der gleiche Junge, aber auch wieder nicht. Alles lief wunderbar, und auf einmal geht es nicht mehr. Vielleicht war er an seine Leistungsgrenze gestoßen, bzw. er musste sich jetzt anstrengen und mehr Zeit investieren als vor zwei

Jahren. Dem konnte er nur zustimmen: *„Im Unterricht verstehe ich etwas nicht. Dann setze ich mich zu Hause noch mal dran und schaue wo die Schwierigkeit lag. Manchmal verstehe ich das auch dann immer noch nicht, also mache ich eine Pause und gehe an den Sandsack. Später setze ich mich noch mal dran oder frage meine Mutter. Nach einer bestimmten Zahl von Wiederholen klappt es meistens."* In diesem knappen Bericht beschrieb Samuel seine Lernstrategie und seine Bemühungen, die nächste Stufe zu schaffen.

Im Gegensatz dazu konnte er aber auch berichten, dass es keine Grenze gab, wenn er sich für ein Thema interessierte. Leider begegnete er der Hälfte seiner Schulfächer mit Desinteresse.

Samuel fand seinen Durchhänger extrem. Das Eintreten des Wunders würde alles andere in seinem Leben beeinflussen. Hinzu kam, dass er sehr offen für jede Art von Kritik war, deshalb widmeten wir dem Thema Erfolg immer wieder Aufmerksamkeit. Er fand, ein aktueller Erfolg sei eine 3 in einer der nächsten Mathearbeiten und die Fertigstellung und Abgabe der Physikmappe. Das Springen betrachtete er als nicht so erfolgreich. Er hatte die Vorstellung, ohne Springen hätte er in allen Fächern gute Noten. Dabei blendete er komplett die Erinnerung an die Grundschule aus, in der er Phasen von unerträglicher Langeweile erlebt hatte.

Samuel wurde mit der Frage konfrontiert: *„Was heißt es eigentlich, ein erfolgreiches Kind zu sein?"* Er konnte folgende Aspekte benennen: Spaß haben, viel spielen, Filme sehen, sich ausprobieren und sportliche Aktivitäten. Samuel war nach eigener Auskunft sehr erfolgreich im Ärger verursachen und Ärger kriegen, im Streit vom Zaun brechen und in den verschiedenen Sportarten.

Wir wagten einen Blick in die Zukunft, und es entstanden drei mögliche Zukunftsvisionen für seinen persönlichen Erfolg.

- Wenn er mit 23 Jahren sein Jurastudium abgeschlossen hätte

- Wenn er mit 30 Jahren einen Oscar als bester Schauspieler erhalten hätte
- Wenn er mit 40 im Vorstand einer Bank sitzen würde

Hier zeichnete sich Samuels klares Leistungsstreben ab. „Das Höchste anstreben" war sein Motto. In der Gegenwart hatte er häufig das Gefühl, es geht nicht höher als zum jetzigen Zeitpunkt und war darüber enttäuscht und frustriert. Er war gerade 13 Jahre alt geworden.

Ein Reflexionsgespräch mit Mutter und Sohn
Die Ausschläge nach oben und unten führten zu der Idee, einen Termin mit Mutter und Sohn zu vereinbaren. Die zentralen Fragen dieser Sitzung lauteten:
- *„Hat das Coaching bereits etwas bewirkt?"*
- *„Glauben sie, dass Samuel die 9. Klasse schafft?"*
- *„Glauben sie, dass Samuel Abitur machen wird?"*
- *„Haben sie Ideen, wie wir gemeinsam ihren Sohn unterstützen und bestärken können?"*

Diese Fragen drehten sich in erster Linie um die Lösung und die persönliche Wahrnehmung und Einschätzung. Hinzu kamen der Austausch über die Durchhänger-Theorie und einige Informationen zu Pubertät und Lernfähigkeit.

Durch das Coaching war eine Art Entlastung eingetreten. Die Mutter hatte großes Vertrauen in Samuels Fähigkeiten. Sie war der festen Überzeugung, dass ihr Sohn die Klasse und auch das Abitur gut schaffen würde. Samuel erhielt in diesem Gespräch viel Lob für seine Anstrengungen.

Folgende Dinge hatten sich aus Sicht seiner Mutter seit Beginn unserer Treffen verändert:
- Kontinuität in den Schularbeiten,
- Erhöhung des Arbeitspensums auf durchschnittlich eine Stunde am Tag,
- seine Kooperationsbereitschaft und

- die Bereitschaft, sich vor anstehenden Arbeiten noch ein wenig länger damit zu beschäftigen.

In dem Gespräch wurde erneut deutlich, Samuel wollte unbedingt aus dem Tief herauskommen.

Als Ergebnis aus diesem Gespräch konnten folgende Punkte genannt werden: Samuel wünschte sich von seinen Eltern, dass sie gelassener und geduldiger mit seinen schlechten Noten umgehen sollten. Außerdem machte er den Vorschlag, vor jeder anstehenden Arbeit sein Lernpensum noch um 30 Min. zu erhöhen, und wenn er Zuhause Unterstützung oder Hilfe bräuchte, seine Mutter sofort zu informieren.

In diesem Gespräch lobte die Mutter sein schulisches und außerschulisches Engagement. Diese positive Verstärkung wirkte in die nächsten Wochen hinein.

Die Abschlussphase

Im vorletzte Gespräch lag direkt vor den Sommerferien, und Samuel kam gut gelaunt mit der Neuigkeit in die Sitzung, eine „2" in Englisch geschrieben zu haben. Der Durchhänger (siehe Durchhänger-Theorie) war damit überwunden. Er war unheimlich erleichtert und lachte ganz viel. Eine Last war von ihm gefallen, und wir verbrachten diesen Termin im Eiscafe und er erzählte von den Urlaubsplänen, er konnte froh in die Sommerferien starten. So aufgekratzt und fröhlich hatte ich ihn noch nie erlebt.

Das Abschlussgespräch fand am Ende der Sommerferien statt. Mutter und Sohn machten einen fröhlichen und entspannten Eindruck. Es gab zum neuen Schuljahr in einigen Fächern einen Lehrerwechsel und damit neue Chancen. Samuel wirkte viel zufriedener. Er hatte sein Zeugnis mitgebracht, und wir redeten ein wenig über dies und das. Für seine Mutter waren verschiedene Aspekte des Coachings hilfreich gewesen. Einerseits sah sie, dass Samuel die Termine gerne wahrnahm, und andererseits war es für sie eine Entlastung ihrem Sohn jemand Außenstehenden an die Seite gestellt zu haben. Beides führte zu einer Entlastung und Entspannung in der Mutter-Sohn-Beziehung.

Nach 6 Monaten wurden Samuel und seine Mutter zu einem weiteren Gespräch eingeladen. *Hatte das Coaching nachhaltig etwas bewirkt?* Samuel hatte sein Leistungstief überwunden und konnte sein Niveau halten.

Auf die Frage: *„Was hat Dir am besten an unseren Gesprächen gefallen?"* platzte Samuel heraus: *„Das Halbedelsteinspiel"* Diese Antwort zeigt, dass die Mischung aus ernsthaften Gesprächen und dem gemeinsamen Spielen für ihn einen guten Rahmen geschaffen hatte. Systemisch betrachtet können wir nie sagen, was wirksam war.

6.4. Kai

C.: *"Wenn dein Problem ein Tier wäre, welches Tier wäre es dann?"*

K.: *"Ich denke ein Dinosaurier."*

C.: *"Welche Eigenschaften verbindest du mit Dinosauriern?"*

K.: *"Groß - Pflanzenfresser - ausgestorben."*

C.: *"Damit dein Problem ausstirbt, welche Eigenschaften bräuchtest du?"*

K: *"Größe und Schnelligkeit wie ein Meteorit."*

C.: *"Du meinst, du bräuchtest viel Energie und Leistungsbereitschaft?"*

K.: *"Ja."*

C.: *"Woran würdest du merken, dass das Problem ausgestorben ist?"*

K.: *"Es ist weg und ich hätte ein neues Problem."*

Als Kai zum Erstgespräch kam, war er gerade 14 Jahre alt und besuchte die 10. Klasse eines Gymnasiums. Seine Mutter hatte telefonisch Kontakt aufgenommen und einen Termin für ihn vereinbart. Er würde allein zum Erstgespräch kommen. Das Telefonat lieferte folgende Hintergrundinformationen: Kai war ein Einzelkind und hatte sich bereits vor Eintritt in die Vorschule Lesen, Schreiben und Rechnen selbst beigebracht. Er war nicht im Kindergarten gewesen. Als er in die Vorschule kam, traf er zum ersten Mal auf eine Gruppe Gleichaltriger. Er zeigte ein ungewöhnliches Verhalten, mit Phasen von Rückzug und Desinteresse. Die Vorschullehrerin ließ ihn ohne Einwilligung der Eltern testen. Das Ergebnis war ein IQ Punktwert von weit über 130, so dass er auf Anraten der Schule umgehend in die 2. Klasse versetzt wurde.

Kais Aussage zur Vor- und Grundschule lautete: *"Ich konnte mit denen nicht umgehen, ich wusste nicht, dass die das (Lesen, Schreiben und Rechnen) nicht konnten."*

Die Schulzeit beschrieb die Mutter als generell schwierig. Kai reagierte auf alles hoch sensibel und kam durch seine Art mit den Mitschülerinnen und Mitschüler kaum in Kontakt. Richtig schlimm wurde es in der 7. Klasse. Es kam zu Mobbing, in dessen Folge Kai die Schule zu Beginn der 8. Klasse wechselte. An der Schule war Kai zwar nicht richtig glücklich, aber nach Auskunft der Mutter sei es in der 8. und 9. Klasse noch einigermaßen annehmbar gewesen.

Das Erstgespräch und die Phase des Vertrauensaufbaus

Das erste Treffen - er stand regennass in der Tür mit Baseballcappy und schaute zu Boden: *„Vor 15 Minuten hatte ich hier einen Termin."* Darauf reichte ich ihm die Hand und sagte ihm, dass der Termin ja noch nicht zu Ende sei.

Kai erzählte ein wenig über seine aktuelle Situation. Als er das Gymnasium wechselte, hatte er sich vor die Klasse gestellt und so etwas gesagt wie: *„Heh, Leute ich bin Kai und ich bin hochbegabt."* Dieser Auftritt hatte die Basis für alles Weitere in der Klasse gelegt. Seine Schulsituation beschrieb er als trostlos. Er ist anwesend und wartet einfach, bis der Schultag zu Ende ist, beteiligt sich überhaupt nicht am Unterricht. Vor Langeweile zählt er die Löcher in der Deckenverkleidung. Wenn er gar nichts für die Schule tut, hat er in fast allen Fächern eine 4, außer in Informatik.

Er hat einen besten Freund, der in der gleichen Straße wohnt, und einige Freunde, die er über das Internet kennen gelernt hat. Das waren vorwiegend Jungen und junge Männer, die ähnlich dachten und, so seine Worte *„wahrscheinlich auch hochbegabt seien."*

Auf die Frage, woran er es merken würde, dass es nützlich war, mit mir gesprochen zu haben, antwortete Kai: *„Wenn ich erzählen kann, wie mein Leben ist."*

Im Gespräch war er sehr introvertiert und zurückhaltend, die Gesprächsgestaltung lag ganz in meinen Händen. Neben dem Verbalen zeigte sich im Nonverbalen folgendes Verhalten: Vermeidung von Blickkontakt, Blick auf den Boden, mit den Händen auf den Kopf klopfen und eine schlechte

Körperhaltung mit extrem rundem Rücken. Er wirkte total schüchtern und introvertiert.

Ein Teil des Erstgesprächs wurde dafür genutzt, Coaching und die Rahmenbedingungen ausführlich zu erläutern: der zeitliche Rahmen, die Methoden, die Spielregeln (Vertraulichkeit, Transparenz, Kooperation, Offenheit und Ehrlichkeit). Kai brauchte Zeit, um anzukommen. Im Gespräch wurde deutlich, dass er mit dem Coaching seine Lebenssituation verändern wollte. Einige Dinge in seinem Leben sollten aber so bleiben. Kai war zufrieden mit seinen wenigen, aber ausgesuchten sozialen Kontakten und mit dem Etikett *hochbegabt*.

Kais Anliegen lautete: *„Ich bin faul und möchte etwas ändern."*
Der Auftrag bzw. die Ziele, die wir gemeinsam erarbeiteten, waren im Kontrakt wie folgt aufgelistet:
- Verbesserung der schulischen Leistungen
- Verbesserung der mündlichen Beteiligung im Unterricht
- Die Langeweile reduzieren
- Spaß

Falls es zu einer Zusammenarbeit kommen sollte, legten wir die Frequenz der Sitzungen auf 1 - 2 Mal im Monat fest.
Es ist sinnvoll, nicht im Gespräch selbst zu entscheiden, ob ein Coaching die passende Maßnahme ist. So verschafft man seinem Gegenüber die Zeit, in Ruhe darüber nachzudenken und zu einer wohlüberlegten Entscheidung zu kommen. Kais Mutter rief einige Tage nach der Sitzung an und war überrascht, dass er sich dafür entschieden hatte, weil er ansonsten so menschenscheu und kritisch sei, dass er sich von Fremden generell fernhalte.

Ungefähr 4 Wochen nach dem Erstgespräch begann das Coaching. Kai wählte als erstes Thema die mündlichen Leistungen in der Schule.

Veränderungen brauchen Zeit und gehen oft nur in kleinen Schritten. Nach eigener Aussage meldete sich Kai im Unterricht nie. Meistens ließen ihn die Lehrer total in Ruhe. Kai sah die Notwendigkeit, daran etwas zu verändern, weil seine Noten immer schlechter wurden. Gemeinsam erstellten wir einen detaillierten Plan. Je genauer ein Plan durchdacht und ausformuliert ist, desto größer ist die Wahrscheinlichkeit der Umsetzung. Kai nannte als Zielvorgabe, sich 1 - 2 Mal in der Stunde zu melden. Er sollte damit in den Fächern starten, in denen er sich eine mündliche Beteiligung leichter vorstellen könnte, das waren Musik, Mathematik, Chemie und Physik. Als mögliche Hindernisse sah er:
- er weiß die Antwort nicht;
- er kann nicht gut erklären;
- ihn stört die Anzahl der Mitschülerinnen und Mitschüler und
- es könnte es aber auch passieren, dass er sich gar nicht mündlich beteiligen will.

Wir überlegten, wie er die möglichen Hindernisse bewältigen könnte und inwieweit unsere Gespräche ihn dabei unterstützen könnten.

Als erstes sollte er im Unterricht beobachten, welche Fragen er schon richtig beantworten könnte, und als zweites planten wir Zeit in den Gesprächen ein, in der er Erklärungen üben konnte. Am Ende der Sitzung trafen wir die Vereinbarung, die Erfolge im Coaching zu kontrollieren und zu dokumentieren.

In dieser Sitzung wurde ganz deutlich: Kai wollte seine Arbeitshaltung in der Schule verändern und Leistung erbringen. Es würde schwierig für ihn werden, sich vom schweigsamen Schüler zu einem aktiv am Unterricht beteiligten Schüler zu entwickeln. Deshalb erinnerte ich noch einmal daran, dass Veränderungen Zeit kosten und zunächst in kleinen Schritten erfolgen würden.

Zur nächsten Sitzung kam Kai mit einer ganz miesen Laune. Eine Reihe von Missgeschicken hatte dazu geführt, dass er sich in einer negativen Gedankenschleife verfangen hatte. Am PC war etwas kaputt gegangen, er war bei einem Internethandel übers Ohr gehauen worden, in der Schule konnte er seine Musik nicht hören, weil die Batterie leer war, und psychisch war er auch schlecht drauf. Diese Aussagen gipfelten in: *„Ich lebe vor mich hin."*

Trotzdem berichtete er, dass er sich einmal gemeldet hatte und drangekommen war. Das hatte sich total ungewohnt, aber auf Nachfrage eher gut als schlecht angefühlt. Er war zufrieden mit sich, weil es ihn doch einiges an Überwindung gekostet hatte.

Kai und seine Umwelt

Kai verbrachte jede freie Minute mit dem MP3-Player auf den Ohren und hörte Musik von Video- und PC-Spielen. So stand er in den Pausen meistens für sich, abgeschottet und geschützt. Das erklärt auch den Ärger, als er feststellte, dass die Batterien des MP3-Players leer waren. Dem Kontakt mit den Mitschülerinnen und Mitschülern war sein Verhalten nicht zuträglich. Er verstand auch gar nicht, was diese miteinander zu reden hatten. In seiner Wahrnehmung redeten sie immer vor sich hin und wiederholten sich ohne Ende. Kai fehlte ein tieferes Verständnis für soziales Verhalten und Kommunikation. Seine Aussagen gipfelten in: *„Die reden über Sachen, die vor einer Woche passiert sind, und regen sich immer noch darüber auf. Es ist niemand in der Klasse, der interessant ist."* Hinzu kam noch die Tatsache, dass seine Mitschülerinnen und Mitschüler mindestens 2 Jahre älter waren als er und ihn dadurch auch als Jüngsten oder überhaupt nicht wahrnahmen.

Das Thema mündliche Leistungen besprachen wir noch einmal, und die Hausaufgabe bis zur nächsten Sitzung lautete: sich 2 Mal in einer Stunde zu melden und sich alle Mitschülerinnen und Mitschüler dahingehend anzuschauen, ob es nicht doch jemanden gäbe, der interessant für ihn sein könnte. Er sollte seine Beobachtungen über die Mitschülerinnen und Mitschüler auf andere Klassen ausweiten, weil er seine Klasse nach über 2 Jahren wirklich einschätzen konnte.

In der folgenden Sitzung berichtete Kai, er habe sich zweimal gemeldet und sei nicht dran gekommen. Diese Erfahrung war ganz neu für ihn und hatte ihn frustriert. Wenn ein Jugendlicher, der extrem schüchtern ist, endlich versucht den Schritt zu gehen und sich mündlich zu beteiligen und dann von den Lehrern nicht gesehen wird, ist das eine große Enttäuschung. Es galt, ihm Mut zu machen, damit seine Pläne nicht durch Rückschläge vereitelt würden.

Im Anschluss an das letzte Gespräch kamen wir noch mal auf das Thema Kommunikation und soziales Verhalten zurück. In dieser Sitzung erklärte ich ihm ein wenig die Welt anhand einer Analogie, auf die er sich gut einlassen konnte. Er hatte schon seit langem zwei Katzen. Nun fragte ich ihn aus, wie oft diese denn von ihm gestreichelt würden. Und wie Katzen so sind, fordern sie direkt Aufmerksamkeit ein. Darauf aufbauend stellte ich ihm die Frage, ob er sich vorstellen könnte, einmal am Morgen die Katzen zu streicheln und das müsste für den Rest des Tages reichen. Darüber musste Kai nun wirklich lachen und fand es zu Recht überspitzt dargestellt. Den Bogen zum sozialen Miteinander zu schlagen, fiel dann leicht. Was für seine Mitschülerinnen und Mitschüler das Gerede ist, sei für ihn bzw. die Katzen das Streicheln. Menschen reden einfach ständig miteinander, natürlich auch viel überflüssiges und dummes Zeug, aber so ist es nun einmal. Besonders die ständigen Wiederholungen, die Menschen in ihrer Interaktion miteinander durchlaufen, fand Kai total unverständlich. Im Laufe der Sitzungen entwickelte sich daraus ein leicht ritualisiertes Spiel. Immer wenn ich mich bei einer Wiederholung ertappte, gab ich das sofort zu und erwischte mich selbst. Wenn Kai mir irgendetwas ein zweites Mal erzählte (was seltener vorkam), sagte ich: *"Das hast du schon erzählt."* In diesen Momenten des Ertapptseins oder Etappwerdens gab es meistens ein gemeinsames Schmunzeln und Lachen. Indirekt erfuhr er, dass sich Wiederholungen im sozialen Miteinander nicht vermeiden lassen. Spürbar wurde auch sein Bedürfnis sich jemanden mitzuteilen, der zuhört. Die Sitzungen entwickelten sich so nebenbei zu einem Übungsfeld in Kommunikation und sozialem Verhalten.

Kai hatte und hat ein unglaublich gewinnendes Lächeln. Leider gab es in seinem Schulalltag nicht besonders viel zu lachen. Gemeinsames Lachen schafft eine anregende Atmosphäre und ermöglicht es, Dinge neu zu bewerten. Wenn es eine Sequenz in den Sitzungen gab, die zum Lachen anregte, nutzte ich diese Chance. Im Laufe des Coachings entwickelte sich zwischen uns ein eigenwilliges Abschiedsritual. Kai vermied den Blickkontakt, während ich beim Abschied mit Handschlag darauf bestand. Es gab lustige Szenen, wenn ich versuchte, durch seinen Blick zu laufen - eine Art Hin- und Her-Gehüpfe, das dazu führte, dass er lächelte und dabei kurz Blickkontakt aufnahm. Für einen Jungen wie Kai, der gerne seine Schritte zählt, sind solche Rituale eine gute Möglichkeit sich Sicherheit zu verschaffen.

Der Moment der Wahrheit
Ungefähr nach 5 Gesprächen stellte sich eine Vertrautheit ein. Kai konnte mich besser einschätzen, und ich wusste, wie ich ihn aus der Reserve locken konnte. In dieser Phase erzählte er auch mehr von seinen außerschulischen Kontakten und von seinen persönlichen Einstellungen. Er mochte kein Eis, sein Lieblingsessen war Salat mit einem bestimmten Dressing, die optimale Außentemperatur lag für ihn bei 18 Grad. Die Idee in den Urlaub zu fahren fand er generell unsinnig. Da er sich als Hochsensibler zu Hause am wohlsten fühlte, wusste er nicht, warum er sein Zimmer verlassen und

in einem Hotel übernachten sollte. Sein natürlicher Rhythmus war der eines Nachtmenschen und lief somit den Schulzeiten konträr entgegen.

Als sich die Sitzungen dem Halbjahreszeugnis näherten, kam Kai mit der Sprache heraus und gab eine Übersicht über die zu erwartenden Noten. Darunter in 3 Fächern eine 5. Im Zeugnis stand noch eine unerwartete 5 mehr. Kai meldete sich jeden Schultag zwar einige Male, aber das bewirkte nicht den gewünschten Notensprung. Es musste eine andere Strategie her.
Die Erfahrung zeigt, dass Probleme häufig erst angesprochen werden, wenn es wirklich brennt und sich die Vertrauensbasis gut etabliert hat. Jugendliche spielen ihre Schulprobleme gerne herunter. Obwohl sie wissen, wie das Zeugnis im schlimmsten Fall aussehen könnte, hoffen sie auf bessere Noten. Der Moment der Wahrheit kommt dann mit dem Zeugnis ins Haus - die Blase platzt, und eine gewisse Erleichterung ist zu spüren. Kai quälten Selbstzweifel, die um die Frage kreisten: *Wie kann ich als Hochbegabter nur so schlechte Noten haben?*
Darauf konnten eine ganze Reihe von Antworten gefunden werden: Desinteresse an den Inhalten, extreme Schüchternheit, fehlende Arbeitshaltung, geringe Motivation, fehlende Erfolgserlebnisse, innere Kündigung und Ziellosigkeit in Bezug auf eine spätere Berufswahl.

Nach eigener Erzählung saß er die Stunden in der Schule weiterhin ab, fuhr nach Hause und verbrachte den Rest des Tages vorm PC. Es wurden weder Hausaufgaben gemacht noch vor Arbeiten geübt. So war er immerhin bis in die 10. Klasse eines Gymnasiums gekommen, was nicht jedem Jugendlichen gelingt. Damit wird deutlich, dass er bis zu diesem Zeitpunkt doch irgendwelche Leistungen erbracht hatte oder minimale Anforderungen erfüllt hatte, deren er sich aber nicht bewusst war.
Sein letztes erinnertes Erfolgserlebnis in der Schule lag etwa zwei Jahre zurück. Da hatte er gezielt für eine Lateinarbeit geübt und eine gute Note

geschrieben. Wenn eine Hauskatze schon ca. 50 Fangversuche am Tag braucht, um im seelischen Gleichgewicht zu bleiben, was benötigt dann ein hochsensibler und begabter Jugendlicher? Fehlende Erfolgserlebnisse sind auf Dauer frustrierend. Außerdem zeigte sich, dass er seinen Plan für die mündliche Beteiligung nicht so umsetzen konnte, wie er es sich vorgenommen hatte.

Bei Fragen der Selbstdisziplin ist das Führen eines Arbeitstagebuchs für viele eine gute Unterstützung. Kai bekam ein Buch und schrieb seine Ziele auf die erste Seite:
- Ich werde in die 11. Klasse versetzt
- Ich arbeite jeden Tag 30 - 60 Min. für die Schule
- Ich beteilige mich mündlich am Unterricht

Dann gestaltete er die Seiten, indem er einen Wochenplan eintrug. Außerdem wollte er sich in einigen Fächern Extra-Arbeiten geben lassen (z.B. Referate).

Auf die Frage: *„Welche deiner Fähigkeiten können dir bei der Umsetzung der Ziele helfen?"*, nannte Kai seinen IQ, sein strukturiertes Denken, seine Selbstmotivation und die Fähigkeit, sich Unterstützung und Hilfe von außen zu holen.

In den nächsten Gesprächen zeigte sich, dass er die 30 Min. pro Tag meistens nicht schaffte, also setzten wir die Arbeitszeit auf 15 Min. am Tag herunter. Kai führte das Tagebuch sehr verlässlich - er hätte auch gerne die Sekunden hinter die Minuten geschrieben. Der Schritt von gar nichts für die Schule tun zu 15 Min täglich ist schon erheblich. Wir dürfen nicht vergessen, wie schwer Veränderungen umzusetzen sind. Nach einiger Zeit erhöhte er die tägliche Arbeitszeit in kleinen Schritten. Kai sagte, er wolle es schaffen, ohne Aufsehen zu erregen. Er hatte Angst vor den Kommentaren der Mitschülerinnen und Mitschüler, wenn er sich mündlich stärker beteiligen würde. Die optimale Situation in der Schule würde für ihn so

aussehen, dass er unsichtbar sei und trotzdem gute Noten habe. Er würde sich dann aussuchen, wann und für wen er sichtbar sei, z.B. für ausgewählte Freunde, seine Eltern oder auch in unseren Gesprächen.
Die Vorstellungen, unsichtbar und gleichzeitig ein guter Schüler zu sein, schließen sich meines Erachtens gegenseitig aus. Wenn 60% der Benotung auf mündlicher Beteiligung basiert und seine schriftlichen Leistungen weiterhin im 4er-Bereich bleiben, kann es nur zu weiteren Schulproblemen führen. Kai war ein wenig in diesem Paradox gefangen und konnte es selbst nicht auflösen. Etwas anderes wäre es gewesen, wenn er in allen schriftlichen Arbeiten nur 2en oder 1en geschrieben hätte, aber das war nicht der Fall.

Neben den ganzen Problemen in der Schule gab es auch einige positive Aspekte in seinem Leben. Kai hatte eine Clique, die sich in größeren Abständen für ein Wochenende oder eine Woche in verschiedenen Städten traf. Dort konnte er mit einer kleinen Gruppe Filme erstellen und eigene Ideen umsetzen. Seine Eltern sahen seinen Eigensinn als etwas Positives. Er fühlte sich zu Hause unterstützt.
In der Schule gab es einen Lehrer, der ein Gespür für Kai und seine Situation hatte und ihm seine Hilfe anbot.
Die Telefonate mit seiner Mutter ergaben, dass sie ihn wieder als offener und lebensfroher erlebte. Früher hatte er öfters von sich behauptet, er sei dumm. Solche Äußerungen waren in den letzten Monaten seltener geworden und dann ganz verschwunden.

Die Realschulprüfungen
Im zweiten Halbjahr der 10. Klasse standen die Realschulabschlussprüfungen an. Dazu gehörte, sich auf verschiedene Themen vorzubereiten. Für Deutsch war ein Roman zu lesen, und für andere Fächer war Stoff zu wiederholen.

Die letzten Monate hatten gezeigt, dass Kai sich nur für kurze Phasen selbst motivieren konnte. Ungewöhnliche Situationen verlangen ungewöhnliche Maßnahmen. Der Vorschlag von meiner Seite sah vor, dass er sich an 4 Tagen in der Woche für ca. 1 Std. bei mir zum Lernen einfände. Dieses Arrangement basierte auf Freiwilligkeit. Er konnte jeden Tag entscheiden, ob er komme wollte oder nicht. Während ich in meinem Beratungszimmer arbeitete, setzte er sich in einen anderen Raum und las das Buch für die Deutschprüfung oder bereitete seine Unterlagen auf. Es ist noch hinzuzufügen, dass es sich bei dieser Aktion nicht um Nachhilfe handelte, sondern nur ein freier Raum zur Verfügung gestellt wurde. Kai nahm das Angebot an und kam wirklich jeden Tag und lernte ungestört. Einmal die Woche besprachen wir die Wochenergebnisse und planten die nächste Woche. Er nutzte die Zeit effektiv und tat etwas, was er zu Hause nicht konnte - sich hinsetzen und am Thema bleiben.

Das Fazit dieser Vorbereitung war, dass er in den Prüfungen, die teilweise mündlich waren, überraschend gute Noten erreichte und sich damit den Realschulabschluss sicherte. Das Sommerzeugnis hatte trotzdem zu viele 5en, so dass er das Jahr wiederholen sollte.

Auf der Lehrerkonferenz gab es wohl einen Fürsprecher. Kai und seine Eltern waren schon damit beschäftigt zu schauen, welche Schule ihm wohl gefallen könnte, als die Schule ihm aufgrund der unerwartet guten Noten bei den Realschulprüfungen folgenden Vorschlag machte: Kai erhielt die Möglichkeit, nach den Sommerferien in einem Fach eine Nachprüfung abzulegen und damit eine 5 in eine bessere Note umzuwandeln. Wenn dies gelingen würde, könnte er in die 11. Klasse versetzt werden.

Wir waren ziemlich überrascht und legten noch mal das Programm fest auf 2 Wochen à 4 Tagen in meiner Praxis lernen. Kai schaffte die Prüfung und erreichte sein Ziel - Versetzung in die 11. Klasse, wie er es auf die erste Seite seines Arbeitstagebuchs geschrieben hatte. Kai war in seiner Einschätzung ganz realistisch, dass es weiterhin schwierig für ihn sein würde.

Er erhoffte sich eine Verbesserung durch die Abwahl bestimmter Fächer in der Oberstufe.

Abschlussphase und letzte Gespräche

Schon in den letzten Gesprächen war die Beendigung des Coachings thematisiert worden. So gab es abschließende Gespräche, eine offizielle Abschlusssitzung mit ihm und eine nur mit den Eltern. Wie bereits erwähnt, ist Coaching ein endlicher Prozess. Wir hatten vereinbart, mit der Versetzung in die 11. Klasse bis auf weiteres einen Endpunkt zu setzen und uns nach Beginn des neuen Schuljahres voneinander zu verabschieden.

Kai war recht zuversichtlich, was seine Schulsituation betraf. Er war nicht mehr der Jüngste in seinem Jahrgang, da ein weiterer hochbegabter Schüler gesprungen war. Der Klassenverband wurde aufgelöst, er konnte ungeliebte Fächer abwählen, und ein Teil der Mitschülerinnen und Mitschüler ging für ein Jahr ins Ausland. In diesen Veränderungen sah Kai eine Chance sich neu zu positionieren.

Im Abschlussgespräch kamen noch einige seiner inneren Einstellungen zu Tage. Z.B. fand er, dass er mit 18 Jahren - so alt wäre er zum Zeitpunkt des Abiturs - noch zu jung sei, um sein Potenzial wirklich zu nutzen. Er bewertete sein Springen eher negativ - „normal" hätte er aus heutiger Sicht besser gefunden. Die Wahrscheinlichkeit, auf Menschen zu treffen, die zu ihm passen würden, bezeichnete er als unerwartetes Glück. Am zufriedensten wäre er, wenn ihn alle einfach in Ruhe ließen. *„Ich bin Kai, der Rest geht euch nichts an."* Er wollte auf jeden Fall das Abitur machen, um sich für später die Option auf ein Studium offen zu halten.

Kai vertrat im Abschlussgespräch die Überzeugung, dass er im Alter von 18 Jahren erst richtig loslegen würde. Beim Ende des Coachings war er gerade 15 geworden. Er meinte, seine Ziele teilweise erreicht zu haben. Nach eigener Einschätzung hatte er sich im Mündlichen nicht wirklich verbessert, obwohl er sich wiederholt am Unterricht beteiligt hatte. Er war in die 11. Klasse versetzt worden, und die Langeweile war im Moment kein Thema. Kai sagte: *„Ich achte nicht mehr auf die Langeweile, obwohl Freistunden irgendwie langweilig sind."*

War das Coaching erfolgreich? Ja und nein - bestimmte Ziele konnten verfolgt und umgesetzt werden, jedoch nicht alle. Wir hatten fast ein ganzes Jahr miteinander gearbeitet und Kai hatte einige Dinge verändern können, andere aber noch nicht. Er würde auch weiterhin sehr verschlossen, schüchtern und vorsichtig in seinen Kontakten sein. Kai hatte Bestätigung und Wertschätzung für seinen Eigensinn erhalten. Beim Durchsehen der Gesprächsnotizen zeigte sich neben der Schulthematik ein zweiter Auftrag, den Kai wie folgt formuliert hatte: *„Wenn ich erzählen kann, wie mein Leben ist."*

Er hatte mir als Coach erlaubt, Einblick in sein Leben und sein Denken zu erhalten.

Fazit: Was zu erreichen war, konnte erreicht werden. Es wird weiterhin schwierig für ihn sein. Bestimmte Verhaltensweisen hatten sich während dieses Jahres verändert. Der Blickkontakt fiel Kai leichter und seine Körperhaltung war aufrechter geworden.

Das Abschlusstreffen mit den Eltern ergab, dass er sich zu Hause wieder stärker öffnete, mehr lachte und erzählte.

Wenn wir uns als Erwachsene vorstellen, wir müssten über Jahre jeden Tag an einem Ort verbringen, der uns zu Tode langweilt, wird Kais Abwehrhaltung nur zu verständlich. Kai ist immer in die Schule gegangen, hat nie geschwänzt und war ein zuverlässiger und pünktlicher Schüler.

Einen Blick in die Zukunft

K.: *„Mit 18 lege ich dann richtig los."*

Manchmal entwickelt sich aus dem Arbeitsverhältnis Coaching ein Mentoring, d.h. es gibt eine weitere lockere Begleitung. Dieses Angebot sieht vor, dass sich Kai weiterhin mit Fragen an mich wenden kann. Als Mentorin habe ich ein Auge auf ihn und mache ihm weiterhin Mut. Es finden zwei- bis dreimal im Jahr Treffen statt. Wir alle möchten in unserer Individualität erkannt und gesehen werden. Zwischen dem 14. und 20. Lebensjahr passiert so viel und die verschiedensten Entwicklungen sind möglich.

Ein halbes Jahr nach unseren Gesprächen hatte Kai die Schule abgebrochen. Seine Eltern unterstützten seine Entscheidung und sagten: *„Es ging nicht mehr - er braucht noch Zeit."* Da er in der 11. Klasse erst 8,5 Schuljahre hinter sich hatte, wurden seine Eltern von der Schulbehörde angeschrieben, da er offiziell - trotz Realschulabschluss - noch schulpflichtig war.

Kai wollte weiteren sozialen Kontakten aus dem Weg gehen und hatte sich für eine Fernschule angemeldet, um auf diese Weise zum Abitur zu gelangen. Was in den Gesprächen als Paradox erschienen war, hatte er für sich selbst gefunden: unsichtbar sein und gute Noten erbringen. Auf diese Lösung ist er selbst gekommen. Zum jetzigen Zeitpunkt ist noch offen, wie ihm das Fernstudium gelingen wird.

6.5. Judith

J.: *"Kann es sein, intelligent zu sein und nichts davon zu merken?"*

Judith war 18 Jahre alt und besuchte zum Zeitpunkt des ersten Treffens die 13. Klasse. Sie hatte von dem Coachingangebot erfahren und war neugierig geworden. Ihre Hochbegabung wurde in der 9. Klasse diagnostiziert. Das Testergebnis hatte starken Einfluss auf ihre Entscheidung, nach der Schule ein Studium zu beginnen. In ihrer Familie hatte noch niemand eine Universität besucht, so zog sie aus dem Testergebnis die Zuversicht und das Vertrauen studieren zu können.

In der Pubertät hatte Judith eine schwere Krise durchlaufen und sich in negativen Gedankenkreisen verfangen. Dazu gehörten auch Suizidgedanken, die erfolgreich in einer Psychotherapie bearbeitet werden konnten.

Als Schülerin ordnete sie sich im Mittelfeld ein. Ihr Notendurchschnitt lag aufgrund ihrer schlechten mündlichen Beteiligung bei 2,4. In der Schule galt sie als die Stille. Eine Lehrerin war auf ihre Begabung aufmerksam geworden und hatte sie ermutigt, sich testen zu lassen. Nachdem eine Hochbegabung diagnostiziert worden war, hatte Judith das Angebot, die 10. Klasse zu überspringen, erhalten und angenommen. Sie hielt ihren Notenspiegel stabil und hatte in der 11. Klasse keine Leistungseinbrüche. Außerdem fand sie gute Freunde in der neuen Jahrgangsstufe und betrachtete ihr Springen auch aus diesem Grunde als erfolgreich. Sie spielte seit einigen Jahren aktiv Volleyball in einem Sportverein und hatte wenige, aber ausgesuchte Freundinnen und Freunde.

Im Erstgespräch antwortete Judith auf die Frage: *"Woran würdest du am Ende der Stunde merken, dass unser Gespräch nützlich oder sinnvoll für dich war?" "Wenn ich besser verstehe, was hochbegabt eigentlich heißt."*

So ergaben sich für die Zusammenarbeit zwei Themenkomplexe:
- *„Was bedeutet es für mich hochbegabt zu sein?"*
- *„Wie finde ich das passende Studium und den passenden Beruf für mich?"*

Auf dem Kontrakt standen die folgenden Punkte:
- Berufsorientierung
- Entscheidungshilfe
- Selbstreflexion Hochbegabung - mein Potenzial kennen und nutzen
- Zukunftsvision

Es kamen 8 Sitzungen über einen Zeitraum von 12 Monaten zustande.
Da unsere Gespräche in der zweiten Hälfte des 13. Schuljahrs begannen, tauchte das Thema Schule nur noch am Rande auf. Judith hatte eine Reihe von Interessen wie Philosophie, Biologie, Entwicklungspsychologie, Systeme, Literatur, Biologie, Kriminologie, Geschichte, Klimawandel und Geographie. Wenn sie sich einem Thema zuwandte, ging sie immer in die Tiefe, las Fachbücher und erhielt darüber ein größeres Verständnis für das Gebiet.

Abitur

„Ich bin doch intelligent, warum habe ich so schlechte Noten?" Mit dieser Frage startete sie eine der ersten Sitzungen. Die Noten in den Abiturklausuren lagen gerade vor. Judith fand die Abiturnote mit 2,0 zu schlecht für eine Hochbegabte. Sie hatte eine genaue Vorstellung davon, wie Hochbegabte sein müssten. Sie meinte stark leistungsorientierte Schülerinnen und Schüler, die ohne Probleme und ohne jegliche Anstrengung ein 1,0 Abitur schrieben und sich in jedem Rahmen selbstsicher und eloquent bewegten. In diesem Bild fand sie sich so nicht wieder. Sie beschrieb sich als eine Schülerin mit wenig Ehrgeiz, die auch gerne mal Romane lesend auf dem Bett lag. In der Schule während des Unterrichts spürte sie nichts von ihrer

Hochbegabung. Sie war immer „die Stille" gewesen und empfand dieses Etikett oft als negativ. Deshalb schauten wir uns mögliche Konnotationen des Adjektivs „still" an und kamen zu der folgenden Liste: überlegt – ruhig – durchdacht – beobachtend – nachdenklich – zurückhaltend – verschwiegen – vertrauensvoll für Freundinnen und Freunde und eine stille Schülerin stört nicht.

Durch die Auflistung der verschiedenen Bedeutungsfelder des Wortes erhielt Judith andere Perspektiven auf sich und ihr Verhalten. Trotz ihrer *stillen* Art, hatte eine Lehrerin aufmerksam hingeschaut und hingehört und dabei erkannt, dass sie nicht nur still, sondern auch hochbegabt sein könnte. Sie hätte auch übersehen werden können, wie es vielen hochbegabten zurückhaltenden Mädchen passiert.

Ihre mündlichen Leistungen lagen stets zwischen 3 - 4 und hatten (bei einer Gewichtung von 60%) die Gesamtnoten gedrückt. Jetzt, kurz vor dem Ende ihrer Schulzeit, würde sich das nicht mehr ändern lassen.

Judith zu verdeutlichen, dass sie die 10. Klasse übersprungen hatte, ohne einen Noteneinbruch, führte ihr erst vor Augen, wie sie ihr Potenzial bereits genutzt hatte, ohne es zu bemerken. Den Stoff eines ganzen Schuljahrs hatte sie sich nach eigener Auskunft nebenbei angeeignet. Es war noch nicht einmal in allen Fächern nötig gewesen. Sie betrachtete das nicht als etwas Besonderes, entwertete auf diese Weise ihre Leistung und ihr Können. Es schien ihr sogar wahrscheinlich, dass die meisten ihrer Mitschülerinnen und Mitschüler das Gleiche geschafft hätten. Aber denen wurde das Springen aus bestimmten Gründen gar nicht erst angeboten. Sie stellte eine Ausnahme dar, ohne sich dessen bewusst zu sein. Nach eigener Einschätzung hätte auch ein Schuljahr länger keine bessere Abiturnote für sie bedeutet. Mit einer Note von 2,0 hatte sie ein gutes Abitur gemacht und dafür auch von ihrer Familie viel Lob erhalten. Als Vergleich zog sie eine Mitschülerin heran, die unheimlich ehrgeizig war und sich im Gegenteil zu ihr täglich viele Stunden mit Hausaufgaben und Lernen beschäftigte, um

gute Noten zu liefern. Erst die Beobachtung und der Vergleich mit Gleichaltrigen konnten die Unterschiede sichtbar machen. Durch unsere Gespräche überprüfte Judith ihre Wahrnehmung und bekam neue Anregungen in der Betrachtung ihrer Lebenssituation. Der Unterschied, der einen Unterschied macht, wird erst sichtbar, wenn die Aufmerksamkeit in seine Richtung geht und liegt meistens im Auge des Betrachters.
Es entstand die Idee, andere Hochbegabte zu treffen und kennen zu lernen.

Die anderen Hochbegabten
Judiths Vorstellung von Hochbegabung war vor allem durch die Medienberichte über Wunderkinder geprägt. Sie fand sich in diesem Bild so gar nicht wieder. Sie träumte sich häufig weg, ließ sich sinken und musste sich zwingen, mit dem Lernen oder Lesen anzufangen. Trotzdem hatte sie immer irgendein Fachbuch auf dem Tisch liegen, was sie gerade las. War es möglich, intelligent zu sein und nichts davon zu merken? fragte sie sich, und welche Bedeutung wollte sie dem Etikett *Hochbegabung* in ihrem Leben geben? Wenn die Diagnose Hochbegabung vorliegt, beginnt für die meisten eine Auseinandersetzung mit dem Thema. Der Blick auf die Welt verändert sich. Vergangene Situationen werden erinnert und neu bewertet. Intelligent bzw. intelligenter im Vergleich zu wem? Situationen, in denen sie annahm, jedes Kind müsse soviel wissen wie sie, kamen ihr ins Gedächtnis. Es entstand die Idee, den Kontakt zu anderen Hochbegabten aufzunehmen. Judith nahm an einem Treffen von Mensa e.V. teil, einem Verein für hochbegabte Menschen, und kam zu der überraschenden Erkenntnis: „*Die sind ja noch mal anders als ich und gar nicht so, wie ich es erwartet habe.*"
In ihrer Vorstellung liefen zwei Dinge zusammen: Hochbegabung war mit einer bestimmten Persönlichkeit assoziiert. Aber eine intellektuelle Hochbegabung ist nur ein Aspekt im Leben des Menschen. Die anderen Aspekte wie die Sozialisation, der Charakter, die Werte und die speziellen Fähig-

keiten können sich dabei stark voneinander unterscheiden. Nach dem ersten Treffen besuchte sie weiterhin Veranstaltungen von Mensa, beobachtete viel und bekam so einen Eindruck von der Vielfalt, in der sich Hochbegabung zeigen kann.

Gleichzeitig fing sie an, nach Hochbegabten in ihrem Umfeld Ausschau zu halten. Dabei wurde offensichtlich, dass sie sich schon mit Freundinnen und Freunden umgeben hatte, die auch intelligent waren oder über außergewöhnliche Begabungen verfügten. Ihre Freundschaften basierten auf einer Mischung von Ähnlichkeit und Andersartigkeit. Entweder zieht sie das Ähnliche an, oder es lockt sie das Andersartige. Aber Freundschaften gelingen nur, wenn ein gegenseitiges Verständnis gegeben ist. Den Anderen zu verstehen setzt voraus, dass er sich in die Gedankenwelt des Gegenübers versetzen kann. Diese Erkenntnis machte Judith froh, denn sie hatte sich schon unbewusst die passenden Menschen gesucht und sie auch gefunden.

Mehr wahrnehmen

Ein weiteres Merkmal ihrer Hochbegabung sah Judith in ihrer Wahrnehmung von Mustern. *"Ich sehe überall Muster, und das nervt mich total."* Sie berichtete, dass sie, wenn sie einen Raum betrat, sie sofort die vorhandenen Muster wahrnahm, gleichgültig ob es sich um Tapeten oder Stoffe handelte. Die Muster drängten sich ihr regelrecht auf und lösten ein Unwohlsein und schlechte Laune aus. Dabei sah sie vorwiegend die symmetrischen Ornamente, die sich durch ein Ordnungssystem mit Spiegelachsen auszeichneten oder in einer Reihung erfolgten. Das war schon immer so gewesen und erst im Rahmen unserer Gespräche berichtete sie von diesem Phänomen. Sie fand es irgendwie merkwürdig und hatte es noch nie jemandem erzählt. Aus ihrem Zimmer hatte sie jede Art von Mustern schon als Kind verbannt. Es gab vorwiegend einfarbige Dinge oder großflächige florale Muster. Ihr war deutlich, dass sie den Mustern und Ornamenten nicht ganz aus dem Weg gehen konnte. Ihre Fähigkeit Muster wahrzunehmen oder zu erkennen konnte sie weder steuern noch ausschalten. Die Muster drängten sich in ihr Bewusstsein. Dem gegenüber stand die Freude an Grundrissen. Judith machte es Spaß, Grundrisse in verschiedenen Formen (z.b. im Umriss von Buchstaben) zu zeichnen. Dabei versuchte sie immer wieder neue abwegigere Figuren zu finden. Während des Zeichnens war sie in dem Haus, bewegte sich durch die Räume und fing schon an, die Einrichtung zu planen. Die Frage, welchen Nutzen sie in Zukunft aus dieser Fähigkeit ziehen könnte, blieb zunächst offen. Neben den starken Reaktionen auf bestimmte optische Reize, beschrieb sie sich auch auf der Ebene der Schmerz- und Körperempfindung als hochsensibel. Körperkontakt durch fremde Personen – manchmal auch eher zufällig – war ihr unerträglich. Sie verspürte körperliche Schmerzen und musste immer wieder auf sich achten, um nicht in unangenehme Situationen zu geraten. Es gab nur zwei Menschen, denen sie Berührungen gestattete. Besonders schwierig war es für sie während der Kindheit beim geselligen Zusammensein und bei Verwandtenbesuchen. Je älter sie wurde, desto besser konnte sie sich den Situationen entziehen. Trotzdem traf sie häufig auf Unverständnis.

Nach einer intensiven Phase der Selbstreflexion wollte Judith sich dem Thema der Studienwahl zuwenden.

Die Studienwahl

Die Überschrift für Judiths berufliche Zukunft lautete: *„Welches Studium passt zu meinen Fähigkeiten und könnte mir Spaß machen?"*

Um eine Idee von ihren Möglichkeiten zu erhalten, fingen wir mit dem Kompetenzenspiel an. Judith wurde gebeten, alle ihre Fertigkeiten und Fähigkeiten auf einzelne Kärtchen zu schreiben. Dieses Spiel verschafft einerseits einen Überblick über das persönliche Profil und andererseits

stärkt es, sozusagen als Nebeneffekt, auch noch das Selbstwertgefühl. Es kam die folgende Liste zustande:
- schwedisch - Baumhaus bauen - Lesen - Sport - geographisches Wissen - Reisen - Lernbereitschaft - Hausaufgabenhilfe - „ich weiß, was ich nicht will" - Philosophie - zuverlässig - organisieren - Empathie und Menschenkenntnis - zuhören können - verschwiegen und vertrauensvoll sein - mutig - zurückhaltend - realistische Weltsicht - gut informiert - zielstrebig - in die Tiefe gehend – wissbegierig.

Sie wurde aufgefordert, blind drei Karten zu ziehen und aus diesen Begriffen einen Beruf zu assoziieren, der zu den Kompetenzen passte. Es gab zwei Durchgänge mit den folgenden Ergebnissen:

1. - Hausaufgabenhilfe, realistische Weltsicht, zuverlässig
= Lehrerin
2. - in die Tiefe gehend, verschwiegen und vertrauensvoll, Baumhaus bauen
= Forscherin, die sich mit den Fragen der Menschheit beschäftigt

Sie nahm alle Kärtchen mit nach Hause und befragte ihre Freundinnen, ihre Freunde und ihre Familie, um herauszufinden, ob sie etwas Wesentliches übersehen hatte. So kam es in einem zweiten Schritt zu einem Abgleich zwischen Selbsteinschätzung und Fremdwahrnehmung. Außerdem sollte sie spielerisch immer neue Kombinationen legen, um in Erfahrung zu bringen, welche Kompetenzen sie im Studium zum Einsatz bringen möchte.
In der nächsten Sitzung ergab sich daraus die übergeordnete Fragestellung:
„Wo finde ich einen Ort, an dem man sich interessante Fragen stellt?"
Also kreisten wir erst mal den Typ der Fragen ein, die für Judith das Etikett „interessant" hatten. Dabei ging es ihr vordergründig um die Fragen der Menschheit, wie „Was macht den Menschen aus?", „Wodurch wird sein Verhalten gesteuert?", „Wo kommt der Mensch her und wo will er hin?", Judith listete eine Reihe von Fächern auf, die zu ihrer Suche passten. Sie

war anfangs der Meinung, dass nichts eindeutig herausstach, deshalb sortierten wir alle Studienfächer in die Kategorien: 1. Wunschfächer, 2. Mögliche Fächer und 3. klare Negativentscheidungen.

Judith konnte genau benennen, was sie nicht wollte. Diese Fächer konnten wir sofort vernachlässigen. Dann gab es noch einen unentschiedenen oder möglichen Bereich, zu dem die Fächer Medizin, Jura, Anthropologie und Psychologie gehörten, und die klar favorisierten Wunschfächer Biologie, Philosophie und Geschichte.

Jede Entscheidung schien Judith irgendwie ein Kompromiss zu sein. Auf die Frage nach der idealen Lösung entstand das Bild der Dauerstudentin Judith, die nicht aufhören kann ihr Wissen zu vermehren und ein Studium auf das andere folgen lässt. Zwei Aspekte wurden dabei deutlich: Einerseits konnte so die Entscheidung und die damit verbundene Reduktion auf ein Fach vermieden werden; und andererseits zeigte sich hier ihre grenzenlose Wissbegierde und der Wunsch immer weiter zu lernen. Dies zu spiegeln und „Warum nicht?" zu sagen und gemeinsam zu überlegen, unter welchen Bedingungen dieser Wunsch erfüllt werden könnte, führte zu der später entwickelten Zukunftsvision.

In der Phase der Entscheidungsfindung nannte Judith drei Stimmungen. Tage, an denen sie ganz genau wusste, es kann nur Biologie sein, andere Tage, an denen nur ein Philosophiestudium in Frage kam; und wieder andere Tage, an denen alles offen sei. Sie schwankte zwischen den drei Stimmungen hin und her und konnte ihre Unentschlossenheit und Unentschiedenheit kaum aushalten. Manchmal half es ihr, die jeweilige Stimmung einfach zu ignorieren, aber letztendlich wünschte sie sich Klarheit. Immer wieder tauchte die Frage auf: *„Wie treffe ich so eine weit reichende Entscheidung, ohne einen Fehler zu machen?"* Dahinter verbarg sich die Annahme, ihre Entscheidung - einmal getroffen - sei unwiderruflich. Entscheidungen können und dürfen auch in Frage gestellt, können revidiert werden. Sich für etwas zu entscheiden ist ein Prozess, der Zeit braucht, und die Unsicherheiten und Stimmungen sind ein Bestandteil davon.

Wir schauen in die Vergangenheit: Wie hatte Judith Entscheidungen getroffen, z.B. für eine Sportart oder ihre Leistungskurse? Auch diesen Entscheidungen ging meistens eine Phase der Unsicherheit und Zweifel voraus. Wir treffen jeden Tag unzählige Entscheidungen und nehmen es häufig gar nicht mehr wahr. Welche Kleidung ziehen wir morgens an, woraus besteht unser Frühstück, mit wem verabreden wir uns und mit wem nicht. In den Gesprächen nahmen wir der Entscheidung für ein Studienfach ein wenig von ihrer Absolutheit und holten sie aus der Ecke der Unverrückbarkeit heraus. Der Hinweis, sich über die Wahl des Nebenfachs die Option zu schaffen, einen Wechsel zwischen Haupt- und Nebenfach herbeizuführen entspannte ebenfalls die Situation.

Judith hatte sich schon einführende Fachliteratur der verschiedenen Fächer besorgt um einen Eindruck über die Inhalte zu bekommen. Aber unabhängig davon wie viel sie über das Studium wissen würde und welche Phantasien darüber in ihrem Kopf kreisten; ob es ihr wirklich Spaß machen und zu ihr passen würde, konnte sie erst im Studium selbst überprüfen. So legten wir Kriterien fest, woran sie es merken würde, wenn das Studienfach zu ihr passt. Als ersten Punkt auf der Liste nannte Judith *Spaß*. Sobald sich im Studium ein Gefühl von Langeweile oder Lustlosigkeit einstellen würde, würde sie diese Zeichen ernst nehmen und über einen Studienfachwechsel nachdenken. Hinzu kamen noch die Punkte, ob ihr Interesse an dem Fach auch von Dauer ist und ob sie die Inhalte gut versteht.

Durch ihre Abiturnote von 2,0 war sie sich nicht sicher, ob sie am Numerus Clausus der gewünschten Fächer scheiterte. Diese Unsicherheit beunruhigte sie. Wenn sie ihre getroffene Entscheidung nicht umsetzen könnte, würde entweder eine neue Suche beginnen oder eine Wartezeit zu überbrücken sein. Es entstand der Vorschlag, sich für die drei favorisierten Fächer an verschiedenen Universitäten zu bewerben und dann eine gut kombinierte Entscheidung bei der Nebenfachwahl zu treffen. Das Warten und Bangen wurde erst durch die Zusage des Studienplatzes aufgehoben.

Das Studium

Judith hatte einen Studienplatz für Philosophie erhalten und konnte ihren zweiten Studienwunsch, Geschichte, im Nebenfach belegen. In der Sitzung vor Beginn des Semesters kamen ihre ganzen Selbstzweifel einmal zur Sprache. Es reihte sich eine Frage an die nächste:
„Werde ich den Anforderungen gerecht?"
„Finde ich mich an der Uni zurecht?"
„Wie wird der Kontakt mit den Kommilitoninnen und Kommilitonen sein?"
„Bin ich diszipliniert genug?"
Wie zu erwarten, sagten alle ihr nahe stehenden Personen: *„Du schaffst das."* Sie fühlte sich trotzdem unruhig und war natürlich auch aufgeregt. Ein neuer Lebensabschnitt würde beginnen. In den Gesprächen galt es, ihre Zuversicht zu stärken und aufzuzeigen, dass die anderen Studentinnen und Studenten auch gerade neu an der Uni anfangen würden und sich wahrscheinlich mit ähnlichen Fragen beschäftigten.
Bei unserem nächsten Treffen, einige Wochen später, fand Judith sich gut an der Uni zurecht, und alle Zweifel, die das Organisatorische betrafen, hatten sich als unnötig erwiesen. Sie hatte sich mit einer Studentin angefreundet, die fast einen identischen Stundenplan hatte und fühlte sich wohl. Aber schon tauchte das nächste Thema auf: *„Schaffe ich die Klausuren?"*
„Ich kann mich nicht einschätzen, habe ich wirklich den Stoff verstanden, bin ich gut vorbereitet?" „Habe ich die relevante Literatur gelesen?" Die ersten Klausuren wurden so für sie zu einem wichtigen Meilenstein. Als Entlastung erlebte Judith, dass sie nicht unter dem Zwang stand sich mündlich in den Seminaren zu beteiligen.

Ein weiter Punkt, der Judith beschäftigte, waren Gruppenarbeiten. Gruppen waren Judith schon immer ein Greuel gewesen. Überstieg die Anzahl der Gruppenmitglieder die Zahl fünf oder wurde die Gruppe von einer extrovertierten Persönlichkeit dominiert, verstummte Judith fast ganz und hatte große Schwierigkeiten sich zu äußern. Inhaltlich hatte sie immer etwas beizutragen, kam aber nicht aus sich heraus. Sie war mit dieser Situation sehr unzufrieden. Für so eine Situation gibt es zwei Möglichkeiten. Die erste ist, Gruppen als Übungsfeld zu nutzen und so langsam mutiger zu werden. Die zweite Möglichkeit liegt in der selbst initiierten Zusammenstellung der eigenen Gruppe. Diesen Vorschlag, die Gruppenmitglieder selbst auszusuchen, konnte Judith sehr gut annehmen. Es fielen ihr sofort zwei Studentinnen ein, die sie ansprechen würde. Die eigenen Bedingungen zu schaffen führte zu einer Entlastung, und sie konnte gut in diesem Rahmen agieren und ihre Fähigkeiten zeigen.

Am Ende des Semesters standen die Klausuren an. Judith schrieb alle Klausuren im Hauptfach mit 1 und die im Nebenfach mit 1 oder 2. Die Bestätigung über die Noten gab ihr Aufwind, und die Unsicherheiten traten in den Hintergrund. Sie war erleichtert und freute sich auf die nächsten Herausforderungen.

Die Zukunftsvision

Um eine Idee von der möglichen Zukunft zu entwickeln, lud ich Judith ein, eine Zukunftsvision für einen Zeitraum von 5 Jahren zu entwerfen. Dabei arbeiteten wir mit der Methode der System- oder Organisationsaufstellung. Eine Zeitlinie von 5 Jahren verlief quer durch den Raum und Judith wurde aufgefordert diese Wegstrecke abzuschreiten: Sie benannte die Etappen, die sie in der Zukunft vor sich sah. Als Ausgangspunkt galt das Heute.

Das Bachelorstudium

Bis zum Abschluss des Studiums würden noch 2,5 Jahre vor ihr liegen. Mindestens ein Semester wollte sie im Ausland verbringen. Sie hatte sich schon erste Informationen zusammengesucht. Die kommenden Semesterferien waren bereits für Praktika und Sprachkurse verplant.

Das Masterstudium

Nach dem Bachelor-Abschluss würde sie einen Masterstudiengang anschließen, in dem sie sich auf ihren dann gewählten Schwerpunkt konzentrieren würde.

Dissertation und Berufstätigkeit

Danach, also in ungefähr 4 Jahren, eröffnete sich für ihre Vision zwei parallel laufende Wege. Als nächsten Schritt auf ihrem Karriereweg sah sie eine Dissertation und die Suche nach einer Anstellung. Judith würde gerne in einem Institut oder an der Universität tätig werden und nebenbei ihre Forschung betreiben. An diesem Punkt fiel es ihr schwer, weiter in die Zukunft zu schauen. Sie hatte noch keine Idee, wie viel Zeit sie für die Dissertation benötigen würde. Mit der Etablierung im Berufsleben würde dann das erste Einkommen fließen. Da sie mit 18 Jahren bereits ihr Studium begonnen hatte, würde sie beim Eintritt ins Berufleben gerade 23 Jahre alt sein.

Neben den beruflichen Zielen kamen auch die privaten Wünsche dazu, wie die Schaffung eines gemeinsamen Zuhauses mit ihrem Partner.

Stolpersteine und Stärken

Nachdem der Weg einmal beschritten worden war, forderte ich Judith auf, ihre möglichen Stolpersteine zu benennen. Sie konnte zwei Hindernisse ausmachen: Keinen Studienplatz für den Masterstudiengang zu erhalten und zu schlechte Leistungen.

Den Stolpersteinen gegenüber stellten wir ihre Stärken auf, die Judith diesen Weg gangbar machen würden. Dazu gehörten ihr Ehrgeiz, ihre Disziplin, Lernbereitschaft, Motivation, Zielstrebigkeit und Intelligenz.

Sollte sie keinen Studienplatz für den Masterabschluss erhalten würde sie einen Umweg nehmen, ein Praktikum absolvieren und sich ein weiteres Mal bewerben. Auch die Möglichkeit, berufsbegleitend zu studieren, wäre denkbar. Deutlich wurde, so leicht würde sie sich nicht entmutigen lassen.

Abschluss

Das Abschlussgespräch fand nach einer längeren Pause statt. Was konnte im Coaching erreicht werden? Judith nannte eine Reihe von positiven Aspekten. Die Gespräche hatten ihr eine Orientierungshilfe gegeben. Auch die Tatsache, außerhalb des vertrauten Umfelds von Elternhaus, Schule und Freundeskreis eine Gesprächspartnerin zu finden, die sich ihre Selbstzweifel anhört und sie ernst nimmt, hatte ihre Zuversicht und ihren Mut gestärkt.

Im Gespräch konnte sie ihre Sichtweisen präsentieren und erhielt Anregungen, neue Perspektiven zuzulassen. Sie war mit ihren Entscheidungen zufrieden und fand, dass die Begleitung sie bei der Entscheidungsfindung entlastet hatte.

Judith hatte ein besseres Verständnis erlangt, wie sich die Hochbegabung bei ihr zeigte und wie sie ihr Potenzial nutzen könnte. Die Selbstreflexion über die Hochbegabung hatte sie mit ihrer hochsensiblen Seite stärker in Verbindung gebracht. Sie achtete besser auf die Bedingungen, die ihr gut taten. Die hochsensible Reaktion auf bestimmte Reize würde sie weiterhin begleiten, aber sie hatte weitere Mechanismen entwickelt, sich vor einer Reizüberflutung zu schützen.

Trotz anfänglicher Zweifel hatte sie das Studium gefunden, das zu ihr passt. Sie hat klar formulierte Ziele, die sie in den nächsten Jahren verfolgen will.

Aus der Schülerin ohne Ehrgeiz war eine ehrgeizige Studentin geworden, die viel vorhatte und schon sehr konkret ihren beruflichen Werdegang plante.

6.6. Jonas

J.: *„Ich kultiviere den Stillen"*

Als seine Mutter anrief, war Jonas 15 Jahre alt und hatte massive Schwierigkeiten in der Schule, seine Versetzung war gefährdet. Es war mit drei 5en zu rechnen, von denen er nur eine ausgleichen konnte. Er besuchte die 9. Klasse eines Gymnasiums und galt als stiller Schüler. Da er sich im Laufe des Schuljahrs stärker zurückgezogen hatte, dachten seine Lehrerinnen und Lehrer, er würde sich verweigern. Die Mutter berichtete, dass es schon immer soziale Probleme gab. Die Klassenlehrerin seiner Grundschulzeit hat vor Jahren bereits gesagt, er könne sich schlecht in die Klassengemeinschaft einfügen. Bis zur 5. Klasse war er ein sehr guter Schüler gewesen. In der 4. Klasse hatte er das beste Zeugnis der Klasse. Auf dem Gymnasium rutschte er nach und nach in schlechtere Noten ab. Nun hatte er sich so verschlechtert, dass Hilfe erforderlich wurde.

Sein Mathelehrer nahm in seinem Unterricht eine andere Seite an Jonas wahr. Dort erbrachte er außergewöhnlich gute Leistungen, rechnete komplexe Aufgaben ohne Notizen im Kopf und beteiligte sich auch mündlich stark am Unterricht. Der Lehrer erkannte das Potenzial und regte an, Jonas einen IQ-Test machen zu lassen. Das Ergebnis zeigte eine eindeutige Hochbegabung mit einem IQ-Punktwert von über 130. Seine Spitzen hatte er im mathematischen und sprachlichen Bereich. Dieses Ergebnis überraschte Mutter und Sohn gleichermaßen.

Die Reaktion der Schule auf die Mitteilung der Mutter war: *„Wir können ihm nichts bieten und vielleicht wäre ihr Sohn an einer anderen Schule zufriedener."*

Zwei Fragen waren in der Zusammenarbeit für Jonas zentral: *„Wieso habe ich solche Probleme in der Schule?"*
„Was bedeutet es dann für mich persönlich hochbegabt zu sein?"

Nach dem Erstgespräch mit Mutter und Sohn kam es im Kontrakt zu den folgenden Punkten:
- Lern- und Arbeitsstrategien
- Motivation
- Selbstbewusstsein und Selbständigkeit stärken
- soziales Verhalten reflektieren
- Spaß

Über einen Zeitraum von ca. anderthalb Jahren kamen 24 Sitzungen zustande.

Zum Zeitpunkt des ersten Treffens war Ende April, und es galt ziemlich rasch an der Verbesserung der Noten zu arbeiten. Bis zum Ende des Schuljahrs waren es nur noch zweieinhalb Monate. Die Basis der Zusammenarbeit war sein Wunsch, in die nächste Klasse versetzt zu werden. Hinzu kam die aktuelle Diagnose Hochbegabung, die ihn angesichts seiner schlechten Noten stark irritierte, aber gleichzeitig motivierte, etwas zu verändern.

Versetzung gefährdet und nun?
Gemeinsam entwickelten wir einen Plan, wie er in den verbleibenden Monaten seine Noten verbessern könnte. Ein großes Problem war seine so gut wie nicht vorhandene mündliche Beteiligung. Er hatte große Schwierigkeiten, vor der Klasse zu sprechen. Die Frage nach der Ausnahme ergab, dass er sich nur in den Mathestunden mündlich beteiligte. Denn nur im Matheunterricht war er sich bei seinen Antworten 100%ig sicher, und mit seinem guten Zahlengedächtnis beeindruckte er die Klasse und seinen Lehrer. Das waren die einzigen Momente, in denen er sich in der Schule gut fühlte.

Die 5en waren in den 3 Fächern Philosophie, Geschichte und Französisch. Er würde jetzt nicht über Nacht zu einem Schüler mit guten mündlichen

Leistungen werden, also entstand die Idee, sich in den Fächern Extra-Aufgaben (wie Referate oder Hausaufgaben) geben zu lassen, die seine Noten positiv beeinflussen würden, in dem sie in die mündliche Bewertung einflossen. Die Angst davor Sitzen zu bleiben und der damit verbundene Druck ließen Jonas ins Handeln kommen. In den nächsten Tagen sprach er die jeweiligen Fachlehrer an und erhielt in 2 der 3 Problemfächer Themenvorschläge für Referate.

Das dritte Fach „Französisch" würde weiterhin schwierig sein. Er fand keinen Zugang zu der Sprache, hatte in den ganzen Jahren nie Vokabeln gelernt oder Grammatikregeln wiederholt. Der Vorschlag, Nachhilfe für den Französischunterricht zu suchen, wurde von seiner Mutter aufgegriffen und sofort umgesetzt.

Im Gegensatz dazu lief es im Englischen viel besser, er kam gut mit und sah seine amerikanische Lieblingsserie sogar im Original.

Nachdem klare Aufgaben formuliert waren, sprachen wir gleichzeitig über seine Angst sich vor der Klasse zu äußern. Es gab einen Mitschüler, der gerne Kommentare abgab. Ein lakonisches *„dummer Schüler"* in den Raum gerufen, machte Jonas so stark zu schaffen, dass es ihn hinderte sich im Mündlichen zu beteiligen. Wenn er sich nicht mindestens 100%ig sicher war, vermied er es, sich zu melden und eine Antwort zu geben. Wir besprachen, ob er den Versuch wagen könnte, sich schon bei einer 80 – 90%igen Sicherheit zu melden. Die Gefahr, von anderen bloß gestellt zu werden, erschien ihm enorm hoch. Hinzu kam sein Desinteresse an den Fächern, die ihm nicht lagen. So war er durch seine Beobachtung des Philosophieunterrichts zu der Auffassung gelangt immer die falsche Meinung zu haben. Er erlebte die Diskussionen als unnütze Scheingefechte. Da er sich nie im Unterricht äußerte, konnte er auch nicht überprüfen, ob seine Ideen etwas Neues, vielleicht auch Abwegiges in die Diskussion einführen könnten. Die Stunden saß er mehr oder weniger ab. In einer Philosophiearbeit, deren Fragestellung lautete „Ist der Mensch der Natur überlegen?", schrieb er nur drei Sätze als Antwort hin und erhielt eine „5" dafür. Er war der festen Überzeugung, seine Antwort wäre durchaus ausreichend gewesen. Die ganze eingeforderte Argumentation hatte er sich geschenkt und gleich sein Ergebnis geliefert. Mit dieser Handlungsweise ignorierte er die Erwartungen der Lehrerinnen und Lehrer, deren er sich durchaus bewusst war. Gemeinsam lachten wir über die Episode, und er verpflichtete sich, in der nächsten Philosophiearbeit mindestens anderthalb Seiten zu schreiben.

Jonas würde gerne ehrgeiziger und leistungsorientierter sein, aber ihm mangelte es an Mut und Selbstvertrauen, und ihm fehlte Konkurrenzdenken im positiven Sinne. Gab es jemanden in der Klasse, der in dem Fach besser war, stellte er seine Aktivitäten sofort ein und vermied weitere Anstrengungen. Er spielte Handball und beschrieb sein Verhalten so: *„Läuft jemand beim Training schneller als ich, will ich schon gar nicht mehr loslaufen."* Indirekt brachte er zum Ausdruck: Wenn ich nicht der Beste sein kann, will ich gar nichts sein. Dabei beobachtete er genau die Situationen, konnte die Mitschülerinnen und Mitschüler gut einschätzen und sah deren Können. Er entzog sich jeder Wettkampfsituation, aus Angst zu verlieren. Dieses Vermeidungsverhalten prägte auch seine Arbeitshaltung. In Kombination mit einem eher schwachen Selbstbewusstsein und den Selbstzweifeln der Pubertät hatten sich seine Schulprobleme potenziert.

Nun war er gefordert, über seinen Schatten zu springen und zwei Referate vor der Klasse zu halten. Seine Ziele hatte er klar formuliert. Kurzfristig wollte er in die nächste Klasse versetzt werden und langfristig das Abitur machen, um danach zu studieren. Das war die Basis seiner Motivation und schaffte den Rahmen, dass er selbst aktiv wurde. Als erstes zeigte es sich im Geschichtsunterricht. Das Thema für das Geschichtsreferat hatte er selbst bestimmen können und sofort mit der Recherche angefangen. In einem relativ kurzen Zeitraum hatte er sich das Thema umfassend erarbeitet und war von seinem eigenen Engagement überrascht. Als er das

Referat im Unterricht vortragen sollte, bekam er so einen Kloß im Hals, dass er nicht mehr sprechen konnte. Nachdem er so lange Zeit der Schweigsame gewesen war, nun vor der ganzen Klasse zu stehen und zu sprechen, bereitete ihm erwartbare, aber für ihn unerwartete Schwierigkeiten. Seine Lehrerin erkannte das Problem und rettete ihn aus dieser Situation, indem sie ihm den Text abnahm und der Klasse vorlas. Für diese Arbeit erhielt er die Note 2 und konnte die 5 in Geschichte ausgleichen. Seine zweite Extraaufgabe, ein Referat in Philosophie, hielt er selbst und glich die schlechte Arbeit und die mündliche Note damit aus. In Französisch konnte er trotz der Nachhilfe seine Note nicht verbessern, aber mit nur einer 5 im Zeugnis konnte er problemlos versetzt werden. Jonas wechselte auf Anraten von Klassenlehrer und Schulleitung bei dieser Gelegenheit die Schule.

Mit Hilfe des Coachings hatte Jonas klare Aufgaben formuliert und sie allein umsetzen können. Die Angst, nicht versetzt zu werden hatte den Druck erzeugt, den er benötigte, um aktiv ins Handeln zu kommen. Jonas war erleichtert und stolz auf sich. Voller Zuversicht wechselte er die Schule zum 10. Schuljahr. Mit dem neuen Schuljahr würde alles neu sein, und er sah darin eine Chance für sich, unbelastet zu starten.

Hochbegabung und das komische Verhalten

Neben der Arbeit an den schulischen Leistungen war auch Platz für andere Themen. Er wünschte sich mehr Wissen zum Thema Hochbegabung. Seine zentrale Frage lautete: *„Wie kann ich als Hochbegabter nur so schlechte Noten haben?"* Neben den Literaturvorschlägen, die er teilweise aufgriff, recherchierte er im Internet und informierte sich umfassend über das Thema Hochbegabung. Dabei stieß er auch auf den Begriff des Underachievers (hochbegabte Minderleister) und fand sich in der Beschreibung wieder. Es entstand in ihm die Vorstellung, dass er in sich selbst eine Blockade trage, die er nicht richtig auflösen könne. Gemeinsam suchten wir nach Situationen, in denen die Blockade nicht spürbar war und er Zugang zu seinem Potenzial hatte. Es blieben die guten Momente im Matheunterricht und Erlebnisse aus dem privaten Bereich (z.b. das selbständige Erlernen einer Programmiersprache).

Jonas war offen für weitere Vorschläge und nahm die Idee, mal ein Treffen von Mensa Deutschland e.V. zu besuchen, gut auf. Nach anfänglicher Unsicherheit fand er sich recht schnell im Gespräch mit Erwachsenen wieder, die sich mit ihm über ihre eigene Schulzeit und Computer austauschten. Er fand es angenehm so leicht ins Gespräch gekommen zu sein und war aber auch beeindruckt von den vielfältigen Interessenlagen. In der Reflexion über seine eigene Hochbegabung waren diese Treffen eine Bereicherung. Er fand Vorbilder in einigen der naturwissenschaftlich ausgerichteten Mitglieder und fragte viel nach. Dabei wurde er noch sicherer in seinem Wunsch, Informatik oder Physik zu studieren.

Eines Tages kam Jonas mit dem Thema *mein komisches Verhalten* in die Sitzung. Auf Nachfrage beschrieb er es so: Die Klasse hatte schon fünf oder sechs Stunden hinter sich und musste den Raum wechseln. Plötzlich fing er eine Unterhaltung mit einem beliebigen Mitschüler an. Er beschrieb es als einen unkontrollierten Redeschwall, der aus ihm regelrecht herausbrach. Wer immer gerade in der Nähe war, wurde von ihm in die Rolle des Zuhörers gedrängt. Im Nachhinein war es ihm stets peinlich, er hatte den Eindruck, zuviel verrücktes Zeug geredet zu haben. Er verstand es selbst nicht und beschrieb als etwas außerhalb seiner Kontrolle.
Die Mikroanalyse ergab Folgendes: Auf der Suche nach dem Beginn des Verhaltens schauten wir uns die Situation in den möglichst kleinsten Einheiten an. Der Kontext des Vorfalls sah so aus, dass Jonas meistens über Stunden schweigend im Unterricht gesessen und auch in den Pausen häufig mit keiner Mitschülerin und keinem Mitschüler auch nur ein Wort ge-

wechselt hatte. Er packte seine Sachen für die Fachstunde zusammen und stand auf. Da kam ihm der Gedanke: *„jetzt bloß nicht komisch verhalten"*, und schon ging es los. Mit der Erklärung „das Unbewusste kennt keine Negation" konnte er nicht viel anfangen. Aber die Aufforderung *„Denke nicht an einen rosafarbenen Elefanten"* brachte ihm die Erkenntnis. Er schaute eine Weile irritiert und fing dann an zu lächeln. Die restliche Zeit der Sitzung sprachen wir darüber, wie er sich stattdessen verhalten möchte. Hinzu kam der Vorschlag, zu schauen, ob er diese langen Schweigephasen durch kleine Gespräche in den Pausen reduzieren könnte. Durch die Mikroanalyse kam er sich selbst auf die Spur. Im Verlauf des Coachings berichtete er, dass es immer seltener zu Situationen kam, in denen er sich komisch verhielt. Es schwächte sich nach und nach ab. Bei der Nachbefragung für die Niederschrift des Falles äußerte er: *„Es hat sich mit der Zeit erheblich verbessert und einiges ist eben so wie ich bin. Aber inzwischen bin ich fast ein beliebter Schüler und mit vielen im Gespräch."*

Die 10. Klasse

Die Versetzung war geschafft und Jonas hatte die Schule gewechselt. Nach eigener Auskunft fand er die Mitschülerinnen und Mitschüler freundlich und fühlte sich dort wohl. Die Klassenlehrerin war Informatikerin, was ihn sehr beeindruckte. Sie hatte schnell seine besonderen mathematischen Fähigkeiten erkannt und sprach die Mutter darauf an. Jonas hatte mit seiner Mutter gemeinsam entschieden, das Thema Hochbegabung nicht offen zu legen, und nun fanden sie es erfreulich, dass die Lehrerin seine Fähigkeiten erkannt hatte.

Aus seiner Sicht schien es gut zu laufen. Der Abstand zwischen den Terminen vergrößerte sich und es sah so aus, als ob sich das Coaching bewährt hätte und beendet werden könnte. Ungefähr in der Mitte des Schuljahrs ließ die Klassenlehrerin ausrichten, sie wünsche ein Telefonat mit mir. Jonas und seine Mutter wurden befragt und gaben ihre Zustimmung. Das Telefonat mit der Klassenlehrerin ergab ein ganz anderes Bild. Sie hatte eine Liste mit Beschwerden der anderen Lehrkräfte: Seine Hausaufgaben fehlten häufig, Materialien waren nicht dabei oder wurden nicht ausgepackt, es kam zu wiederholten Verspätungen, und seine mündliche Beteiligung hatte er wieder fast komplett eingestellt. Die Lehrerin sah, dass er durchaus in ihren Fächern Mathe und Informatik herausragende Leistungen erbringen könnte, wenn er sich im Unterricht stärker engagieren würde. Aus dem Kollegium kam die Aussage: *„Wir sehen keine Begabung bei Jonas."* Was sie sahen, war ein aufgrund seiner Schüchternheit zurückgezogener Jugendlicher, der keine sichtbare Leistung erbrachte. Wohingegen Jonas sich außerhalb der Schule ständig mit Wissenschafts- und Fachzeitschriften beschäftigte, sich selbst Programmiersprachen aneignete und sich für viele Dinge interessierte. Jonas, nach seiner Selbstwahrnehmung befragt, sah es bei weitem nicht so dramatisch. Er wollte nur in Ruhe gelassen werden. Seine Einstellung gipfelte in: *„Ich kultiviere den Stillen."* Das war ihm anscheinend schon gelungen. Er wollte in Ruhe gelassen werden, nur körperlich anwesend sein müssen, und ging Anforderungen erst mal weiträumig aus dem Weg. So stellte sich die Situation wieder so dar, wie zu Beginn der Gespräche im Jahr davor: Die Versetzung war gefährdet. Erschreckend war, dass er auch in seinen Lieblingsfächern verstummt war. Neben den bekannten Problemfächern Französisch, Geschichte und Philosophie, hatte er sich in Deutsch dramatisch verschlechtert und verspielte gerade die Chance, in seinen starken Fächer gute Noten zu erhalten. Er entzog sich mit seinem Verhalten den Erwartungen der Lehrer und der Schule. Angesichts dieser Entwicklung wurde das Coaching wieder begonnen und Jonas in die Pflicht genommen.

Jonas beschrieb sich selbst als jemanden, der erst ins Handeln kommt, wenn der Druck steigt. Nun war der Druck wieder hoch genug. Er hatte sein unausgesprochenes Ziel verfolgt und den Stillen kultiviert. Dieses Ziel behinderte sein zweites Ziel *„ich will mein Abitur machen"* Er hatte sich innerlich beiden Zielen verpflichtet, ohne sich vor Augen zu führen, dass die Zielformulierungen gegenläufig waren. Er hätte durchaus der stille Schüler sein dürfen, wenn alle seine schriftlichen Leistungen im Bereich von 1 bis 2 liegen würden. Aber in fast allen Fächern schrieb er seine Arbeiten eher im 3er oder 4er Bereich. Seine mündliche Bewertung war durchgängig – sogar in Mathematik und Informatik - auf 5 abgerutscht. Da reichte es nicht, schriftlich nur 3en oder 4en zu liefern.

Es stellte sich die Frage, was er selbst tun könnte, um seine Situation an der Schule zu verbessern. Für Jonas war die Vorstellung, als Hochbegabter eine Klasse wiederholen zu müssen, ein starker Gesichtsverlust. Diese Triebfeder zu nutzen und die Ecke des Stillen zu verlassen, war einen erneuten Versuch wert.

Natürlich war seine Mutter besorgt. Jonas bat sie, sich aus den Schuldingen raus zu halten und vermittelte ihr die feste Überzeugung, es mithilfe vom Coaching zu schaffen.

Wir erarbeiteten einen neuen Plan, um aus den schlechten mündlichen Leistungen heraus zu kommen. Sein Ziel war es, wie im Jahr davor, versetzt zu werden. Mit dem Eintritt in die Oberstufe hätte er auch die Chance ungeliebte Fächer abzuwählen. Vom Coaching wünschte er sich Unterstützung und Kontrolle. Es wollte in kleinen Schritten aus dem mündlichen Desaster heraus gehen.

Über einen Zeitraum von einigen Wochen war Jonas verpflichtet, täglich eine Mail zu schicken und über seine mündlichen Beteiligungen zu berichten. Er erklärte sich bereit eine kleine Statistik während des Unterrichts zu führen und mir die Ergebnisse zuzuschicken. Seine Mails sahen so aus:

- Mo. Bio 2x gemeldet, Deutsch 5 x gemeldet, Französisch nicht gemeldet
- Di. PGW 6x gemeldet und ich konnte das Richtige sagen
- Mi. Mathe 3x gemeldet, Philosophie Film gesehen

- Do. Physik 4x gemeldet und nur 2x drangekommen
- Fr. Deutsch 2x gemeldet, Informatik und Mathe jeweils 4x gemeldet

Die Erfahrung aus dem Vorjahr bestätigte sich. Jonas startete immer hoch motiviert und ließ dann nach einiger Zeit nach. Er benötigte die Kontrolle und forderte sie auch ein. Es wurde deutlich, die Aufgabe des Coach bestand darin, immer wieder nachzufragen und dranzubleiben. Kam einen Tag keine Mail von ihm, wurde eine Erinnerungsmail geschickt auf die er stets reagierte. Zusätzlich holte sich Jonas wie im Vorjahr Extra-Aufgaben von den Lehrern zur Verbesserung seiner mündlichen Beurteilungen. Er hielt eine Reihe von 10 Minuten Vorträgen und machte die Erfahrung, dass es ihm leichter fiel vor der Klasse zu sprechen als im Vorjahr.

Parallel sah Jonas, wie sein bester Freund sich auf den Start seiner Ausbildung vorbereitete. Dabei wurde ihm bewusst, dass er sich noch zu jung für das Arbeitsleben fühlte und sich überhaupt nicht vorstellen konnte, jeden Tag in einem Betrieb zu gehen um eine Ausbildung zu absolvieren.
Der Antrieb, aktiver für die Schule zu werden, speiste sich aus den verschiedenen Wünschen: als Hochbegabter nicht eine Klasse zu wiederholen, die Option auf ein Studium zu haben und nicht zu früh ins Arbeitsleben eintreten zu müssen.
Bis zur Zeugniskonferenz war es ungewiss, ob Jonas die Versetzung schaffen würde. Er schwankte zwischen Zuversicht und Unsicherheit. Letztendlich konnte er seine Leistungen soweit verbessern, dass nur noch eine 5 in Französisch im Zeugnis stand und alle weiteren Noten okay waren. Er hielt kein tolles Zeugnis in den Händen, aber den Sprung in die Oberstufe hatte er geschafft. Das Gymnasium riet ihm zu einem Schulwechsel, und Jonas startete die Oberstufe auf einem anderen Gymnasium. Seine dritte Schule in nur 3 Jahren. Mit Beginn der Oberstufe wählte er einige seiner

ungeliebten Fächer ab und richtete seine Kurswahl stärker nach seinen naturwissenschaftlichen Fähigkeiten aus.

Abschluss

Die Geschichte von Jonas ist die eines Anstrengungsvermeiders, der sich nur unter erheblichem Druck aktivieren kann, Leistungen außerhalb seiner Interessengebiete zu erbringen.

Es zeichnete sich in den 2 Jahren ein Muster ab: Im ersten Halbjahr ließ er es irgendwie laufen und kümmerte sich wenig um die Anforderungen der Schule. Das führte zwangsläufig zu der Aussage „*Versetzung gefährdet*". Jonas sagte selbst: „*Je höher der Angstlevel ist, es nicht zu schaffen, desto wahrscheinlicher ist es, dass ich ins Handeln komme.*" In den Gesprächen führte er die Metapher des Abgrundes ein, den er überspringen müsste. Um Leistung zu erbringen, bräuchte er diesen Abgrund. Und je tiefer und breiter er sei, desto mehr Anlauf sei erforderlich, um es zu schaffen. Ihm fiel dabei ein Film über Flughörnchen ein, die von Baum zu Baum flogen und sich von der Luft tragen ließen.

Nach seiner Einschätzung hatte er im zweiten Jahr unserer Zusammenarbeit den Anlauf erheblich verstärken müssen.

Die Frage ist, war das Coaching erfolgreich? Ja und nein – Ja, weil er es geschafft hat seine Schulkarriere fortzusetzen, und nein, weil er ein weit höheres Potenzial besitzt, es aber zu dem Zeitpunkt unserer Zusammenarbeit noch nicht richtig nutzen konnte.

Für die häusliche Situation bzw. Familiendynamik war das Coaching ein Gewinn. Die Mutter fühlte sich bei den Schulproblemen entlastet, es gab weniger Auseinandersetzungen über Schule am Frühstückstisch. Jonas lehnte die Einmischung der Mutter bei Schuldingen mit der Begründung ab, das bespreche ich im Coaching. Er ließ sich gut auf die Vorschläge und Ideen ein und war sehr vertrauensvoll im Kontakt. Seine Pubertät war zum Ende des Coachings noch nicht abgeschlossen und er wird sich weiter entwickeln. Zum Abschluss sagte er: *„Ich will nur irgendwie mein Abitur machen, und später im Beruf will ich dann richtig gut sein."*

7. Ausblick

Seit der Niederschrift der Fallgeschichten ist Zeit ins Land gegangen. Alle Jugendlichen haben sich weiter entwickelt, sind erwachsener geworden und haben weitere Lebensetappen gemeistert. Lasse hat bereits sein Studium abgeschlossen; Mimi wird demnächst ihr Studium beginnen; Samuel hat erfolgreich sein Abitur geschafft; Kai befindet sich in einer Ausbildung in der er viel Bestätigung erhält; Judith steht kurz vor ihrem Studienabschluss und Jonas hat sein Abitur geschafft und wartet auf seinen Studienplatz. Diese Geschichten lassen sich immer weiter verfolgen. Es lässt sich aber nicht voraussagen, wohin es führt. Für mich als Besucherin im Leben dieser jungen Menschen gab es viel zu lernen und viel zu lachen.

Es fällt mir schwer mit diesem Thema zu Ende zu kommen, deshalb möchte ich mit einem Zitat schließen: „Keine Gesellschaft kann es sich leisten, ihre begabtesten Mitglieder zu ignorieren, und alle Gesellschaften müssen sich ernsthaft damit auseinandersetzen, wie sie ihre besonderen Talente am besten fördern und ausbilden können." (Ellen Winner 2004)

In diesem Sinne hört die Arbeit nie auf, Kinder und Jugendliche in schwierigen Lebensphasen zu begleiten und zu unterstützen. Menschen brauchen Erfolgserlebnisse, um sich in ihrem Potenzial bestätigt zu fühlen. Wenn am Ende für jeden auf seinem individuellen Weg etwas mehr Lebenszufriedenheit spürbar wird, kann das langfristig wirksam sein. Diese Arbeit mit den hochbegabten Kindern und Jugendlichen hat mein Leben auf eine Art und Weise bereichert, für die ich dankbar bin.

Literatur

Andersen, Tom (1991): Das reflektierende Team: Dialoge und Dialoge über Dialoge (Dortmund)

Bateson, Gregory (1981): Ökologie des Geistes. Anthropologische, psychologische, biologische und epistemologische Perspektiven. (Frankfurt)

Brackmann, Andrea (2007): Ganz normal hochbegabt. Leben als hochbegabter Erwachsener (Stuttgart)
- (2005): Jenseits der Norm – hochbegabt und hochsensibel? (Stuttgart)

Brizendine, Louann (2007): Das weibliche Gehirn: Warum Frauen anders sind als Männer (Hamburg)
- (2010): Das männliche Gehirn – Warum Männer anders sind als Frauen (Hamburg)

Buchholz, Michael B. (1993): Metaphernanalyse (Göttingen)

Butterworth, Brian (1999): What counts. How every brain is haredwired for math. (New York)

Christiani, Alexander / Scheelen, Frank M. (2002): Stärken stärken – Talente entdecken, entwickeln und einsetzen (München)

Csikszentmihalyi, Mihaly (1992): Flow – Das Geheimnis des Glücks (Stuttgart)

Dell, Paul (1986): Klinische Erkenntnis. Zu den Grundlagen systemischer Therapie (Dortmund)

de Shazer, Steve (1989): Der Dreh. Überraschende Wendungen und Lösungen in der Kurzzeittherapie (Heidelberg)

Elschenbroich, Donata (2001): Weltwissen der Siebenjährigen. Wie Kinder die Welt entdecken können (München)

Fitzner, Thilo / Stark, Werner (Hrsg.) (2010): Genial gestört gelangweilt?: ADHS, Schule und Hochbegabung (Weinheim / Basel)

Foerster, Heinz von (1985a): Sicht und Einsicht (Braunschweig)

- (1985b): Entdecken oder Erfinden – Wie lässt sich Verstehen verstehen? In: Gumin, H. / Meier, H. (Hrsg.): Einführung in den Konstruktivismus (München)

Gladwell, Malcolm (2009): Überflieger: Warum manche Menschen erfolgreich sind – und andere nicht (Frankfurt / New York)

Glasersfeld, Ernst von (1985): Konstruktion der Wirklichkeit und des Begriffs der Objektivität In: Gumin, H. / Meier, H. (Hrsg.): Einführung in den Konstruktivismus (München)
- (1987): Wissen, Sprache und Wirklichkeit (Braunschweig)

Goffman, Irving (1967): On face work. In: Interaction Rituals: Essays on the Face-to-Face Behavior, New York

Goto, Midori (2004): Einfach Midori (Berlin)

Heller, Kurt A. (1996): „Begabtenförderung – (k)ein Problem an der Grundschule" In: Grundschule Nr. 5

Hüther, Gerald (2001): Bedienungsanleitung für ein menschliches Gehirn (Göttingen)

Klein, Rudolf / Kannicht, Andreas (2009) Einführung in die Praxis der systemischen Therapie und Beratung (Heidelberg)

Klosinski, Gunther (2004) Pubertät heute – Lebenssituation – Konflikte – Herausforderungen (München)

Küstenmacher, Werner Tiki / Seiwert, Lothar J. (2002): simplify your life – Einfacher und glücklicher leben. 7. Auflage (Frankfurt)

Lotter, Wolf (2010): Gedächtnisspiele – Wer Neues und Besseres will, muss vergessen lernen – ohne dabei die Erinnerung zu verlieren. In: brandeins 11/2010 S. 35 – 48, (Hamburg)

Ludewig, Kurt (1992): Systemische Therapie. Grundlagen klinischer Theorie und Praxis (Stuttgart)

Luhmann, Niklas (1984): Soziale Systeme. Grundriß einer allgemeinen Theorie (Frankfurt)

Martens, Jens-Uwe / Kuhl, Julius (2009): Die Kunst der Selbstmotivierung – Neue Erkenntnis der Motivationsforschung praktisch nutzen. 3., aktualisierte und erweiterte Auflage (Stuttgart)

Maturana, Humberto / Varela Francesco (1987): Der Baum der Erkenntnis (Bern/München/Wien)

Nepper-Fiebig, Jennifer (2010): Die Entwicklung begabter Mädchen und ihre Berufsziele: ein Kommentar. In: Fitzner, Thilo / Stark, Werner (Hrsg.) (2010): Genial gestört gelangweilt?: ADHS, Schule und Hochbegabung (Weinheim / Basel)

Palmowski, Winfried (2007a): Nichts ist ohne Kontext: systemische Pädagogik bei „Verhaltensauffälligkeiten"(Dortmund)
- (2007b) Der Anstoß des Steines: systemische Beratung im schulischen Kontext (Dortmund)

Piaget, Jean (2003): Das Weltbild des Kindes 7. Auflage (München)

Preckel, Franzis / Schneider, Wolfgang / Holling, Heinz (Hrsg.) (2010): Diagnostik von Hochbegabung (Göttingen)

Renner, Kai-Hinrich / Renner, Tim (2011): Digital ist besser. Warum das Abendland durch das Internet nicht untergehen wird (Frankfurt)

Rohrmann, Sabine / Rohrmann, Tim (2005): Hochbegabte Kinder und Jugendliche: Diagnostik – Förderung – Beratung (München)

Rost, Detlef H. (2000) „Hochbegabte und hochleistende Jugendliche" (Münster)
- (2007): Underachievement aus psychologischer und pädagogischer Sicht – Wie viel Underachiever gibt es tatsächlich? In: news & science, Begabtenförderung und Begabtenforschung, ÖZBF Nr. 15, S. 8-9

Sattler, Johanna Barbara (2000): Der umgeschulte Linkshänder: oder Der Knoten im Gehirn. 6. Auflage (Donauwörth)

Schlippe, Arist von / Schweitzer, Jochen (2003) Lehrbuch der systemischen Therapie und Beratung (Göttingen)
- (2009) Lehrbuch der systemischen Therapie und Beratung II (Göttingen)

Schmid, Bernd (2006): Systemisches Coaching. Konzepte und Vorgehensweisen in der Persönlichkeitsberatung, 2. Aufl. (Bergisch Gladbach)

Simon, Fritz (2007): Die Kunst, nicht zu lernen – Warum Ignoranz eine Tugend ist. In: Die Kunst, nicht zu lernen und andere Paradoxien in Psychotherapie, Management, Politik... 4. Auflg. (Heidelberg)

Spitzer, Manfred (2002): Lernen: Gehirnforschung und Schule des Lebens (Heidelberg /Berlin)

Stapf, Aiga (2004); Aufmerksamkeitsstörung und intellektuelle Hochbegabung. In: Fitzner, Thilo / Stark, Werner (Hrsg.): Genial gestört gelangweilt?: ADHS, Schule und Hochbegabung (Weinheim / Basel)
- (2010): Hochbegabte Kinder: Persönlichkeit, Entwicklung, Förderung 5. aktual. Auflage (München)

Steiner, Therese / Berg, Insoo Kim (2005): Handbuch lösungsorientiertes Arbeiten mit Kindern (Heidelberg)

Steiner, Verena (2000): Exploratives Lernen – Der persönliche Weg zum Erfolg – Ein Arbeitsbuch für Studium, Beruf und Weiterbildung (Zürich / München)

Tomaschek, Nino (2003): Systemisches Coaching – Ein zielorientierter Beratungsansatz (Wien)

Tracy, Brian (2004) Ziele - Setzen. Verfolgen. Erreichen. (Frankfurt)

Varga von Kibéd, Matthias / Sparrer, Insa (2002) Ganz im Gegenteil, Tetralemma-Arbeit und andere Grundformen systemischer Strukturaufstellung (Heidelberg)

Vom Scheidt, Jürgen (2004): Das Drama der Hochbegabten: zwischen Genie und Leistungsverweigerung (München)

Winner, Ellen (2004): Hochbegabt – Mythen und Realitäten von außergewöhnlichen Kindern (Stuttgart)

Ziegler, Albert (2004): Hochbegabung unter den Gesichtspunkten von Motivations- und Expertiseforschung. In: Fitzner, Thilo / Stark, Werner (Hrsg.): Genial gestört gelangweilt?: ADHS, Schule und Hochbegabung (Weinheim / Basel)

MoreBooks!
publishing

i want morebooks!

Buy your books fast and straightforward online - at one of world's fastest growing online book stores! Environmentally sound due to Print-on-Demand technologies.

Buy your books online at
www.get-morebooks.com

Kaufen Sie Ihre Bücher schnell und unkompliziert online – auf einer der am schnellsten wachsenden Buchhandelsplattformen weltweit! Dank Print-On-Demand umwelt- und ressourcenschonend produziert.

Bücher schneller online kaufen
www.morebooks.de

VDM Verlagsservicegesellschaft mbH
Heinrich-Böcking-Str. 6-8
D - 66121 Saarbrücken

Telefon: +49 681 3720 174
Telefax: +49 681 3720 1749

info@vdm-vsg.de
www.vdm-vsg.de

Printed in Germany
by Amazon Distribution
GmbH, Leipzig